STATISTICS IN DAILY LIFE

생활정보와 통계

배종성 · 조완현 · 손영숙 · 박정수 · 백장선
최일수 · 고광이 · 나명환 · 박은식 · 김민수 지음

자유아카데미

머리말

지금처럼 사회의 다원화로 그 구조가 복잡해짐에 따라 우리 사회의 모습과 현상을 진단하며 구성 요인과의 관계를 설명하는 학문으로 통계학의 필요성이 증대되고 있다. 대부분의 대학생들은 통계학이 어렵다는 선입견을 갖고 있다. 이것은 중고등학교에서 통계를 배울 때 이론적 배경이나 원리의 설명 없이 문제만으로 학습한 교육방식 때문에 생긴 결과라고 생각한다.

이 책은 통계학을 어떻게 하면 이해하기 쉽게 가르칠까 하는 방법적 모색에서 출발하였다. 친숙한 소재와 쉬운 이론 전개로 통계학의 주요 개념과 다양한 응용을 보여 주어 통계학에 흥미롭게 접근하고 이해할 수 있게 도움을 주는 데 목적을 두었다. 기본적으로 통계학은 숫자로 된 정보를 다루기 때문에 불가피하게 수식을 사용해야 하지만 이 책에서는 될 수 있으면 수식을 쓰지 않고 그림과 사진을 많이 넣어 인문계 대학 1학년생도 이해할 수 있도록 쉽게 설명하고자 하였다. 선수학습으로 고등학교 수학이 필요하지만 수식을 최소화하였기에 수학을 싫어하는 학생도 이해하기에 어려움이 없을 것이다.

이 책은 대학에서 교양과목으로 가르치는 〈생활정보와 통계〉 또는 〈통계적 사고〉의 교재로 개발되었다. 따라서 통계학을 한 번도 수강하지 않은 학생에게 통계학의 유용성과 흥미를 전달하고, 다음 단계의 과목 수강을 유도하기에 적절한 내용이다. 1장에서 9장까지는 통계학의 기본 원리를 설명하였고, 10장부터는 실제 적용되는 사례와 방법 중심으로 작성하였다.

이해하기 쉽게 쓴다는 목표 자체가 힘든 것이기도 하였지만, 10명의 교수가 나누어 집필하다 보니 전개 방식이나 설명 수준에서 많은 차이가 있었다. 초고를 함께 읽고 수정하고, 문체와 형식을 통일시켰다. 편집위원이 수정 원고 전체를 다시 읽고 재수정하여 현재의 책에 이르게 되었다. 거의 1년 반에 걸친 저자들의 수고에도 불구하고 아직 미흡한 부분이 많으나 통계학의 핵심 내용뿐만 아니라 다양한 적용 분야를 이해하기 쉽게 설명하고 있기 때문에 강의하면서 보충 설명으로 부족한 부분을 채울 수 있을 것으로 생각한다.

통계학의 교육 목표는 통계학 강좌를 통하여 학생들이 통계적 또는 계량적 사고에 눈뜨고, 주요 개념과 기술을 습득하여 일상에서 만나는 다양한 정보와 자료를 합리적으로 정리하고 분석하여 최적의 의사결정을 내리는 능력을 배양하는 데 있다. 이 책을 통하여 이러한 목표를 향한 첫발이 시작되기를 바라며 통계적 사고에 눈뜨는 계기가 되길 희망한다.

빛고을에서

저자 일동

차례

1장 통계와 통계학

2장 자료의 수집과 측정

3장 그래프를 이용한 자료의 표현

4장 숫자를 이용한 자료의 요약

5장 확률

6장 확률분포

7장 표본조사

8장 통계적 추론

14장 기상통계

15장 품질관리

16장 생명의학 통계

제 1 장

통계와 통계학

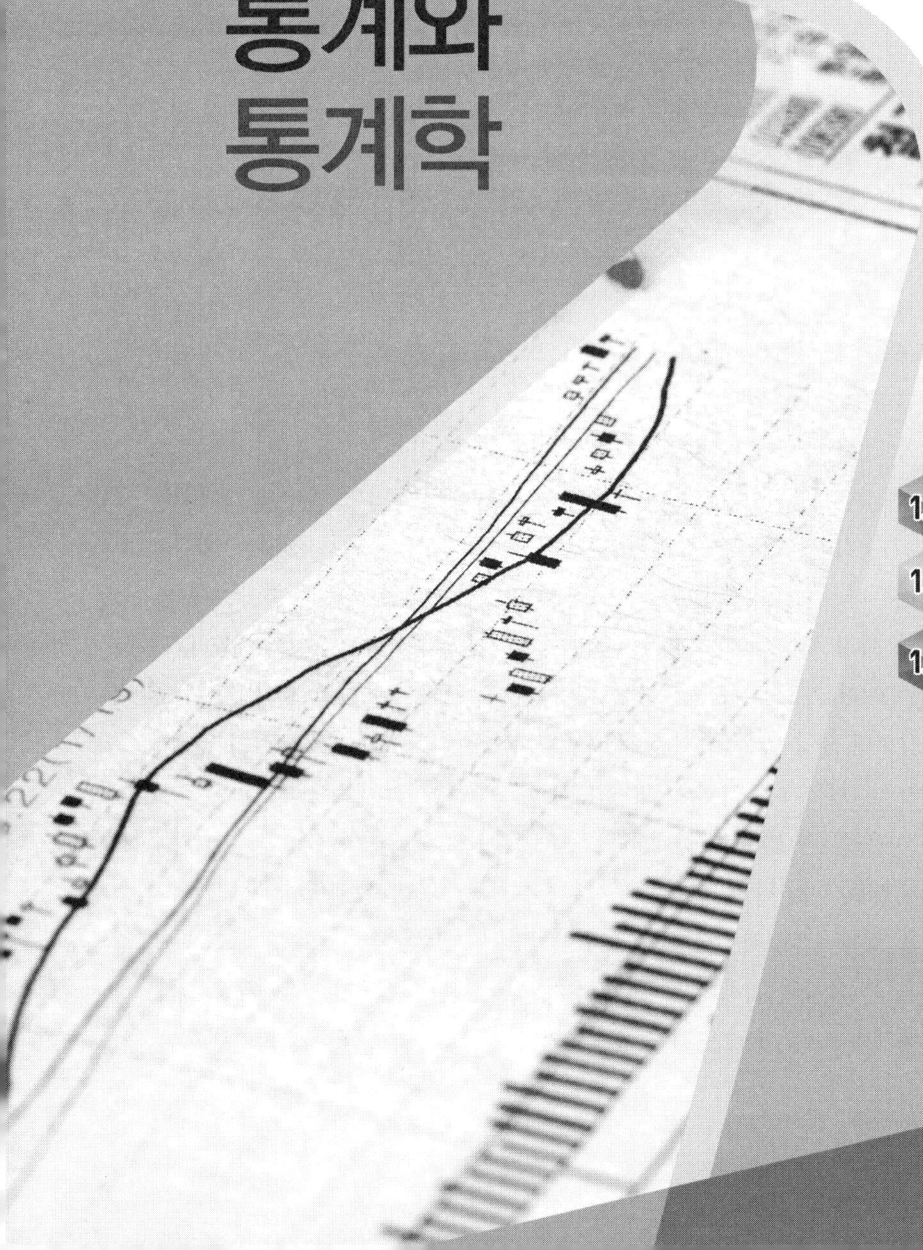

1.1 통계와 통계학

1.1.1 통계와 통계학의 정의

요즈음 각종 미디어를 통해 가장 흔히 듣는 단어 중 하나가 통계라는 용어이다. 국제화와 정보화 시대에 살면서 통계의 중요성이 과거 어느 때보다 중요하게 여겨지기 시작하였고 대통령과 국회의원 선거 등으로 여론조사가 주요 관심사가 되었다. 민주국가에서 구성원이 바라는 것을 알아내는 수단이 바로 여론조사이기 때문에 신뢰가 가는 여론조사가 활발한 사회는 정치적으로 건강한 사회라고 할 수 있다. 또한 질병에 대한 의사의 진단 및 처방과 예후가 기본이듯 국가에 대한 각종 진단은 바로 통계가 그 역할을 담당한다. 따라서 올바른 정책의 수립과 미래에 대해 제대로 된 준비를 하기 위해서는 정확한 통계가 매우 필수적이라고 할 수 있다.

통계(statistic)라는 용어는 원래 국가나 정부를 의미하는 라틴어의 '정부(status)'에서 유래한 것으로 고대국가에서 국가 경제의 기초인 토지, 인구, 납세능력, 군대 등에 대한 조사를 통해 얻은 사실이나 결과를 분석 처리한 수치적 정보를 의미하였다. 통계는 사회적 현상 혹은 자연 현상을 규명하기 위해 수집된 각종 데이터를 요약하거나 적절한 방법을 통하여 일차적으로 가공되어 나오는 산술적 정보라고 할 수 있다. 통계는 숫자나 그래프 또는 도표 등 적절한 기술적 방법을 통해서 표현된다.

동일한 현상도 수집된 데이터에 따라 다양한 통계를 얻을 수 있으며 이를 종합하거나 따로 해석함으로써 현상을 이해하는 데 사용할 수 있고 현상을 예측하는 데도 활용이 가능하다. 이러한 통계는 우리가 흔히 일상생활에서 접하는 것들로 소비자 물가지수나 주가지수, 실업률, 이혼율과 출산율, TV 프로그램의 시청률, 특정 정당이나 특정 후보의 지지율, 야구선수의 타율과 팀의 승률 등이 있다.

이런 통계는 여러 가지 조사나 관측으로 얻어진 자료에서 일차적인 가공을 거쳐 생산되는 수량적인 요약 값들로, 비교적 단순하다. 물론 단순하다고 각각의 통계에 대한 중요도가 낮다는 것은 아니며 오히려 많은 사람들이 의미를 쉽게 알 수 있으며 다양하게 사용될 수 있다. 이를테면 프로야구선수의 연봉협상에서 투수인 경우 승수나 구원게임수, 피안타율, 피홈런수, 삼진수 등 다양한 통계들은 야구선수의 정당한 연봉을 정하는 데 매우 중요한 역할을 하고, 실업률이나 소비자 물가지수, 주가지수 등은 한 국가의 경제 상태를 진단하는 데 매우 유효하게 활용되고 있다.

다음으로 **통계학**(statistics)은 무엇을 의미하는지 그 정의를 알아보자. 먼저 통계학은 원래 국가에 관한 학문이란 의미로 **국가산술학**(state arithmetics)이란 뜻에서 유래하였다. 옛날 군주가 세금을 거둘 목적으로 인구수를 조사하거나 영토의 크기를 산출하는 것에서 시작되었던 통계는 17세기와 18세기의 물리학이나 천문학 등의 학문적 이론의 발전과 더불어 무게나 거리 등의 물리적 양에 대한 측정의 정확성이 중요하게 되면서 여러 가지 통계적 방법론을 연구하는 학문적 체계로 발전하기 시작하였다.

이 시기에 천문학자와 측량기술자들은 동일한 대상을 여러 번 측정할 때 측정값이 일정하지 않다는 사실, 즉 측정값의 변이성에 직면하게 되었고 이를 해결하기 위해 여러 가지 통계적인 방법들이 개발되었다. 세월이 흐름에 따라 점차적으로 학문적 형식을 갖추게 된 통계학은 시대와 사용 분야에 따라 그 정의가 다양하겠지만 현재의 지식정보화시대에 적절한 정의는 다음과 같이 내릴 수 있다.

통계학은 자연과학이나 사회과학 등에서 일어나는 현상의 불확실성을 규명하기 위해 다양한 데이터를 수집하고 분류하여 유용한 정보를 생산하고, 이것을 바탕으로 미래에 일어나는 불확실한 사건들에 대한 과학적인 판단과 예측을 할 수 있게 도와주는 의사결정방법을 연구하는 학문이다.

지금까지 고찰한 내용을 요약하면 통계란 여러 사회현상의 원인과 결과를 규명하기 위해 관측된 다양한 자료에서 일차적인 분석이나 요약을 통하여 얻어지는 수량적인 정보이다. 그리고 이 정보에 대한 보다 깊이 있는 해석과 분석을 위해서 요구되는 과학적 방법을 통계적 방법이라고 하며 그 방법론에 대한 학문적 체계를 통계학이라고 할 수 있다.

통계와 통계학은 그림이나 도표 등을 그리는 단순한 방법에서부터 평균이나 분산 등 여러 가지 통계량을 계산하는 방법 그리고 복잡하게 연관되어 있는 현상을 명료하게 정리해 주는 고급 통계적 추론방법들이 있다.

1.1.2 통계학의 분류

통계학은 크게 두 영역으로 나눌 수 있다. 이들은 **기술통계학**(descriptive statistics)과 **추측통계학**(inferential statistics)이다. 먼저 기술통계학은 주로 데이터로부터 도표나 그래프를 작성하고, 대푯값이나 산포도, 왜도나 첨도 등 다양한 기술통계량을 통하여 주어진 자료를 요약하는 통계학 분야를 말한다. 추측통계학은 기술적 기법을 사용하여 자료에서 얻은 정보를 바탕으로 미래 현상을 예측하거나 새롭게 밝혀진 정보의 진위여부를 확인할 수 있는 추정과 가설검정 등에 관련된 통계적

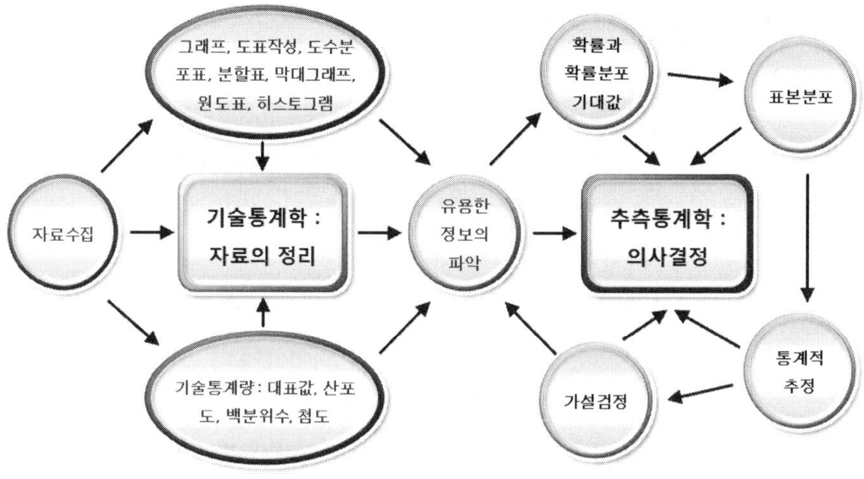

[그림 1.1] 기술통계학과 추측통계학의 관계

추론방법을 다루는 통계학 분야이다. 이러한 통계학의 두 분야인 기술통계학과 추축통계학의 관계를 그림으로 표현하면 [그림 1.1]과 같이 나타낼 수 있다.

예를 들면 한 대형마트나 백화점에서 매출액의 증가를 위해 우수 고객의 소득, 직업, 나이, 성별, 주소 등 다양한 정보가 필요하다고 하자. 이때 대형마트나 백화점 관리부서에서는 자사의 제품을 구매한 모든 고객들에 대하여 이들의 성별이나 연령 그리고 직업들은 어떻게 되고 또한 이들이 주로 구매하는 상품은 어떤 것인가를 알아야 한다. 따라서 지금까지 축척된 방대한 자료로부터 이들의 성격을 파악하기 위하여 사용되는 그래프나 도표 그리고 적절한 통계량들을 계산하는 모든 기술적인 방법들을 연구하는 분야가 기술통계학이다.

또 다른 예를 들면, 어느 제조회사에서 자사가 생산한 제품에 대한 평균수명이 얼마나 되는가를 추측하려고 한다. 이때 한 번 검사를 받은 제품은 다시 사용할 수 없으므로 생산된 제품 가운데 일부분만을 선택하여 수명을 측정하고 이를 기초로 전체 제품에 대한 평균수명을 추측할 수 있는 방법이 요구된다. 여기서 생산된 전체 제품 중에서 일부분을 어떻게 선택할 것인가와 선택된 개체들의 성격을 분석하여 전체 제품에 대한 수명을 어떻게 추측할 것인가 등에 관련된 추론방법을 연구하는 분야가 추측통계학이다.

1.2 통계학의 활용 및 통계의 오남용

1.2.1 통계학의 활용

(1) 일기예보와 통계적 확률

우리의 생활과 밀접한 관련이 있는 일기예보는 기상실황 파악, 자료처리 및 분석 등의 예보과정을 거쳐 우리에게 전달된다. 과거에는 기상변화가 생활양식과 생존을 크게 좌우하였으나 현대는 에너지를 이용한 냉난방 시설 등의 개발로 날씨의 영향을 어느 정도 극복하였다고 할 수 있다. 그럼에도 불구하고 여름장마철에 내리는 국지성 폭우는 농작물뿐만 아니라 인명과 재산 등 많은 피해를 유발한다. 따라서 오늘날 일기예보의 내용 중 가장 많은 관심을 끄는 것은 강수의 유무이다. 현재 가장 많이 사용되고 있는 강수 예보법의 종류에는 범주예보법, 기후예보법, 확률예보법 등이 있다. 범주예보는 '강수 있음'과 '강수 없음' 중에서 한 가지를 선택하여 예보하는 것이고, 기후예보는 강수 발생의 기후적 통계 값을 예보 값으로 표현하는 것이다. 예를 들면 8월 한 달 중 평균 강수일은 10일이라고 예보하는 것이다. 확률예보는 더 구체적으로 비올 확률을 퍼센트로 나타내는 것이다. 그러므로 확률예보는 똑같은 상황에 대해 범주예보보다 더 많은 정보를 포함한다. 예를 들어 '오늘 서울 지방의 강수확률이 60%'라는 예보의 뜻은 서울의 어느 곳에서나 비가 올 가능성이 60%라는 뜻으로 예보기간에 지정된 장소에서 일정량의 강수가 발생하는 것을 확률로 나타낸 것이다.

이러한 강수확률예보는 두 가지 장점을 가지고 있다. 첫째로 확률예보는 수요자 스스로 합리적인 결정을 내리는 데 필요한 정보를 제공하며 이것은 상당한 경제적 가치를 생산한다. 둘째로 확률은 일기예보의 불확실성을 가능한 한 정확하게 표현하는 것이다. 예를 들어 규모가 큰 건설현장에서 비에 대비하지 않았을 때 손실이 500만 원이고 비에 대해 예방조치를 수행하는 데 소용되는 비용이 100만 원이라고 하자. 만약 강수확률이 80%라면 비에 대한 예방조치를 하지 않았을 때의 예상 손실액은 500만 원의 80%인 400만 원이고 예방조치를 할 경우에 소요되는 비용은 100만 원이다. 이 경우에는 비에 대한 예방조치를 하는 것이 손해를 덜 보는 방법이 되며 이때 예상이익은 300만 원이 될 수 있다. 위와 같이 우리의 일상생활과 밀접한 관계를 가지고 있는 일기예보는 이를 작성하고 발표하는 데 통계적 확률이 광범위하게 활용되고 있다.

(2) 새 백신효능을 밝히는 통계

통계학은 새롭게 개발된 백신의 효능을 입증하는 데 이용될 수 있다. 소아마비 예방을 위한 쇼크 백신의 개발과 검사는 통계학이 실제 문제에 어떻게 활용되는가에 대한 놀라운 예를 제공한다. 1954년 여름 미국에서는 소아마비가 크게 유행하였다. 비록 비교적 적은 수의 아이들이 해마다 희생을 당하였지만 소아마비 발생의 패턴은 예측할 수 없고, 불구 또는 죽음의 가능성 때문에 많은 관심을 불러일으켰다. 오늘날 극소수의 어린이만 소아마비에 걸린다는 사실은 소아마비의 감소를 가져온 백신과 검사프로그램이 큰 성공을 거두었음을 보여 준다. 어떤 약의 효과를 알아보기 위해 사람에 대한 시험(임상시험)을 하는 것은 일반적인 일이다. 일부 임상시험에서 대상의 선택은 무작위로 이루어지며, 반은 약을 주고 나머지 반은 의학적 효력이 없는 위약(placebo)을 준다. 한 가지 통계적 문제는 임상시험의 전체대상의 수를 얼마로 할 것인가이다. 이 문제는 쇼크 백신 검사에서 특히 중요하였다. 예전의 자료는 어린이 10만 명당 50명 이하의 발생률을 나타냈기 때문이다. 그러므로 백신으로 치료된 사람과 위약을 받은 사람들의 발생률의 차이를 알기 위해 임상시험에서는 많은 대상이 포함되어야 했다.

통계학자의 도움으로 1954년에 시작된 쇼크 임상시험에서 40만 명의 어린이 중 반은 무작위로 백신을 주고, 나머지 반은 위약을 주도록 결정되었다. 이전까지 이처럼 많은 사람을 대상으로 임상시험이 실시된 적은 없었다. 공립학교의 예방접종을 통하여 어린이 40만 명이 소아마비에 걸린 아이들의 수를 결정하기 위해 여름 내내 관찰되었다. 비록 임상시험에서 40만 명에 대하여 200명 이하의 소아마비 환자가 나타났지만 위약을 투약한 그룹에서는 백신그룹보다 3배의 소아마비 환자가 나타났다. 몇 가지 통계적 계산 결과는 쇼크 소아마비 백신의 우수성을 나타내 주는 데 충분하였다. 그러나 이 결론은 통계학자와 과학자들이 그렇게 많은 임상시험을 계획하거나 행하지 않았다면 가능하지 않았을 것이다. 이와 같이 통계학은 백신 개발 연구소나 암 치료 병원 그리고 신약의 개발과 검사 등 제약분야에서 중요한 역할을 한다.

(3) 미래를 예측하는 통계

미국 하버드 대학교에서 경제학 박사학위를 받고 현재 캘리포니아 주립대학교 어바인 캠퍼스에서 근무하고 있는 피터 나바로 교수가 저술한 『브라질에 비가 내리면 스타벅스 주식을 사라』라는 책이 있다. 대부분의 사람들은 이 책의 제목만을 보고서는 "도대체 브라질에 비가 오는 것과 스타벅스 주식 간에는 무슨 관계가 있는가?"라는 의문이 들 것이다. 커피는 일반적으로 따뜻하고 습한 기후에서 잘 자란다. 그래서 브라질에 비가 많이 오면 커피 생산량이 늘어나고 커피 생산량이 늘어나면 커피 가격은 급격히 떨어질 것이다. 따라서 이러한 결과는 스타벅스의 주가뿐만 아니라 그 회사의 이윤도 증가시킨다. 어느 투자자가 이를 예상하고 스타벅스 주식에 투자하여 8,000달러의 수익금을 냈다는 이야기를 기술하고 있다.

이러한 분석은 모두 통계학과 관련이 있다. 현재도 두 변량의 자료에 대한 상관성을 분석하는 연구가 여러 곳에서 진행되고 있으며 이를 위한 프로젝트에 많은 통계학자들이 참여하고 있다. 이처럼 두 변량 중 어느 한쪽이 증가함에 따라 다른 한쪽이 증가 또는 감소할 때 이들 사이에는 상관관계가 존재한다. 우리는 이러한 상관관계의 개념은 이미 중학교에서부터 배워서 잘 알고 있다. 상관관계에 대한 정의를 내리다 보면 또 하나의 개념이 있다. 바로 인과관계라는 말이다. 인과관계는 A라는 사실과 B라는 사실 사이의 원인과 결과에 대한 관계를 말한다. 그런데 상관관계가 있다고 해서 반드시 인과관계가 있는 것은 아니다. 예를 들어 학생들의 수학성적과 과학성적은 상관관계가 매우 높다고 할 수 있지만 두 과목 간에 인과관계가 있다고는 볼 수 없다.

실제로 경제학이나 사회학 분야에서도 이러한 두 변수 사이의 인과관계를 밝히는 수식을 만들고 이를 사용하여 새로운 사실을 예측하는 방법을 많이 사용하고 있다. 이러한 통계적 방법을 회귀분석이라고 하는데 이것은 설명변수들과 반응변수 간의 통계적 모형을 구축하고 이를 통하여 미래의 사실을 예측하려는 것이다. 따라서 상관관계와 회귀분석 간에는 약간의 차이가 있다. 상관관계는 단지 두 자료를 읽고 이들을 정리하여 관련성의 존재 유무를 파악하는 데 그친 것이지만 회귀분석은 이를 토대로 미래의 사실을 예측한다는 것이 중요한 차이점이라고 할 수 있다. 예를 들어 브라질에 비가 내려 스타벅스 주가가 올라갔다면 브라질의 강우량과 스타벅스 주가 간에는 강한 인과관계 또는 상관관계가 성립한다고 할 수 있다. 그런데 브라질의 강우량과 스타벅스 주식 간의 통계적 모형을 구축하고 이를 통하여 스타벅스 주식을 샀을 때 얼마의 이득을 얻을 것이라는 예측을 한다면 이는 회귀분석이라고 할 수 있다. 이와 같이 현재의 사실들을 토대로 미래의 일어나는 사건을 예측하는 데 통계학은 매우 유용하게 활용될 수 있다.

(4) 데이터마이닝 기법에 활용되는 통계

우리나라 사람들은 계절이 바뀌거나 유행이 변할 때마다 새로운 디자인을 따르는 의류나 신발 그리고 새로운 사양을 갖춘 전자제품 등을 구입하기 위해서 대부분 백화점을 많이 이용하고 있다. 또한 저가의 생활필수품이나 식료품을 구입하기 위해서는 백화점보다는 대형마트를 많이 이용한다. 이렇게 사람들이 재래시장보다 백화점이나 대형마트를 더 많이 찾는 이유는 무엇일까? 가장 중요한 이유로는 이동과 주차가 편리하고 한곳에서 원하는 쇼핑이 가능하다는 점이다. 일상생활을 정해진 시간 속에서 규칙적으로 움직여야 하는 현대인에게 쇼핑은 일상적인 업무를 수행하는 것으로, 가장 가까우면서도 효율적인 공간에서 필요한 것을 모두 얻을 수 있는 백화점이나 대형마트가 인기일 수밖에 없다.

반면에 요즘 들어 사람들에게 새롭게 각광받는 중요한 쇼핑장소는 바로 인터넷과 방송을 활용한 홈쇼핑이다. 우리나라의 TV 홈쇼핑은 1995년에 최초로 시작한 이래 인터넷 쇼핑과 더불어 쇼핑의 왕좌자리를 노리고 있다. 최근 들어 인터넷 쇼핑에 밀리는 양상이지만 아직까지도 여성주부들의 절대적인 지지를 받고 있다. 그러나 최근 들어 많은 젊은 세대들을 중심으로 TV 홈쇼핑보다 인터넷 쇼핑을 더 선호하는 경향이 있다. 2006년 12월 말 현재 인터넷 쇼핑몰 사업체수는 4,531개이며 특정한 영역의 전문상품만을 판매하는 전문몰이 4,289개이고 인터넷상의 백화점과 같은 종합몰이 242개이다. 인터넷 쇼핑에서는 전문상점이 점점 더 증가하고 있는 추세이다.

이렇게 사람들이 물품을 구입하기 위해서는 백화점이나 대형마트 그리고 홈쇼핑과 인터넷 쇼핑 등을 자주 이용하고 있다. 그런데 이런 쇼핑센터를 운영하는 회사들은 날마다 축척되는 구입자들의 신상정보나 구입품목에 대한 다량의 정보들을 얻을 수 있게 되었고, 또한 더 많은 판매실적을 올리기 위해서는 이들 자료들을 적절한 통계적 방법을 사용하여 분석하고 정리하여 소비자 구매패턴을 찾아내어 새로운 판매 전략을 수립해야 할 것이다. 따라서 새로운 판매 전략을 수립하기 위해서는 축척된 방대한 자료에 대하여 정확한 분석이 필요하며 이를 수행하기 위해서 데이터마이닝 기법들을 사용할 수 있다.

(5) 빅 데이터 분석에 응용되는 통계

오늘날 트위터나 페이스북 등 소셜네트워크의 발달과 다양한 스마트폰의 보급 그리고 여러 가지 국내외 검색엔진들의 활용으로 인하여 디지털 시대에 살고 있는 사람들은 하루에도 수십만 건의 데이터, 빅 데이터(big data)를 양산하고 있다. 빅 데이터는 기존의 숫자화된 자료에 형태뿐만 아니라 문자나 영상 등으로 이루어진 비정형 형태를 갖게 되는 것이 일반적이다. 따라서 이러한 비정형화된 빅 데이터 처리와 분석기술이 사회 모든 분야에서 관심을 불러일으키고 있으며, 특히 2012년 세계경제포럼은 빅 데이터 분석기술을 미래 유망 10대 기술로 선정한 바 있다. 또한 유망 기업들은 날마다 소비자들이 생산하는 빅 데이터를 적절히 분석하여 기업의 이윤을 창출하는 데 활용하려고 노력하고 있다. 빅 데이터 처리결과를 제품의 판매 전략에 성공적으로 활용한 예를 살펴보자.

2009년에 필립스전자회사가 처음 출시한 이유식 제조기는 한동안 없어서 못 파는 제품이었다. 집에서 이유식을 만들려면 한 시간 이상 재료를 다지고 끓이고 체로 걸러야 한다. 그런데 재료만 집어넣으면 이유식이 나오는 제조기는 엄마들에게 큰 인기를 끌었다. 그러나 2년 후에 판매량이 급락하였다. 회사 내부에서는 값이 싼 유사제품들이 많이 나왔기 때문이라고 판단하고 판매량을 올리기 위해서는 제품의 가격을 낮춰야 한다고 주장하였다. 그러자 필립스사는 판매가 급감한 이유를 찾기 위해 육아 관련 블로그 1억 4000만 개의 육아 관련 사이트 36개 게시판 등을 뒤져서 빅 데이터 분석으로 판매부진의 원인은 가격이나 품질의 문제가 아니라 주부들이 이유식을 배달받아 아이들에게 먹인다는 사실을 알아냈다. 필립스사는 제품의 가격을 내리는 대신에 다음과 같이 광고방식을 바꾸었다. “엄마가 직접 만들어 먹이는 사랑이 담긴 이유식”을 강조하여 6개월 후에 필립스사의 이유기 제조기는 다시 시장 1위의 판매실적을 달성하였다.

이처럼 비정형의 빅 데이터를 포괄적으로 요약하고 처리할 수 있는 적절한 방법이 요구된다. 통계학은 빅 데이터 자료를 효율적으로 요약할 수 있는 기술적인 방법과 이를 통하여 전체 관측된 자료에 포함되어 있는 특정한 패턴이나 특성을 정확하게 추론하는 데 필요한 통계적 추론방법들을 제공해야 한다.

1.2.2 통계의 오남용

(1) 비대칭분포에서 산술평균값과 표준편차의 문제

우리는 자료를 요약할 때 대푯값으로 산술평균값만을 대부분 생각하고 다른 종류의 대푯값을 고려하지 않으며 또한 자료의 산포를 나타내는 방법으로 범위나 표준편차만을 고려하고 다른 산포도를 생각하지 못하는 경우가 있다.

예를 들어 옛날 프로이센의 기록 가운데 재미있는 내용이 있다. 1875년부터 1894년까지 14개 연대에서 말발굽에 채어 죽은 군인이 얼마나 되는가를 기록해 놓은 것인데 지금으로 치면 군대에서 발생한 안전사고에 해당되는 것으로 군의 지휘관은 한 해에 사고로 몇 명 정도의 병사를 잃는지를 알고 싶었기 때문일 것이다.

이때 우리는 당시의 자료를 알아보자. 총 14개 연대에 대해서 20년간 기록해 놓은 자료로부터 총 280회 관찰 중에서 사망자가 한 명도 없었던 경우가 144회, 1명 사망한 경우가 91회, 2명 사망한 경우가 32회, 3명 사망한 경우가 11회 그리고 4명 사망한 경우가 2회로 나타났다. 이들 결과를 표와 막대그림으로 나타내면 다음과 같다. 이러한 자료는 후에 포아송분포라는 새로운 이산형 확률분포를 발견하는 데 기초가 되었다.

[표 1.1] 사망자수의 분포

사망자수	0	1	2	3	4	총
해당횟수	144	91	32	11	2	280

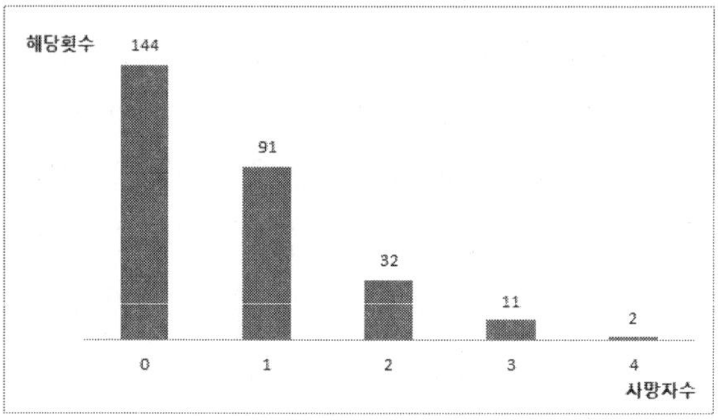

[그림 1.2] 사망자수의 분포

위의 자료로부터 한 해에 평균적으로 몇 명 정도가 사망하는지를 알아보기 위해서는 주어진 자료를 이용하여 총사망자수를 구해서 총 관측횟수로 나누면 얻을 수 있다. 따라서 주어진 자료에서 총사망자수가 196명이고 총 관측횟수가 280이므로 한 해에 평균적으로 사망하는 군인들의 수는 0.7명으로 주어진다. 그런데 이러한 값은 실제적으로 정확히 해석을 내리기가 어렵다.

따라서 위에서 주어진 자료와 같이 한쪽으로 기울어져 있는 자료에 대해서는 자료의 대푯값으로 평균보다는 자료의 가장 중앙에 위치하는 중앙값이 더 적절하게 사용될 수 있다. 이때 주어진 자료의 중앙값은 총 관측횟수가 280회이므로 이들의 중앙은 140번째와 141번째의 가운데가 되고 이것은 두 값의 평균을 사용하는 데 주어진 자료로부터 140번째와 141번째 모두 0이므로 중앙값은 그대로 0이 된다. 따라서 한 해에 사망하는 군인수가 한 명도 안 된다는 결과인데 이러한 사실은 바람직하지 않는다.

따라서 우리는 자료를 요약하는 데 단지 대푯값만을 사용하는 것은 부적절하고 이들 자료가 대푯값으로부터 얼마나 퍼져 있는가를 나타낼 수 있는 산포도를 살펴보아야 한다. 주어진 자료에 대해서 산포도를 계산하는 방법으로 범위나 표준편차가 많이 사용되지만 현재 주어진 비대칭자료에 대해서는 **사분위범위**(interquartile range: IQR)라는 산포도를 고려할 수 있다. 이 값을 구하기 위해서는 주어진 자료를 크기순서로 먼저 배열하고 이들로부터 중앙값을 찾고, 이 값을 기준으로 위쪽 값들의 중앙값과 아래쪽 값들의 중앙값을 각각 찾아서 이들의 차이로 구한다. 주어진 자료로부터 위쪽 값들의 중앙값과 아래쪽 값들의 중앙값을 각각 찾아보면 이들은 각각 0과 1로 주어진다. 따라서 주어진 값들의 사분위범위는 대략적으로 두 값의 차이인 한 명 정도라고 할 수 있다. 그러므로 한 해에 사망하는 군인들은 평균적으로 한명도 발생하지 않을 것으로 판단되지만 발생한다면 많아야 한 명 정도라고 할 수 있을 것이다.

(2) 심슨의 역설

통계를 잘못 해석하는 문제로 **심슨의 역설**(Simpson's paradox)이라는 것이 있다. 이것은 "부분이 작다고 해서 전체적인 것 또한 작지는 않고, 부분이 크다고 해서 전체적인 것 또한 크지는 않다"라는 역설이다. 이러한 역설을 설명할 수 있는 대표적인 예제가 미국 버클리 대학교에서 있었던 신입생 합격률 사례이다. 어떤 여학생이 버클리 대학의 대학원 신입생 자료를 수집하여 다음과 같은 표를 제시하면서 남녀 간의 합격률 차이가 있으므로, 이는 성적 차별에 해당되기 때문에 시정되어야 한다고 주장하였다.

[표 1.2] 남녀 성별 간의 대학원 합격률의 차이

성별	지원자수	합격자수	불합격자수	합격률
남성	2,691	1,400	1,291	52.0%
여성	1,835	772	1,063	42.1%
합계	4,526	2,172	2,354	48%

위의 표를 보면 여자의 합격률이 남자의 합격률보다 9.9% 정도 낮아서 남녀 간의 합격률에 차별이 발생한 것처럼 보인다. 그러나 좀 더 세분화된 변수에 따라 통계분석을 다시 해 보면 다른 결론을 줄 수도 있음에 유의해야 한다. 이때 성별 이외에 생각할 수 있는 변수로 지원자들의 지원 분야(A, B, C, D, E, F)를 세분화해 합격자를 분류한 자료를 조사하여 다음의 결과를 얻었다.

[표 1.3] 남녀 성별과 지원분야별 대학원 합격률의 차이

분야	A	B	C	D	E	F	합계
남자 지원자	825	560	325	417	191	373	2,691
여자 지원자	108	25	593	375	393	341	1,835
남자 합격자	512	353	120	138	53	224	1,400
여자 합격자	89	17	202	131	94	239	772
남자 합격률	62.1%	63.0%	36.9%	33.1%	27.7%	60.1%	52.0%
여자 합격률	82.4%	68.0%	34.1%	34.9%	23.9%	70.1%	42.1%
전체 합격률	64.4%	63.2%	35.1%	34.0%	25.2%	64.8%	48.0%

각 분야별 합격률을 보면 A, B, D, F 분야의 경우는 여자의 합격률이 우세하고, C, E 분야에서는 남자의 합격률이 우세하다. 남자가 우세한 C, E 분야에서도 위의 표와 같은 9.9% 정도만큼의 차이가 나지 않는다. 단지 C 분야에서는 2.8%, E 분야에서는 3.8% 정도만 차이가 난다. 위의 결과를 보면 남녀 성별 간에 합격률에 차이가 난다고 볼 수 없다. 왜 이런 결과가 발생하였을까? 그 이유는 위의 표를 자세히 살펴보면 여자 합격률이 더 높은 A, B, D, F 분야에는 여자 지원자가 남자 지원자보다 훨씬 적다. 특히 A, B 분야에서는 여자 지원자가 1/7도 되지 않게 큰 차이가 난다. 그러나 여자 합격률이 낮은 C, E 분야에서 여자 지원자가 남자 지원자보다 2배 가량 많기 때문에 이 낮은 합격률이 여자의 전체 합격률을 낮게 만들고 있는 것이다. 즉, 지원자수를 가중치로 계산해서 여자 합격률이 남자 합격률보다 작게 나오는 결과를 초래한 것이다. 따라서 합격에 영향을 주는 다른 변수를 무시하고 남녀 구분이라는 하나의 변수만으로 가중평균을 구한 데서 오는 잘못일 수 있으므로 다른 변수가 있는가에 대한 조사를 더 심도 있게 해 보아야 한다.

(3) 이질적인 두 모집단의 비교

동질적이지 않은 두 집단을 비교하는 경우이다. 미국, 일본, 유럽 등에서는 군인모집이 징병제도가 아니므로 일반인을 상대로 군인을 모집할 때 “학비 보조, 취업 보장” 등의 조건을 제시하기도 하지만 다음과 같은 내용으로 광고모집을 하기도 한다. “미국 군인이 해외에서 죽는 사망률은 미국 뉴욕시민이 뉴욕에서 죽은 사망률보다 훨씬 작아서 생명의 위험률이 매우 낮다”라고 광고하면서 미국 군인의 안전성을 선전하였다. 이 광고를 보면 뉴욕과 같은 위험한 대도시에서 어렵게 살기보다는 차라리 군대에 들어가서 여러 가지 혜택을 누리며 안전하게 살고 싶다고 느낄 수도 있다. 그러나 여기에서 두 모집단은 동질적인 비교의 대상이 되는 집단

이 아니라는 것을 명심해야 한다. 즉, 군대는 청년들만 있는 집단이므로 전쟁 등 특별한 사건이 없다면 사망률이 매우 낮은 집단이다. 그러나 뉴욕시민은 늙은이, 어린이, 장애인, 교통사고 환자 등 수없이 많은 종류의 사람이 살고 있으므로 어떤 특정한 사건이 없더라도 사망률이 높다. 그러므로 동질적이 아닌 두 모집단의 결과를 단순 비교하는 것은 부적절하다. 이러한 광고는 사람을 유혹하는 잘못된 광고이다.

(4) 부적절한 표본선택

작은 규모의 표본결과로 모집단 전체의 성격을 부풀리는 경우가 있다. 수십 년 전 미국의 명문 존스 홉킨스(John's Hopkins) 대학이 남자 대학에서 남녀공학으로 바뀌는 시기가 있었다. 바로 그 당시 신문지상에서는 존스 홉킨스 대학 여학생의 33.3%가 그 대학의 교수와 결혼한다는 뉴스를 실었다. 이 기사를 보면 여학생 중 교수와 결혼하는 비율이 상당히 높다고 생각할 것이다. 그러나 그 내막을 살펴보면 남녀 공학 첫해에 여학생이 단 3명 입학하였는데, 그중 한 명이 그 대학의 교수와 결혼하였다고 한다. 그러므로 이 경우에는 백분율을 계산하는 데 사용한 표본의 크기가 너무 작으므로 33.3%라고 보도하는 것보다 '3명 중 1명'이라고 하는 것이 신문을 읽는 독자도 오해하지 않았을 것이다. 이처럼 매우 작은 표본으로부터 얻은 결과를 가지고 표본이 나온 모집단 전체를 언급하는 것은 부적절하다.

1.3 통계학의 역사

1.3.1 통계의 탄생

고대 사회의 통계는 주로 국가나 사회현상에 대한 조사 관찰을 통하여 생겨났다. 이는 국가 경제의 기초인 경지 면적, 인구, 납세능력, 군대 등에 대한 정보가 통치자에게 중요한 것으로 인식되었기 때문이다.

이러한 목적으로 작성된 인류 최초의 통계는 B.C. 3050년경에 고대 이집트에서 피라미드 건설을 위한 조사조직을 만든 것이고, B.C. 2200년경 최초의 토지조사가 이루어졌다. B.C. 1400년경에는 람세스 2세에 의하여 영지와 토지의 재분배를 위한 인구조사가 실시되었다. 구약성서에 의하면 B.C. 1440년경에 시나이반도의 광야에서 모세에 의한 이스라엘 민족의 인구조사의 결과가 『민수기』에 기록되어 있다. 그 이후로 B.C. 1030년경에 다윗 왕에 의하여 인구조사가 실시된 기록이 구약성서 『역대상』에 나와 있다.

희랍의 도시국가에서 B.C. 850년에 스파르타의 전설적인 입법자인 리쿠르고스에 의해 재산이 없는 사람에 대한 기록부가 만들어지고, 이를 근거로 토지 소유자의 재분배를 하였으며 B.C. 594년 아테네의 솔론왕에 의해 조세조사가 이루어졌다. B.C. 435년에는 고대 로마국가에서 최초의 인구센서스가 이루어졌다. 세르비우스 튤리우스는 시민명부를 작성하여 주기적으로 인구정태조사를 실시하여 주민을 계속 기록하고, 각 소속 단체와의 관계를 기록하여 공무와 관직의 할당을 결정하였다. 그 이후로 그리스도 탄생의 해에 로마제국에서 대규모 인구센서스가 이루어졌다는 사실은 신약성서의 기록에 의해서 전해지고 있다. 그리고 로마제국의 인구조사는 A.D. 47년에 클라우디우스와 A.D. 72년에 베스파시안에 의하여 이루어졌다.

동양에서는 B.C. 2300년에 고대중국의 하나라 때 인구조사가 토지측량, 농공상의 조사와 관련하여 이루어졌다는 사실은 공자의 저서 서경에 기록되어 있다. 그리고 주나라(B.C. 1111~211) 때는 통계업무를 전담하는 "쉬-수"(부기계원)라는 관직이 있었다. 또한 페르시아에서는 B.C. 500년경에 다리우스 및 헤르시에스 시대에서 국세조사가 이루어졌다고 전해 오고 있다. 흥미로운 사실은 오늘날 공식통계라고 불리는 매우 정교한 시스템이 B.C. 300년경에 인도에서 개발되었다. 인도의 카우텔리아가 지은 『아르타스트라』에는 자료의 수집과 기록에 관한 방법들이 상세히 기록되어 있고, 고파라는 마을 회계원은 사람, 토지의 용도, 농산물 등에 관한 모든 기록을 보존하였다는 기록이 남아 있다.

1.3.2 통계학의 발달

통계가 통계학이란 학문이 되기 위해서는 개별적이고 구체적인 사실에서 일반적이고 보편적인 법칙을 발견해야 한다. 오늘날 진정한 의미의 통계학은 영국의 정치산술파 통계학, 독일의 대학파 통계학, 프랑스의 확률론으로부터 발달하였다고 할 수 있다.

영국의 정치산술파 통계학의 창시자로는 존 그랜트(J. Graunt, 1620~1674)를 들 수 있다. 그랜트는 1662년에 런던시민들에 대한 생명표인 『사망표에 관한 자연적 및 정치적 여러 관찰』을 발표하였다. 그는 이 사망표를 사용하여 여러 계산을 시도한 결과 인간의 출생과 사망현상 속에 여러 가지 명확한 규칙이 있는 것을 발견하였다. 그랜트에 의해서 시작된 통계학은 그의 친구이자 수학자이고 경제학자인 페티(W. Petty, 1623~1687)에 의해 인구통계표가 만들어졌다. 페티의 주요저서로는 『정치산술』과 『아일랜드의 정치적 해부』 등이 있으며 이들 저서에서 중상주의시대의 자본주의 현실을 수와 중량적인 척도로 설명하려고 시도하였다. 그랜트 학풍을 이어받은 연구자는 처음으로 생명표를 만들어 보험수학의 기초를 만든 해리(E. Harry, 1656~1742)와 유럽 여러 나라의 인구통계를 모아 인구에 관한 법칙을 정밀하게 실증한 『신의 질서』의 저자인 쥬스밀흐(J. P. Sussmilch, 1707~1767) 등이 있다.

또 하나의 통계학 원류로는 독일의 대학파 통계학이다. 독일의 대학파 통계학은 17세기에 콘링(H. Conring, 1606~1681)이 창시하였고, 18세기에 아헨발(G. Achemwall, 1719~1772)과 쉬뢰첼(A. Schlozer, 1735~1809)에 의하여 대성되었다. 이 학문의 목적은 국가의 기본제도를 명백히 하는 데 있었다. 그 대상은 토지와 인구로 크게 구분된다. 토지에는 나라의 위치, 경계, 넓이, 기후, 자연자원, 토지 생산물 등이 포함된다. 인구에는 인구만 아니라 헌법, 왕위 계승법, 귀족, 관습, 교육, 재판소, 공업, 어업, 상업, 무역, 화폐제도, 재정, 군사 등이 포함되어 있다. 그것은 주로 숫자에 의존하지 않고 문장으로 기술되어야 하였다. 숫자에 의존하면 사물의 본질 및 정신을 보지 못할 수 있다고 생각하였기 때문이다. 쉬뢰첼의 "역사는 움직이는 통계이고 통계는 정지된 역사이다"라는 말은 당시 국세학의 성격을 잘 나타내고 있다. 그 후 점차 통계수학의 중요성을 강조하는 그룹이 나타나 신구 두 파가 대립하였지만, 국정을 기술한다는 성격은 변하지 않았다. 이와 같은 국세학이 통계학 원류의 하나로 생각되는 것은 이 학문이 근대국가의 행정상의 필요에서부터 통계 숫자가 만들어지기까지의 시초적 역할을 하였기 때문이다.

통계학의 발달에 중요한 영향을 미친 연구는 17세기 말부터 18세기에 걸쳐서 프랑스에서 발달한 확률론이다. 당시 도박사들은 상금을 걸어놓고 게임을 할 때 승리할 확률이 얼마나 되는가를 수학적 이론으로 해결하려고 하였다. 1654년에 파스칼(B. Pascal, 1623~1662)과 페르마(P. de Fermat, 1601~1665)가 서로 주고받은 편지에서 확률이론이 유래하였다. 두 사람의 수리적 논의에 의하여 확률문제가 처음으로 학문의 연구대상이 되었다. 그 후 베르누이(J. Bernoulli, 1654~1705)는 확률론에 관한 최초의 서적을 내고 순열과 조합을 사용해서 시행되는 사건들의 확률계산에 기초를 마련하였다. 드무아(A. de Moivre, 1667~1754)는 1721년 즈음에 정규분포라는 개념을 발표하였으며, 가우스(C. F. Gauss, 1777~1855)는 1805년에 최소제곱법의 개념을 고안하였고, 그 개념을 통해 현재 사용되고 있는 형태의 정규분포를 유도하였다. 그리고 라플라스(P. S. Laplace, 1749~1827)는 1812년에 『확률해석론』을 발간하여 그때까지 전개된 확률론을 체계화하였다. 통계학의 수학적 도구는 이 시점에서 완비되었다고 할 수 있다.

앞의 세 가지 통계학의 흐름을 종합하여 통계학의 새로운 단계를 구축한 사람은 케틀레(A. Quetelet, 1796~1874)이다. 벨기에에서 태어나 젊어서 수학교수가 된 케틀레는 천문학을 공부하는 한편 확률론에 흥미를 가져 확률론에 기초한 통계학 연구를 시작하였다. 그는 1826년 이후 인간사회에 관련된 통계자료 분석 논문을 계속 발표하여 1835년에 『인간과 그 여러 능력의 발달에 관해서』란 획기적인 저서를 출판하였다. 근대 통계학의 기초를 세운 케틀레의 업적으로는 통계조사법, 통계해석법, 통계사상사 등을 들 수 있다. 그는 여러 나라의 통계제도 및 관청통계에서 발견되는 많은 결점들을 개선하기 위하여 통계제도의 정비, 조사기술의 개선 및 통계지식의 보급에 힘썼다. 또한 자연과학의 연구에 자주 적용되는 확률론을 사회현상의 규칙성 발견에도 적용해야 한다고 주장하였다. 사회현상에 대한 통계적 연구에 과학적 기초를 자리 잡게 한 것은 케틀레의 큰 업적이라고 할 수 있다.

1.3.3 수리통계학의 정립

케틀레에 의한 통계학 혁명이 전개되고 난 후, 주로 생물학의 영역에서 확률론을 실험 자료의 분석에 응용하려고 하는 시도가 이루어졌다. 이 분야의 역사상 가장 중요한 인물들로는 갈턴(F. Galton, 1822~1911), 피어슨(K. Pearson, 1857~1936), 그리고 피셔(R. A. Fisher, 1890~1962) 등 세 명의 영국 학자를 들 수 있다. 갈턴은 종자를 뿌려 확률론을 실험 자료의 분석에 연결시켜 새로운 사고방식을 만들었다. 또한 피어슨은 그것을 이어받아 하나의 학문적 체계로 정리하였고, 그리고 피셔는 그것을 승계하여 더욱 정밀한 분석방법을 개발하였다. 현대의 수리통계학의 기초는 이 세 사람에 의하여 만들어졌다고 할 수 있다.

먼저 갈턴은 처음에 의학과 해부학, 생물학을 공부하고, 대학에서는 주로 수학을 공부하여 결국 이들 학문을 연결하는 새로운 기법을 개발하였다. 갈턴은 대학을 마치고 아프리카를 여행하면서 생물학 및 인류학에 대한 관심이 깊어졌지만, 1859년에 출판된 다윈의 『종의 기원』을 접하게 되면서 유전학에 대한 강한 관심을 가지고, 연구에 연구를 거듭하였다. 이를 통해서 그는 실험값과 실측값을 처리하기 위한 많은 방법을 개발하였다. 정규분포는 이미 18세기 말에 가우스에 의하여 정식화되어 정규분포표가 천문학자 및 물리학자 사이에서 사용되고 있었지만, 이

정규분포를 생물학적인 자료처리를 위하여 이용한 것은 갈턴이 처음이었다. 그러나 갈턴의 통계학에 대한 최대의 공헌은 상관과 회귀의 사고방식을 확립한 점에 있다. 그는 1875년에 종자실험을 이행하고 난 이후 연구를 거듭하여 1889년에 『자연적 유전』이란 책을 저술하고, 그 책 속에서 상관과 회귀에 관한 사고방식을 정리하여 발표하였다.

이 학문을 이어받은 것은 피어슨이었다. 그는 생물학과 인류학의 전문가였지만 수학에도 조예가 깊어 계속 새로운 분석방법을 개발하였다. 예를 들어 상관과 회귀방법은 피어슨에 의하여 거의 완성되었고 그의 제자 율(G. U. Yule, 1871~1951)에 의해 현재 사용되고 있는 것과 같은 형태로 정리되었다. 또한 피어슨은 현실자료를 근사적으로 적합할 수 있는 많은 확률분포를 유도하였다. 그리고 라플라스 이후 알려져 있던 중심극한정리를 사용하여 대표본 자료의 평균치의 성질을 연구한 것도, 그리고 카이제곱분포를 발견하여 이를 분산 및 적합도 검정에 이용한 것도 피어슨이었다. 그는 이 분야에서 이론 및 실증의 양 방면에서 계속 활약하여 많은 제자를 양성하였다.

또한 그는 1900년에 멘델의 법칙이 발견된 이후에도 유전법칙은 자신들의 방법으로만 확증될 수 있다고 하여 스스로의 연구 분야를 생물통계학(Biometrics)이라고 이름 붙이고 1901년에 기관지 "Biometrica"를 창간하였다. 그러나 그의 제자들이 피어슨의 학풍을 비판하기 시작하였는데, 피어슨의 문제점은 그의 연구가 표본의 크기가 100을 넘는 대표본을 바탕으로 이루어졌다는 점에 있었다.

생물학적 연구상에서는 보다 작은 표본으로부터 중요한 결론을 유도해야 되는 경우가 있다. 이와 같은 문제를 가장 먼저 거론한 것은 영국의 맥주회사의 기사였던 고셋(W. S. Gosset, 1876~1936)이었다. 그는 분산이 알려져 있지 않는 소표본인 경우에 표본평균의 분포로 새로운 t분포를 유도하였고, 실험을 통하여 기존의 방법과 상이한 결과가 나타나는 것을 입증하였다.

이를 더욱 발달시켜 소표본의 이론에 관한 큰 공헌을 한 사람은 피셔였다. 그는 모집단과 표본을 분명하게 구별하여 표본에 의하여 모집단의 모수에 관한 추정 및 검정을 수행한다는 현대의 추측통계학 이론을 확립하였다. 또한 소표본 자료를 계획적인 실험을 통해 수집한 후 이 소표본 자료를 사용해서 모집단에 관한 정보를 얻는 실험계획법을 개발하였다. 또한 현대통계학에서 널리 사용되고 있는 최우추정법의 이론을 만들었다. 그리고 에이츠(F. Yates)와 함께 여러 함수 및 난수표를 편집하는 등 추측통계학을 거의 현재의 형태로 만들었다. 하지만 피셔 저서의 많은 것들은 직관적이었으며, 엄밀한 논증이 결여되었다는 단점을 가지고 있었다. 이것을 이론적으로 완전하게 확립한 사람들은 네이만(J. Neymann), 피어슨(E. S. Pearson), 켄달(M. G. Kendall), 윌크스(S. S. Wilks), 그리고 크래머(H. Cramer) 등이었다.

피셔 이후에도 그 수리적 발전은 멈추지 않았다. 예를 들면, 왈드(A. Wald, 1902~1950)는 결정이론, 기하학, 그리고 경제학 이론에 기여하였고, 통계적 축차 분석이론의 기초를 세운 사람이다. 그리고 왈드에 의해 제안된 왈드의 검정은 베이지안 사상과 연결되어 새로운 학파를 만들어 냈다. 또한 피셔 이후의 이론적 발전을 반영한 표본조사법에 관한 이론은 1930년대 이후 여러 나라의 통계에도 폭넓게 적용되게 되었다.

1.3.4 오늘날의 통계학

오늘날의 통계학은 지금까지 연구된 다양한 이론적 지식들이 날마다 새롭게 업그레이드되고 있는 컴퓨터와 결합하여 다양한 통계소프트웨어로 개발되어 일반인들에게까지 널리 이용되고 있다. 또한 통계학은 농업 연구, 공중 보건 문제(역학, 생물통계학 등), 산업 품질 관리, 경제 및 사회적 목적(실업률, 계량경제학)에 대한 정확한 측정도구로 이용됨으로써 보다 수준 높은 방법들의 개발이 새롭게 요구되고 있다. 이뿐만 아니라 통계학은 그 기원을 넘어 개인 및 조직 데이터를 이해하고 자연과 사회 과학, 의학, 비즈니스 및 기타 분야에 걸쳐 결정을 내릴 수 있는 방법을 제공하는 데까지 확대되고 있다.

최근에는 통계학이 사회적 관심을 불러일으키고 있는 빅 데이터 처리와 분석에도 이용되고 있다. 이것은 날마다 축척되고 있는 방대한 대용량의 정형 또는 비정형 데이터 집합으로부터 이들이 가지고 있는 가치 있는 정보를 추출하고 결과를 분석하는 기술로 다양한 데이터마이닝 기법을 적용하여 빅 데이터가 갖고 있는 특정한 패턴이나 특성을 찾아내는 것이다.

연습문제

1 인터넷 검색을 통하여 기술통계학과 추측통계학이 적용되는 예제를 제시하여라.

2 통계가 잘못 사용된 경우를 실생활에서 예를 찾아 제시하여라.

3 한국의 통계역사에 대하여 간단히 기술하여라.

4 존 그랜트가 제안한 런던시민에 대한 생명표가 무엇인지 말해 보아라.

5 파스칼과 페르마가 서신에서 주고받은 도박게임 문제가 무엇인지 기술하고, 이 문제에 대한 해를 구하여라.

6 역사적으로 칼 피어슨이 제안한 통계이론은 무엇이 있는지 아는 대로 기술하여라.

참고문헌

1. 구정화, 김찬호, 문우일, 안병근, 이기원 (2011), 통계속의 재미있는 세상이야기, 통계청.
2. 김달호, 박병구, 손중권, 송재기, 이경은, 조교영, 조길호, 최진갑 (2012), 통계로 세상보기, 자유아카데미.
3. 김동욱, 박종선, 정강수, 홍종선 (2005), 생활 속의 통계, 자유아카데미.
4. 박성현 (2011), 통계의 매력, 자유아카데미.
5. 오오무라 히도시 (2000), 통계를 알면 인생이 달라진다, 자음과 모음.
6. 이슈투데이 편집국 (2010), 미래예측 확률과 통계, 이슈투데이.
7. 정한영 (1995), 통계학사개론, 한림대학교 출판사.
8. 한국 통계학회 (1992), 알고 보면 재미있는 통계이야기, 자유아카데미.

제 2 장

자료의 수집과 측정

2.1 자료의 수집

통계학은 세상의 온갖 현상을 연구하기 위하여 그 목적에 맞는 적절한 자료를 수집한 후 통계 분석하여 유용한 정보를 얻거나 확률에 기초한 과학적 판단을 내릴 수 있는 학문이다. 이렇게 자료를 확률적 실험 재료로 하여 유용한 통계적 기술을 펼칠 수 있는 통계학은 자료과학(data science)이다. 통계분석의 대상이 되는 자료는 어떻게 수집되는 것일까?

모든 통계적 연구에서는 각 개체에 대한 변수의 값을 측정함으로써 자료를 얻는다. 이때 **개체**(unit)는 통계적 연구의 대상으로서 사람, 동식물, 물체일 수 있으며 관측개체(observational unit), 실험개체(experimental unit)라고도 불려진다.

변수(variable)는 개체가 가지는 특성으로서 개체마다 다른 값을 가질 수 있다. 변수는 반응변수와 설명변수로 구분된다. 반응변수를 종속변수, 목적변수, 결과변수라고도 하며, 설명변수를 독립변수, 입력변수, 원인변수라고도 한다.

반응변수(결과변수)가 관측되었을 때 이것이 어떤 설명변수(원인변수)로부터 영향을 받았는가를 밝히는 연구, 즉 인과관계(causality)의 규명이 목적일 수도 있고, 또는 반응변수 및 설명변수의 구별 없이 단지 변수의 값에서 정보를 얻고자 하는 연구가 목적인 경우가 있다.

통계분석에 사용되는 자료는 관측연구 또는 실험연구에 의해 얻어진다. **관측연구**는 연구대상자를 단순히 관측하여 얻어지는 관측자료를 분석한다. **실험연구**는 연구자가 관심 있는 원인변수의 처리(treatment)를 실험대상자에게 실시한 후 그에 따른 결과변수의 효과를 측정하여 두 변수의 인과관계를 규명하는 연구이다. 이때 관측자료는 단순히 관측에 의해 얻어지므로 연구자가 개입하지 않는 수동적인 자료수집의 결과물인 반면에, 실험자료는 연구목적을 달성하기 위하여 연구자가 적극적으로 개입하는 능동적인 자료수집의 결과물이다. [그림 2.1]은 자료의 구

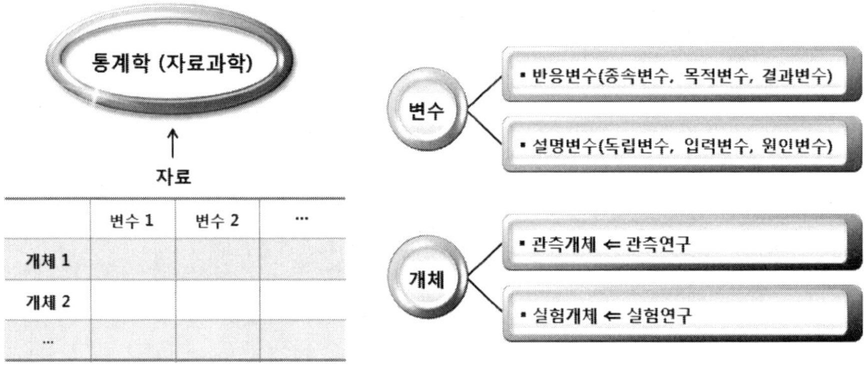

[그림 2.1] 자료의 구조, 변수, 개체

조, 변수, 개체를 요약해 보여 준다.

예제 2.1 **관측연구의 예** 걷기가 당뇨병 발병 위험 감소와 연관된다는 연구 결과가 많이 있다. 그래서 일반적으로 사람들은 최소 하루 1만 보 정도는 걸어야 한다는 말을 듣는다. 어느 연구에서 2,000명을 조사하였더니 539명은 하루 평균 3,000보 미만을 걷고, 나머지는 3,000보 이상을 걷는 사람들이었다. 그런데 3,000보 미만을 걷는 신체활동도가 낮은 사람들 중 18%는 당뇨병을 앓고 있었으며 하루 3,000보 이상 걷는 사람들 그룹에서는 7%가 당뇨병을 앓고 있었다. 이 관측연구로부터 얻어지는 자료는 관측자료이다. 개체는 관측된 2,000명의 개인들이며 변수는 각 개체의 하루 평균 도보수와 당뇨병의 발병 유무이다. 이 연구의 목적은 걷기가 당뇨병에 영향을 미치는지를 보는 연구로서 반응변수는 당뇨병의 발병 유무이고 설명변수는 하루 평균 도보수이다. ○

[그림 2.2] 관측연구의 예: 걷기가 당뇨병 발병을 감소시키는가?
당뇨병이 걷는 능력을 감소시키는가?

예제 2.1의 관측연구에서는 자료를 있는 그대로 관측함으로써 걷기가 당뇨병 발병을 감소시킨다는 정보를 얻게 된다. 그러나 의심이 가는 부분이 있다. 당뇨병 합병증 중의 하나인 당뇨병성 신경병증은 발, 다리 저림과 통증을 일으키는 병증이라고 한다. 아무래도 당뇨병을 앓고 있는 사람들은 불편한 몸이어서 건강한 사람보다 적게 걸을 것이다. 당뇨병에 영향을 주는 요인으로 걷기가 효과가 있는지 알아보기 위한 연구에서 관측연구는 한계가 있다. 그래서 실험연구가 필요하다. 다음 예제에서 실험연구에 대하여 살펴보기로 하자.

예제 2.2 **실험연구의 예** 오전 10시 이전에 2시간 정도의 음악을 들려 주는 음악재배농법으로 블루베리를 재배한 결과, 전년도에 비해 생육이 25~64% 촉진되고 착과율도 약 25% 증가하였으며 해충도 40% 이상 억제되는 효과를 확인하였다고 어느 농민이 밝혔다. 음악재배농법은 과수 작물 재배에 탁월한 효과가 있다고 말할 수 있을까? 이에 대한 대답은 자료가 어떻게 수집되었느냐에 따라 달라질 것이다. 블루베리의 생육 정도, 착과율, 해충에 대한 억제율과 같은 자료를 관측하여 단순히 지난해와 비교하였다면 음악재배농법의 효과라고 말할 수 있을까? 혹, 지난해보다 더 좋아진 적정한 온도, 습도, 강수량 등의 자연환경 때문은 아니었을까? 이제 연구자가 개입하여 실험연구를 수행해 보기로 하자. 먼저 같은 시점과 균일화된 재배환경에서 블루베리를 재배한다. 단, 한 실험단지에서는 음악을 들려 주고 다른 실험단지에서는 음악이 없는 재배를 한다. 만약 음악을 들려 주고 재배한 블루베리의 성과가 보다 더 좋았다면 음악재배가 효과가 있었다고 수긍할 수 있을 것이다. 이 실험연구의 개체는 블루베리이고 반응변수는 각 블루베리의 생육정도, 착과율, 해충에 대한 억제율 등이며 설명변수는 음악재배의 여부일 것이다. ○

위의 예제들에서 관측연구와 실험연구의 차이가 발견된다. 즉, 예제 2.1의 관측연구에서 연구자는 각 개체에게 걷는 정도를 정해 줄 수 없고 단지 개체의 걷는 정도를 관측 또는 조사할 뿐이다. 그러나 실험연구에서는 각 개체의 설명변수 값을 연구자가 개입하여 정할 수 있다. 예를 들면, 예제 2.2의 실험연구에서 연구자는 일부 블루베리에만 음악을 들려 준다. 실험연구에서 실험개체에 연구자가 특정한 실험조건을 가하는 것을 **처리**(treatment)라고 한다. 예제 2.2의 실험연구에서 처리는 음악재배이다.

반응변수에 중요한 영향을 주지만 설명변수나 연구에 포함되지 않는 변수를 **잠재변수**(latent variable)라고 한다. 반응변수에 영향을 주는 두 개 이상의 변수들의 효과를 구별해 낼 수 없을 때 그 변수들은 **교락**(confounding)되었다고 한다. 반응변수에 영향을 주는 변수들은 여러 개가 있을 수 있으므로 관측연구는 흔히 잠재변수와의 교락으로 인해 설명변수의 반응변수에 대한 영향력을 혼돈하게 만든다. 예제 2.1의 관측연구에서 당뇨병성 신경병증 발병 여부는 잠재변수로서 설명변수인 도보의 효과와 교락될 수 있다. 예제 2.2의 연구에서 자연환경은 잠재변수로서 설명변수인 음악의 효과와 교락될 수 있다. 그러나 실험연구에서는 잠재변수를 통제함으로써 관측연구에서 흔히 발생할 수 있는 교락을 피할 수 있다. 다음 2.2절에서는 관측연구를, 그리고 2.3절에서는 실험연구에 관해서 좀 더 자세히 살펴보기로 하자.

2.2 관측연구

우리 국민이 즐겨 먹는 김치, 찌개, 라면 등은 나트륨이 주성분인 소금이 많이 들어 있다. 이러한 나트륨의 과잉섭취는 고혈압의 원인이 된다고 한다. 이를 실험연구에 의해 입증하기 위하여 다음과 같이 실험을 계획해 보자. 건강검진 후 건강한 100명의 40세 이상 성인을 랜덤하게 두 개의 집단으로 나누어 각각 매일 하루 10 g과 0.5 g의 소금을 섭취할 수 있는 식단을 수행하게 한 후 30일 동안의 평균 혈압을 비교한다. 소금 10 g 섭취 집단의 평균 혈압이 소금 0.5 g 섭취 집단의 평균 혈압보다 유의하게 크다면 나트륨 섭취는 확실히 고혈압의 원인이다. 그렇지만 이러한 실험이 과연 가능할 수 있을까? 나트륨은 생명유지를 위해 꼭 필요한 성분으로서 필요한 나트륨 양은 소금으로 하루 1 g 미만이라고 한다. 그러나 나트륨의 과잉섭취가 수명단축의 원인이라는 것은 일반화된 사실인데 한 집단에 과잉의 소금을 섭취시키는 실험은 비윤리적이다. 이렇게 윤리적인 문제로 실험이 어렵거나 실험 수행이 시간, 비용을 고려하여 비효율적인 경우에는 관측연구를 한다.

관측연구에는 횡단면 연구(cross sectional study), 다시점 연구(longitudinal study), 사례-대조 연구(case-control study), 코호트 연구(cohort study) 등이 있다.

횡단면 연구는 한 시점에서 현상을 있는 그대로 관측하는 연구로서 일시점 연구 또는 현황연구라고도 한다. **다시점 연구**는 여러 시점의 현상을 관측하는 연구로서 종단면 연구라고도 한다. 다음의 두 예에서 횡단면 연구와 다시점 연구의 특징을 살펴볼 수 있다.

예제 2.3 **횡단면 연구의 예** TV시청률 조사 결과는 방송 프로그램을 기획, 편성 제작하는 데 사용될 뿐만 아니라 TV 광고 가격을 결정하는 데도 중요한 자료이다. 어느 시청률 조사기관에서 엄격한 통계 절차를 거쳐 우리나라 16개 도시의 시청자를 대표할 수 있는 3,000가구를 시청자 패널[1])로 구성하여 각 프로그램에 대한 시청률을 조사하였다. 그중 어느 한 결과가 [그림 2.3]에 나타나 있다. 이 연구는 어느 한 시점에서 시청률이라는 현상을 있는 그대로 관측한다. 이 관측연구로부터 얻어지는 관측자료의 개체는 패널로 선정된 3,000가구이며, 변수는 각 가구가 시청한 프로그램들이다. 또한 반응변수와 설명변수의 구별이 없는 연구이다. ○

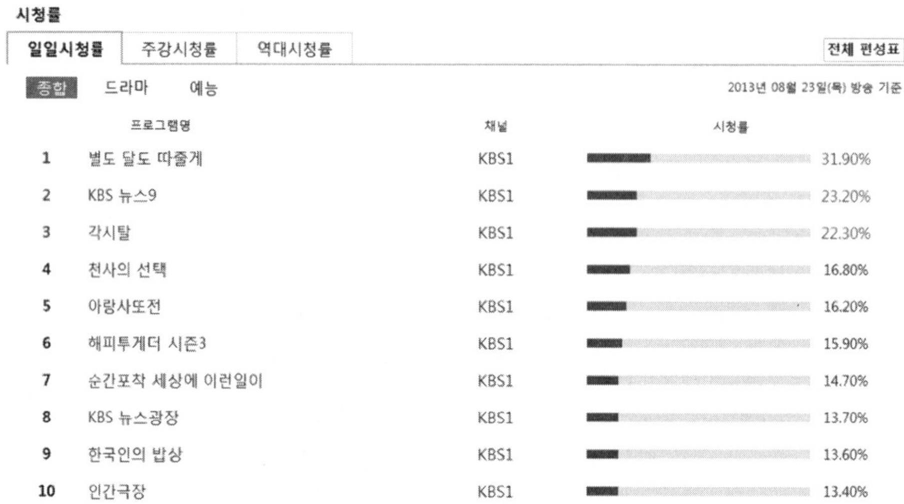

	프로그램명	채널	시청률
1	별도 달도 따줄게	KBS1	31.90%
2	KBS 뉴스9	KBS1	23.20%
3	각시탈	KBS1	22.30%
4	천사의 선택	KBS1	16.80%
5	아랑사또전	KBS1	16.20%
6	해피투게더 시즌3	KBS1	15.90%
7	순간포착 세상에 이런일이	KBS1	14.70%
8	KBS 뉴스광장	KBS1	13.70%
9	한국인의 밥상	KBS1	13.60%
10	인간극장	KBS1	13.40%

[그림 2.3] 횡단면 연구의 예: 시청률 조사

예제 2.4 **다시점 연구의 예** 친환경 운송수단의 이용 활성화 정책에 따라 자전거 인구가 늘어남에 따라 사고도 증가하는 추세이다. [그림 2.4][2]의 경찰청 자료에 따르면 2011년 자전거 사고는 2,883건으로 2007년 1,374건에 비해 109% 급증하였다. 특히, 지난 5년간 11,689건의 자전거 사고로 인한 사망자는 390명, 부상자는 12,060명에 달한다. 이 연구는 여러 시점의 자전거 사고를 관측하는 연구로서 다시점 연구에 속한다. 관측연구로부터 얻어지는 관측자료의 개체는 관측된 11,689건의 자전거 사고이며 변수는 각 자전거 사고로부터 발생한 사망자수와 부상자수이다. 이 연구에서는 반응변수와 설명변수의 구별은 없다. ○

사례-대조 연구는 현재의 결과변수값에 따라 사례군과 대조군으로 구분한 후 각 집단에 대하여 과거에 특정한 원인변수가 있었는지를 알아보는 관측연구로서 **후향적 연구**(retrospective study)에 속한다. 현재 비만 어린이 그룹(사례군)과 정상

1) 패널은 조사, 토론 등에 참여하여 관련된 의견을 말하는 사람을 의미한다. 특히 시청률조사나 여론조사에서 패널은 한번 정해놓고 계속 관찰하는 단위이다.
2) 매년 부상자수가 발생 건수에 비해 많은 이유는 한 건의 자전거 사고로 인하여 생기는 부상자수가 두 명 이상인 경우도 있기 때문이다.

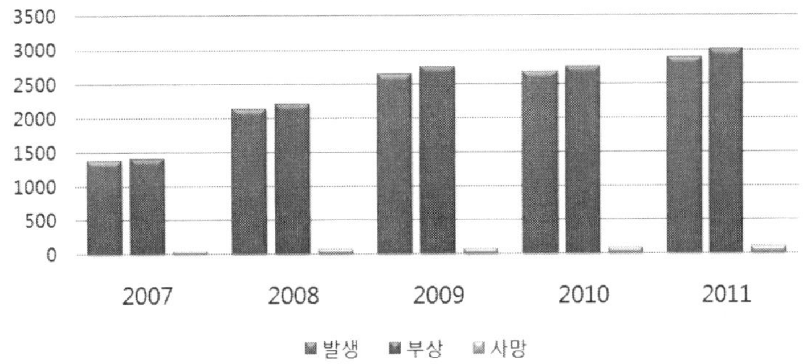

[그림 2.4] 다시점 연구의 예: 자전거 사고 통계

체중의 어린이 그룹(대조군)을 대상으로 과거에 모유의 수유 여부를 조사하여 모유 수유와 소아 비만과의 관계를 규명하는 연구는 후향적 연구의 예이다.

코호트[3] **연구**는 원인변수값을 미리 측정한 후 일정한 기간을 추적하고 결과변수 값을 측정하여 두 변수 간의 관계를 규명하는 관측연구로서 미래에 어떤 일이 일어날 것인가를 관측하는 **전향적 연구**(prospective study)에 속한다. 신생아 때 모유를 수유한 집단과 그렇지 않은 집단을 각각 10년간 추적하여 그들의 비만 상태를 조사함으로서 모유 수유가 어린이들의 비만에 끼치는 영향을 규명하는 예는 전향적 연구의 예이다.

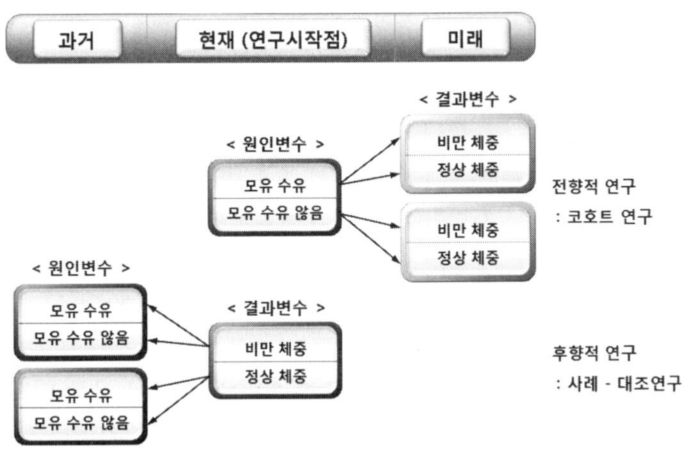

[그림 2.5] 원인변수, 결과변수 및 시간별로 구분한 사례-대조 연구와 코호트 연구의 비교

3) 인구통계에서 코호트는 동시에 출생한 집단을 말한다.

[그림 2.5]는 연구시점을 중심으로 전향적 연구와 후향적 연구의 차이를 설명한다. 후향적 연구는 전향적 연구에 비해서 시간과 비용이 덜 드나 과거의 기록 혹은 기억에 의존해야 하므로 자료측정에 편의가 발생할 수 있으며, 교락변수가 결과에 영향을 주지 않도록 대조군의 선정에 주의해야 한다. 반면에 코호트 연구는 추적 중에 연구대상자가 중도 탈락하여 연구관리가 어려울 수 있다. 다음은 사례-대조 연구와 코호트 연구의 예를 보여 준다.

예제 2.5 **사례-대조 연구의 예** 뉴질랜드에서 정부가 지원하는 학교 우유급식 프로그램으로 1932~1962년 사이의 출생자는 아동기 때 학교에서 하루 284 mL의 우유를 마실 수 있었다. 아동기의 우유 섭취가 대장암의 발생 여부에 영향을 미치는지를 규명하기 위하여 [그림 2.6]과 같이 대장암 환자 562명과 대조그룹 571명을 대상으로 과거의 식습관, 학교 우유급식 참여 여부, 아동기의 주당 우유 음용량 등의 설문조사를 하였다. 관측연구 결과 아동기에 다량의 우유를 마셨던 그룹의 경우 성인으로 장성한 후 대장암 발생률이 30% 낮게 나타난 것으로 파악됐다. 아울러 전체 학교 우유 소비량이 28,400 mL 증가할 때마다 대장암 발생률도 2.1% 감소하는 것으로 나타나 아동기 때 우유섭취와 대장암 발생 사이에 밀접한 상관관계가 있음을 알게 되었다. 〈출처: http://www.Yakup.com〉

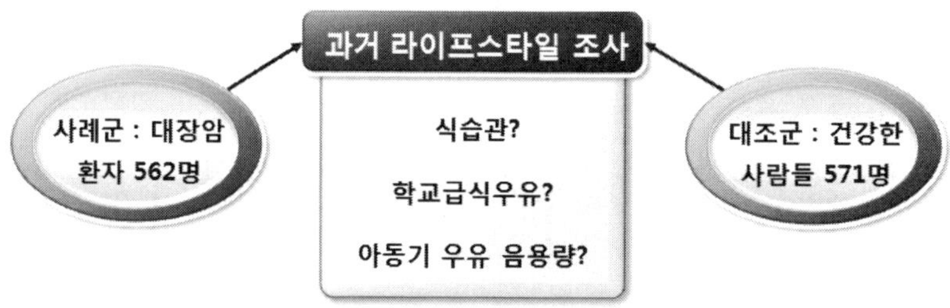

[그림 2.6] 후향적 연구의 예: 사례-대조 연구

예제 2.6 **코호트 연구의 예** 행복한 삶에도 공식이 있는지에 대한 대답은 미국 하버드 대학교 교수인 조지 베일런트(2010)가 1930년대 말에 하버드 대학교에 입학한 2학년생 268명의 삶을 72년 동안 추적한 코호트 연구에서 답을 주고 있다. 연구대상자에게 건강한 노후의 삶을 만드는 행복의 조건은 고통에 대응하는 성숙한 자세, 교육, 안정된 결혼생활, 금연, 운동, 알맞은 체중 순이었다. 50대에 행복의 조건 중 5~6가지 조건을 충족하였던 하버드 졸업생 106명 중 80대 때 50%는 행복하고 건강한 상태였고, 7.5%는 불행하고 병약한 상태였다. 반면 50대 때에 세 가지 미만의 조건을 갖추었던 이들 중 80대에 행복하고 건강한 상태인 사람은 아무도 없었다.([그림 2.7] 참조)

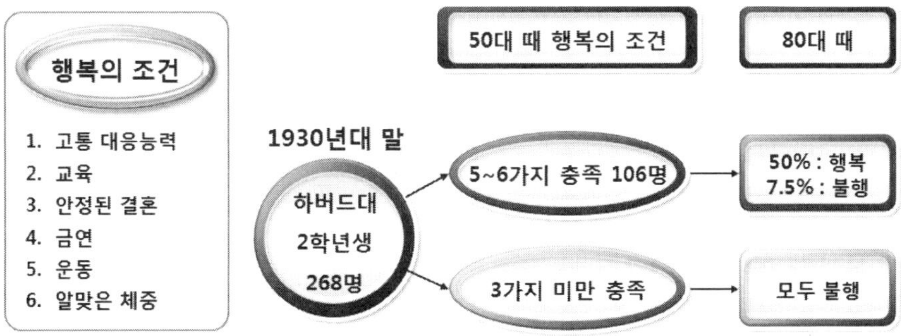

[그림 2.7] 전향적 연구의 예: 코호트 연구

2.3 실험연구

변수 사이의 인과관계를 밝혀내기 위해서는 관측연구보다는 실험연구를 이용하는 것이 일반적으로 더 좋다. 관측연구에서는 결과변수값에 영향을 주는 요인으로서 관심 있는 원인변수와 잠재변수들이 사회, 자연현상 속에 서로 교락되어 있을 가능성이 많기 때문이다. 그러나 연구자가 적극적으로 개입할 수 있는 실험연구에서는 교락의 가능성이 없도록 자료수집의 환경을 만들 수 있다. 즉, 예제 2.2의 실험연구에서처럼 교락의 가능성이 있는 잠재변수의 값이 동일하거나 균질하게 분포되게 해서 교락의 시비를 피할 수 있다.

실험연구에서 처리는 실험개체에 적용되는 실험조건이라고 하였다. **임의화 비교실험**에서는 결과변수에 영향을 주는 교락변수를 통제하기 위하여 처리군(혹은 실험군)과 대조군(혹은 통제군)이라는 두 개 그룹의 구성이 필요하다. 일반적으로 처리군에는 처리를 하고 대조군에는 처리를 하지 않는다. 그래서 처리군에 대한 결과변수와 대조군에 대한 결과변수의 관측값의 차이는 교락변수 효과가 제거된 오직 원인변수의 변화에 따른 순수한 처리효과로 추정할 수 있다. 임의화 비교실험에서 각 실험개체는 처리군과 대조군에 랜덤하게 배치된 후에 랜덤한 순서로 실험이 실시되게 함으로써 실험의 임의화(랜덤화)를 이룬다.

예제 2.7 **임의화 비교실험의 예** 신약이 질병치료에 효과가 있는지를 알아보기 위한 임의화 비교실험에서 처리군의 실험대상자에게는 신약이 처방되며 대조군의 실험대상자에게는 처리군에 처치된 신약과 전혀 구분이 되지 않는 가짜약인 위약(placebo) 처방을 내린다. 이것은 처리군과 대조군의 실험환경을 균질하게 만드는 방법으로 임상시험에서는 필수이다. 또한 누가 신약을 처방받았는지를 실험대상자나 실험연구자 모두 모르게 한다. 만약 실험연구자가 신약 또는 위약 처방 여부를 알게 된다면 그에 따라 환자에 대한 기대감이 다를 것이다. 실험대상자 역시 신약 처방을 받은 사실을 알게 된다면 심리적으로 치료 효과가 있는 듯이 느낄 수 있다. 이렇게 실험대상자와 실험연구자 모두가 어떤 처치를 받았는지를 모르는 방법으로 실험하는 것을 **이중눈가림 실험**(double blind experiment)이라고 한다. [그림 2.8]은 임의화 비교실험의 예로서 위약, 이중눈가림실험을 소개한다.

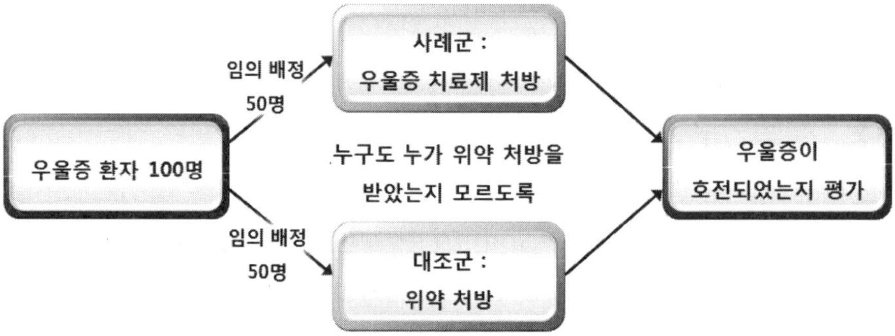

[그림 2.8] 임의화 비교실험의 예: 위약, 이중눈가림 실험

실험계획법(design of experiment)은 해결하려는 문제에 대해 최소 횟수의 실험으로 수집한 자료로 최대의 유용한 정보를 얻을 수 있는 실험을 계획하는 방법을 다루는 통계학의 응용분야이다. 실험개체를 각 처리집단에 균질하게 배치하는 실험계획 방법으로 **완전 임의화 계획**(completely randomized design), **임의화 블록 계획**(randomized block design) 등이 있다. 다음은 몇 가지 실험계획의 예들이다.

예제 2.8 **완전 임의화 계획의 예(처리가 두 개인 경우)** 교양교과목 『생활정보와 통계』 두 분반이 개설되었다. 한 분반은 강의실 수업에서, 한 분반은 100% 온라인으로 강의를 하였다. 두 강좌의 교수는 동일하며 강의실 수업은 온라인 수업에서 사용된 콘텐츠의 내용을 그대로 사용한다. 학생은 자유 의지로 하나의 수업을 선택하였다. 한

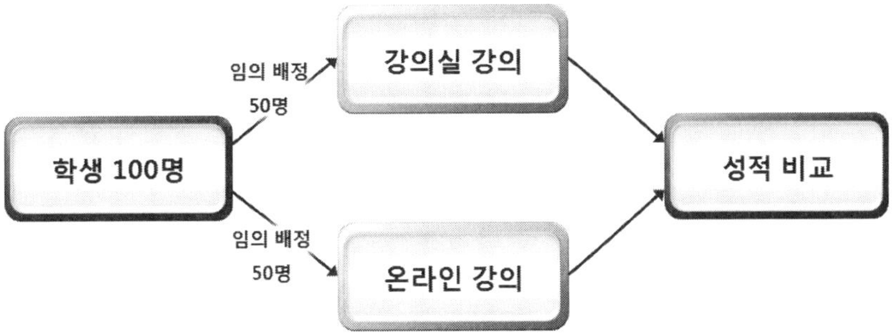

[그림 2.9] 완전 임의화 계획의 예: 처리가 두 개인 경우

학기 수강 후 동일한 평가기준에 의해 성적평가를 하였는데 온라인 수업의 평균점수는 70점이었고 강의실 수업의 평균 점수는 60점으로 나왔다. 그런데 강의실 수업의 수강 학생들은 주로 1학년으로 구성되었으며 온라인 수업은 주로 3, 4학년으로 이미 기초통계학 선수학습을 한 학생으로 구성되어 있었다. 따라서 평균점수만을 근거로 하여 온라인 수업이 강의실 수업보다 성적향상에 효과가 있다고 말할 수 없을 것이다. 이제 강의실과 온라인 수업 중 어느 것이 성적 향상에 더 효과적인지를 알아보기 위해서 연구자인 교수는 다음과 같이 실험연구에 적극 개입해 보기로 하였다. 즉, [그림 2.9]에서와 같이 학년에 상관없이 임의로 두 수업에 학생들이 고르게 분포되도록 배치하여 수업을 듣게 한 후 평가를 하였다. 이렇게 두 집단의 환경이 비슷해진다면 평균점수로 두 강의의 효과를 평가할 수 있을 것이다. 이 실험연구의 개체는 수강 학생들이고 결과변수는 평가점수, 원인변수는 강의방법일 것이다. 또한 강의실 수업과 온라인 수업이라는 두 개의 처리가 존재한다. ○

예제 2.8에서는 두 집단 사이에 성적의 차이가 오직 강의실과 온라인 수업이라는 두 개 처리의 차이가 되도록 실험 전에 각 집단을 동일한 환경으로 만들었다. 이렇게 모든 실험개체를 처리집단에 임의 할당하여 실험환경을 균질하게 만드는 실험설계를 완전 임의화 계획이라고 한다. 다음의 예는 세 개 이상의 처리가 있는 완전 임의화 계획이다.

예제 2.9 **완전 임의화 계획의 예(처리가 세 개 이상인 경우)** 시금치 샐러드를 출시하려는 유명 레스토랑에서는 오일의 종류와 호두의 양에 따른 샐러드 맛의 차이를 비교하기 위해서 완전 임의화 계획을 실시하려고 한다. 실험에서는 세 종류의 올리브, 포도씨, 해바라기 오일과 두 가지 중량 10 g, 30 g의 잘게 조각낸 호두를 사용하였다. 감별사는 그 밖의 재료의 품질이나 양은 동일하게 유지한 상태에서 오일과 호두의

6개 처리 조합에서 만들어진 각 3접시 샐러드의 맛을 평가한다. 이때 [그림 2.10] 처럼 뒷면에 1부터 18까지 번호표가 붙은 18개의 접시를 랜덤하게 섞은 후 각 샐러드를 담았으며, 감별사는 총 18개 샐러드 접시를 랜덤한 순서로 선택하여 맛을 감별함으로서 임의화가 이루어진다. 이 실험연구의 개체는 접시에 담긴 시금치 샐러드이고 결과변수는 맛의 평가점수, 2개의 원인변수는 오일 종류와 호두의 양일 것이다. 또한 6개의 처리가 있으며, 각 처리마다 3회의 반복실험을 함으로써 실험결과의 신뢰성을 높일 수 있다. ○

	올리브 오일	포도씨 오일	해바라기 오일
10g	⑱①⑦	⑩⑯⑧	⑫⑨⑦
30g	②⑬⑤	⑮⑥③	⑭⑪④

[그림 2.10] 완전 임의화 계획의 예: 처리가 여섯 개인 경우

예제 2.8의 완전 임의화 계획에서 수강 학생들을 랜덤하게 강의에 배치한다고 하더라도 우연히 온라인 수업반에 기초통계학 지식을 이미 습득한 4학년 학생들이 더 많이 배치될 수 있다. 이렇게 실험개체들이 이질적인 특성을 갖는 그룹으로 나뉠 때는 완전 임의화 계획에 의해 실험설계를 하더라도 우연에 의해 특정한 속성을 갖는 개체들이 어느 처리 집단으로 더 많이 배치되어 각 집단의 실험 환경이 동질적이지 못하게 될 수 있다. 이러한 문제를 해결하기 위해서 비슷한 특성을 가진 실험개체들끼리 블록[4]으로 묶은 후에, 블록 내의 실험개체들이 처리조합에 임의로 할당되게 하는 **임의화 블록 계획**을 수행할 수 있다.

예제 2.10 **임의화 블록 계획의 예** 예제 2.8의 완전 임의화 계획에서 기초통계학 등의 통계학 과목을 이수한 적이 있는 학생 블록과 그렇지 않은 학생 블록으로 수강학생들을 먼저 나눈다. 그 다음 각 블록 내의 모든 실험개체들을 랜덤하게 강의실 수업과 온라인 수업 중 하나에 배치하는, 즉 [그림 2.11]과 같은 실험계획은 임의화 블록 계획의 예이다. ○

4) 블록(block)은 실험 환경을 균일하게 만들어 놓은 실험의 시간적 또는 공간적 분할이다.

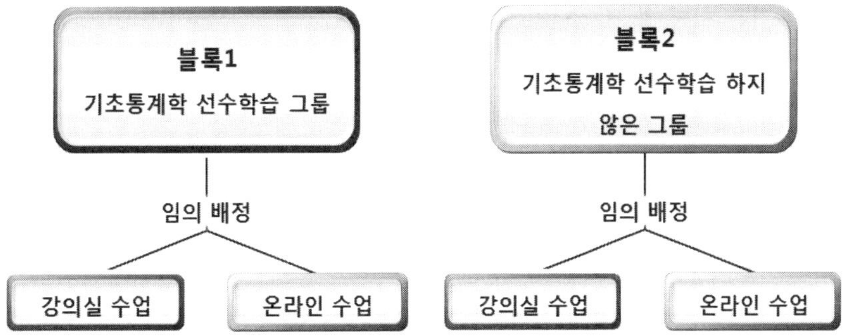

[그림 2.11] 임의화 블록 계획의 예: 두 개의 블록과 두 개의 처리

2.4 측정

2.2절과 2.3절에서 설명한 관측연구나 실험연구는 통계분석을 위한 자료를 수집하는 과정이다. 자료는 각 개체에 대해 연구목적에 적합한 변수를 측정하여 얻는다. 한편 변수는 개체가 가지는 특성으로서 개체마다 다른 값을 가질 수 있다고 하였다. **측정**(measurement)은 개체가 가지는 특성을 숫자로 표현하는 것이라고 정의할 수 있다. 측정을 위하여 도구를 사용하고, 단위를 선택하여 측정을 기록한다. 줄자라는 도구를 사용하여 허리둘레가 28인치라고 측정하고, 저울을 사용하여 돼지고기 한 봉지의 무게가 600 g임을 측정한다. IQ 검사로 성인의 지능을 측정하기도 하고, 정부에서 정한 취업률의 정의에 따라 대학의 취업률을 측정한다. 성별, 혈액형, 학력과 같은 변수는 측정할 수 없으나 수량화함으로써 측정의 범주에 포함시킨다.

국가 지식경쟁력을 나타내는 국민의 독서 수준을 알아보기 위한 두 가지 통계 발표가 있었다. 한 통계에 의하면 우리나라 국민의 독서율이 약 76%라고 하였으며 이는 일본, 영국보다도 10~20% 높다고 한다. 또 다른 통계에서는 세계의 주요 30개국 중 한국이 인쇄매체 접촉시간이 가장 낮은 30위로서 국가별 평균 독서시간 6.5시간의 절반도 안 되는 3.1시간이라고 발표하였다. 두 개의 통계 결과는 서로 상반된 결과를 보여 주고 있다.

위의 통계를 얻기 위해서 변수 독서율과 인쇄매체 접촉 시간이 무엇을 의미하는지를 결정해야 한다. 독서율이 1년 동안 책을 한 권이라도 읽은 사람을 정의하다면, 책을 정의하는 범위에 따라서 다른 자료를 얻게 된다. 또한 인터넷이 발달한 나라일수록 인쇄매체의 접촉 빈도가 낮고 전자책의 접촉 빈도가 높지만 전자책 읽기는 독서에 포함되지 않을 것이다. 오히려 독서율이나 인쇄매체의 접촉 시간보다는 1년에 3권 또는 12권 이상의 책을 읽는 국민의 비율과 같은 다독자의 비율이 독서 수준을 알아보기 위한 적합한 변수일 것이다.

변수가 정의되었다면 표본으로 선택된 각 개체에게 1년 동안 책을 한 권이라도 읽었는지의 여부, 1년 동안 읽었던 책의 수, 또는 인쇄매체 접촉 시간을 질문하여 숫자 자료를 얻어야 한다. 이러한 답은 흔히 각 개체의 기억에 의존하므로 정확하지 않다. 이렇게 변수를 정의하고 측정하여 숫자화된 자료를 얻는 것은 쉽지 않다. 이제 연구목적에 적합한 자료를 얻기 위해서는 어떤 조건이 필요한지 알아보자.

첫째, 개체 특성인 변수를 숫자로 측정한 값이 자료이기 때문에 변수의 정의를 명확히 하여야 한다. 예를 들어 교통사고 사망자수를 측정한다고 하자. 교통사고 발생 후 24시간 이내 사망자수로 할 것인가 아니면 교통사고 이후 1년 이내의 사망자수로 할 것인가에 따라 측정치는 달라질 것이고 최종 통계분석 결과에도 영향을 끼칠 것이다. 높은 사망률을 의도하는 연구자는 1년 이내의 기간을, 낮은 사망률을 의도하는 연구자는 24시간 이내로 정의할 것이다.

둘째, 정의된 변수는 타당성(validity) 있는 측도를 통하여 측정되어야 한다. 의미상으로 정확히 정의가 된 변수일 뿐만 아니라 측정하고자 하는 개념과 속성을 잘 측정하는 타당한 측도여야 한다. 학생들의 지적능력을 평가하기 위한 지능검사는 주어진 시간에 지능검사지에 있는 문제를 정확하게 풀어 얻은 점수로 평가한다. 만약 지능검사지가 영어로 되어 있다면 학생들의 지적능력은 영어실력에 의해 결정될 것이다. 이렇게 측정된 지적능력 변수는 타당한 측도라고 볼 수 없다. 타당성 있는 측도의 또 다른 예를 들어 보자. 흔히 총액보다는 비율이 더 타당한 측도인 경우가 많다. 요즈음 대학평가에 졸업생들의 취업률이 큰 비중으로 반영된다. 만약 변수로 취업률이 아닌 취업자수를 사용한다면 타당한 측도라고 할 수 있는가? 취업자수가 2,500명인 A 대학이 취업자수가 1,000명인 B 대학보다 취업성과가 좋은 대학이라고 말할 수 있는가? A 대학은 졸업생수가 5,000명이고 B 대학은 졸업생수가 1,250명이라 하자. 취업률을 단순히 (취업생수)/(졸업생수)로 정의한다면 A 대학의 취업률은 50%이고 B 대학의 취업률은 80%이다. 따라서 B 대학이 A 대학보다 취업성과가 더 좋다고 말할 수 있다. 이런 경우 취업률 변수가 취업자수 변수보다 더 타당한 측도이다.

셋째, 변수는 정확하게 측정되어야 한다. 즉, 측정오차가 없어야 한다. 측정오차에는 일정한 패턴이 있는 체계적 오차와 일정한 패턴이 없는 임의오차(random error)가 있다. 어느 과일가게의 저울이 고장이 나서 실제 중량보다 항상 100 g 더

무겁게 측정된다고 하자. 실제 1 kg, 3 kg, 5 kg인 토마토 1봉지의 중량이 1.1 kg, 3.1 kg, 5.1 kg으로 측정된다면 편의(bias)를 갖는 측정이라고 말한다. 즉, 개체의 특성을 측정하는 과정에서 일관되게 틀린 측정값을 얻게 된다면 그 측정과정은 편향되었다고 말한다. 여기서 측정오차로서 편의는 체계적 오차이다. 줄자로 어느 학생의 허리둘레를 5번 측정하여 27.5인치, 27.1인치, 26.8인치, 26.7인치, 27.3인치의 측정값을 얻었다고 하자. 이렇게 같은 측정도구로 같은 개체를 반복 측정하는 데 그때마다 다른 측정 결과를 준다면 그 측정과정은 임의오차(random error)를 갖는다고 한다. 일반적으로 측정된 값은 아래와 같이 구성되므로 정확한 측정이 이루어지기 위해서는 편의가 없고 임의오차가 작아야 한다.

$$(\text{측정된 값}) = (\text{실제 값}) + (\text{편의}) + (\text{임의 오차})$$

편의를 줄이려면 더욱 정밀한 측정도구를 사용하여야 할 것이다. 또한 임의오차를 줄이고 신뢰할 만한 측정결과를 얻기 위해서는 반복 측정한 측정값들의 산술평균을 사용하는 방법이 있다.

2.5 자료의 척도

측정을 위해 각 개체가 가지는 특성을 숫자로 표현하는 척도에 따라 다음과 같이 명목척도, 순서척도, 구간척도, 비척도로 구분한다. 자료가 어느 척도에 속하는지에 따라 사용하는 통계량 또는 통계분석법이 달라진다.

(1) 명목척도(nominal scale)

개체의 특성을 구별하기 위해서 숫자를 부여한다. 예를 들면, 남자에게는 1의 값을 여자에게는 2의 값을 부여한다. 대학생들을 구분하기 위하여 학번을 부여한다. 출생지역을 구분하기 위하여 숫자로 된 지역코드를 부여한다. 혈액형 A형, B형, O형, AB형에 각각 1, 2, 3, 4의 숫자 값을 부여한다. 이때 사용된 숫자는 단지 각 개체를 구별하기 위한 것이므로 숫자의 크기는 의미가 없다.

(2) 순서척도(ordinal scale)

순서척도는 명목척도가 갖는 것처럼 개체의 특성이 구별될 뿐만 아니라 우열관계 혹은 대소관계가 존재한다. 설문조사에서 매우 싫다, 싫다, 보통이다, 좋다, 아주 좋다에 각각 1, 2, 3, 4, 5의 숫자를 부여한다. 대학생이 취득한 A, B, C, D, F 학점에 각각 5, 10, 15, 20, 25의 숫자를 부여한다. 혹은 1, 2, 3, 4, 5의 숫자를 부여하여도 된다. 이때 A학점 학생이 B학점 학생보다는 성적이 더 좋다는 것은 알지만 두 학생의 차이가 어느 정도인지는 알 수 없다. 즉, A학점과 B학점의 차이는 B학점과 C학점의 차이와 다를 것이다. 순서척도에서는 각 할당된 수치의 차이에 대한 의미가 없기 때문에 크기의 순서만 유지된다면 어떤 수치를 부여하여도 관계가 없다. 모든 순서척도의 자료는 명목척도의 자료로 사용할 수 있으나 명목척도의 자료는 순서척도의 자료로 사용할 수 없다.

(3) 구간척도(interval scale)

구간척도는 순서척도가 가지는 순서 정보에 더해서 두 측정값의 차이에 의미가 있다. 그러나 두 측정값의 비(ratio)는 의미가 없다. 구간척도에 속하는 자료로는 온도와 IQ 가 있다. 온도의 예를 들면 10°C와 20°C의 차이는 10°C의 차이가 있고 20°C와 30°C 간의 차이인 10°C와 온도 차이가 같다. 그러나 20°C가 10°C보다 두 배로 따뜻하다고 말할 수는 없다. IQ 120과 130의 차이는 IQ 140과 150의 차이와 같다. 그러나 IQ 200인 사람이 IQ 100인 사람보다 두 배로 지적 능력이 뛰어나다고 말할 수는 없다. 모든 구간척도의 자료는 명목 혹은 서열척도의 자료로 바꾸어 사용 가능하다. 그러나 그 반대로는 되지 않는다.

(4) 비척도(ratio scale)

비척도는 가장 높은 수준의 척도로서 측정값들의 구별, 서열, 차이에 더불어 비(ratio)가 의미있는 절대 0이 존재한다. 체중, 연령, 키, 점수, 소득, 지지율, 저축액 등이 이에 속한다. 체중이 0이라는 것은 무게가 없다는 뜻이고 점수가 0점이라는 것은 얻은 점수가 없다는 의미이다. 체중이 45 kg인 사람이 90 kg이 되었다면 체중이 2배가 되었다고 하고, 30점이었던 점수가 90점이 되었다면 점수가 3배가 되었다고 한다. 모든 비척도의 자료는 명목, 순서, 혹은 구간척도의 자료로 바꾸어 사용 가능하다. 그러나 그 반대로는 되지 않는다.

2.6 자료의 분류

척도에 따른 자료의 네 가지 분류 외에도 자료의 측정방법에 따라 질적자료와 양적자료로 분류한다. **질적자료**(qualitative data)는 개체가 어느 특정한 범주에 속하는 정보만을 주는 것으로 명목척도의 자료가 이에 속한다. 질적자료의 예로는 성별, 학력, 전공, 혈액형, 출생지역, 국적, 자가용모델, 지지하는 정당 등이 있다. **양적자료**(quantitative data)는 산술적 연산이 가능한 수치적 값을 취한다. 구간 및 비척도의 자료는 양적자료로 분류한다. 양적자료의 예는 온도, IQ, 통계학 점수, 키, 몸무게, 버스를 기다리는 시간, 연봉, 혈압, 콜레스테롤 수치, 합격률 등이 있다. 서열척도의 자료는 부여되는 서열의 개수가 작은 경우는 질적자료로, 많은 경우는 양적자료로 분류되기도 한다.

자료측정의 연속성 여부에 따라 **이산형자료**(discrete data)와 **연속형자료**(continuous data)로 분류한다. 이산형자료는 셀 수 있으며 연속형자료는 셀 수 없다. 체중, 연령, 키, 지지율, 온도, 시간, 점수 등은 측정할 때는 보통 정수 부분까지만 측정하여서 이산형자료인 듯하지만, 엄밀하게 말하자면 연속성의 의미에서 소수점 이하로 계속되는 값을 가지고 있어서 연속형자료에 속한다. 한편, 사건의 발생 건수, 사람수, 방문 횟수, 시행 횟수 등은 셀 수 있는 이산형의 자료이지만 자료의 개수가 많을 때는 연속형자료로 취급한다. 일반적으로 질적자료를 이산형자료 혹은 **범주형자료**(categorical data)로, 그리고 양적자료를 연속형자료로 간주한다. 자료가 어떻게 분류되느냐에 따라서 기술통계 또는 추론통계 방법론을 달리 적용할 수 있다.

연습문제

1 실험연구와 관측연구의 차이를 설명하여라.

2 미디어에 발표된 기사검색에서 횡단면 연구의 예를 들고, 자료수집의 측면에서 개체 및 변수를 정의하여라.

3 미디어에 발표된 기사검색에서 다시점 연구의 예를 들고, 자료수집의 측면에서 개체 및 변수를 정의하여라.

4 미디어에 발표된 기사검색에서 사례-대조 연구의 예를 들고, 자료수집의 측면에서 개체, 결과변수, 그리고 원인변수를 정의하여라.

5 미디어에 발표된 기사검색에서 코호트 연구의 예를 들고, 자료수집의 측면에서 개체, 결과변수, 그리고 원인변수를 정의하여라.

6 미디어에 발표된 기사검색에서 완전 임의화 계획에 의한 실험연구의 예를 들고, 자료수집의 측면에서 개체, 결과변수, 원인변수, 그리고 처리를 정의하여라.

7 미디어에 발표된 기사검색에서 임의화 블록계획에 의한 실험연구의 예를 들고, 자료수집의 측면에서 개체, 결과변수, 원인변수, 그리고 처리를 정의하여라.

8 어느 제약회사에서는 관절염의 통증을 감소시키는 바르는 크림타입의 연고를 개발하였다. 관절염으로 인한 통증을 겪고 있는 100명의 환자를 대상으로 개발된 연고가 관절염 통증을 감소시키는지를 실험하고자 한다. 적절한 실험계획을 도형을 사용하여 설명하여라.

9 어떤 암의 진행과정은 연령대별로 차이가 있다고 한다. 한 임상시험에서 20대와 50대의 두 개의 연령대를 블록변수로 사용하여 이 암을 치료하는 세 가지 치료법을 비교하였다. 이 실험에 20대 연령층에 해당하는 90명과 50대 연령층에 해당하는 120명이 참여하기로 하였다고 한다.

(1) 이 실험의 임의화 블록 계획을 [그림 2.11]과 같은 도형을 사용하여 나타내어라.

(2) 210명을 대상으로 완전 임의화 계획을 실시하는 경우에 [그림 2.9]와 같은 도형을 사용하여 나타내어라.

10 세 종류의 벼 품종 A, B, C에 대한 쌀 수확량을 비교하고자 한다. 실험이 실시될 농지는 남쪽으로 갈수록 토양이 비옥하다고 한다. 공평한 실험을 위하여 농지를 남북으로 4개 행으로 나누고, 각 행은 동서로 3개 열로 나누어 총 12개의 같은 크기로 분할된 농지 위에서 임의화 블록 계획을 실시하려고 한다.

(1) 12개로 분할된 농지를 그리고 그 위에 블록을 표시하여라.

(2) 임의화 블록 계획을 실시하라. 즉, 벼 품종 A, B, C를 어느 곳에 심었는지를 (1)의 분할된 농지 그림 위에 표시하여라.

11 자료의 수집은 각 개체에 대해서 연구목적에 적합한 변수의 값을 측정함으로써 자료를 얻는다. 올바른 측정을 위하여 준수해야 하는 조건을 설명하여라.

12 측정오차에 대하여 설명하고 측정오차를 줄이기 위해서는 어떻게 해야 하나?

13 명목척도, 순서척도, 구간척도, 비척도에 속하는 자료의 예를 교재에 없는 것으로 한 가지 이상씩 제시하고 근거를 들어라.

14 질적자료와 양적자료의 예를 교재에 없는 것으로 한 가지 이상씩 제시하고 근거를 들어라.

15 이산형자료와 연속형자료의 예를 교재에 없는 것으로 한 가지 이상씩 제시하고 근거를 들어라.

참고문헌

1. 김달호, 박병구, 손중권, 송재기, 이경은, 이인석, 조교영, 조길호, 최진갑 (2009), 생활속의 통계, 자유아카데미.
2. 김동희, 박중양, 손중권, 허명회 (1998), 통계학-개념과 제문제, 자유아카데미.
3. 남궁평, 박종선, 허문열 (2009), 통계적 사고, 박영사.
4. 박성현 (1994), 현대실험계획법, 민영사.
5. 심규박, 조태경, 신미영 (2009), 논쟁거리로 배우는 통계학, 홍릉과학출판사.
6. 조지 베일런트 저, 이덕남 옮김, 이시형 감수 (2010), 행복의 조건, 프런티어.
7. 허명회 (2007), 통계적 사고, 교우사.

제 3 장

그래프를 이용한 자료의 표현

3.1 그래프를 이용한 자료의 표현

지식정보화 사회에 살고 있는 우리는 다양한 형태로 정보를 접하게 된다. 단순한 숫자나 도표로 전달되는 정보는 대중의 관심을 덜 받고 전달력이 떨어질 수 있다. 얻은 자료를 정리하거나 통계분석의 사전탐색 단계에서 사용되는 유용한 방법 중 하나가 그래프로 자료를 표현하는 것이다. 통계분석을 끝내고 분석 내용을 효과적으로 전달하기 위해 그래프를 이용할 수 있다. 그래프는 말이나 수식으로 전달하기 어려운 내용을 시각적인 형태로 나타내어 쉽게 전달을 할 수 있는 장점이 있다. 자료의 특성을 있는 그대로 보여 주는 것이 좋은 그래프라고 할 수 있다. 최근에는 컴퓨터 프로그램의 발달로 다양한 그래프기법이 가능하게 되었고, 통계학 분야에서도 중요한 분야[5]로 자리를 잡고 주목을 받고 있다. 시각적 인지능력을 활용하여 독자의 관심을 끌고 효율적으로 자료의 특성을 압축하여 표현할 수 있도록 다양한 유형의 그래프가 개발되고 있다.

나이팅게일(Nightingale, F. 1820~1910)은 통계학을 육군 병원통계에 접목시킨 공로로 영국통계학회에서 최초의 여성 펠로우로 선정되었다. 또한 그녀는 “신의 생각을 이해하기 위해서는 통계학을 공부해야 한다. 통계학이야말로 신의 의도를 측정하는 것이니까.”라고 통계학의 중요성을 설파하였으며 공중보건 분야에 통계학을 접목하여 간호학 분야 등 사회복지 분야에 많은 기여를 하였다. 그리고 1858년에 발표한 논문에서 크리미아전쟁 중 1854년 4월부터 1855년 3월까지 일년 동안 매월 영국군의 요인별 사망자수를 그래프로 나타냈다. 후일 이 그래프는 콕스콤(Coxcomb) 그래프로 불렸다[6].

[그림 3.1]은 크리미아전쟁에서 사망원인은 전투보다는 열악한 위생환경이 더 크다는 것을 알려준다. 이 그래프의 특징은 사망자수의 크기를 부채꼴의 반지름의 제곱에 비례하도록 나타내고, 부채꼴의 각은 모두 동일하도록 나눈 것이다. 2차원 평면위에 그린 그림이지만 사망 발생 월, 요인, 인원수라는 3차원적인 정보를 명료하게 표현하였다.

5) 데이터 시각화(data visualization)

6) www.florence-nightingale-avenging-angel.co.uk/correct.tif

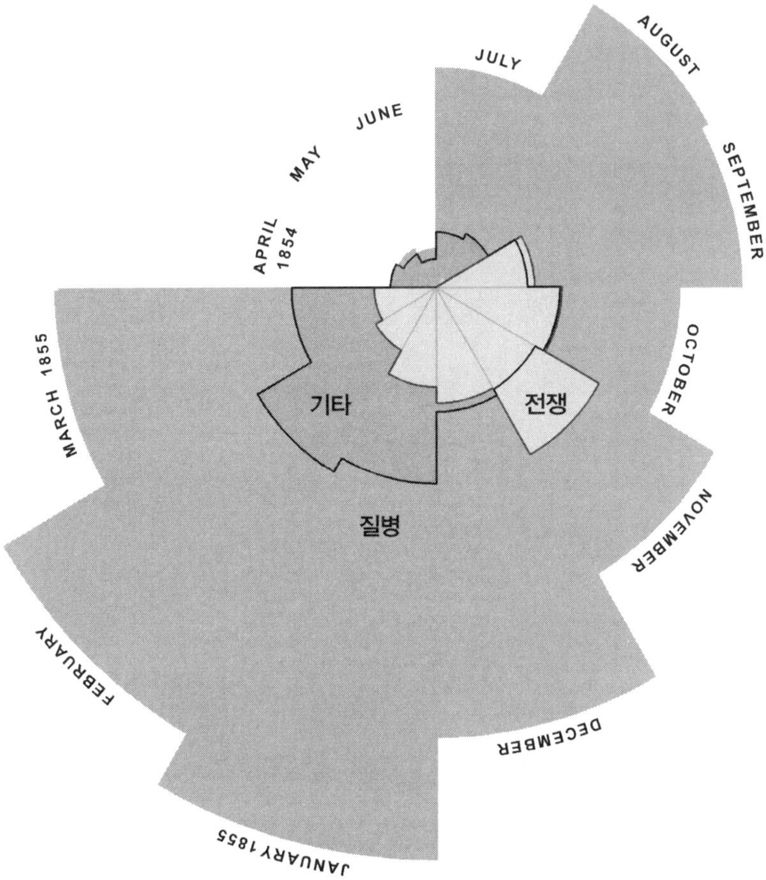

[그림 3.1] 1854년 4월부터 1855년 3월까지 동부전선에서 영국군의 요인별 사망자수

요즘 빅 데이터(big data)에 관한 관심이 많은데 이를 잘 표현해 주는 데이터 시각화의 중요성도 함께 높아지고 있다. 객관적이고 단순한 방식으로 정보를 명료하게 표현해 주는 것도 중요하지만, 시각적인 표현 기술 이면에 있는 정보를 전달받을 고객의 심리적인 부분을 알아서 효과적으로 그래프를 통하여 전하고자 하는 메시지를 전달하는 것도 중요하다. 데이터 시각화는 사람들의 관점을 변화시키고, 행동의 변화를 촉구하며, 기존에 보지 못했던 것들을 볼 수 있게 하기도 한다.

2011년 테드 펠로(TED Fellow)7)로 선정된 미디어 아티스트이자 랜덤웍스의 대표인 민세희 씨의 데이터 시각화 작업인 데이터 포메이션(Data Formation)은 미래 도시의 환경 건축물로써 거주자의 에너지 사용 데이터에 따라 거주 공간이 변

7) 테드 펠로는 공유할 가치가 있는 아이디어를 퍼뜨리고자 콘퍼런스를 개최하는 비영리 단체 '테드(TED)'에서 매년 선발하는 혁신가를 말한다. 매년 상반기, 하반기에 각각 20명씩 선발하여 자신의 아이디어를 세상에 내놓을 기회를 제공한다.

형되는 건축물이다. 환경문제는 단순히 에너지 절약 시스템을 제공함으로써 해결되는 것이 아니고 에너지 절약에 관한 정확한 인식, 그리고 그에 따른 행동의 변화 역시 중요한 요소라고 생각하여 랜덤웍스는 에너지 사용 데이터를 물리적 공간에 적용시켜 데이터 생산자인 거주자가 자신이 생산해 낸 데이터에 직접적 영향을 받는 거주공간을 제안하였다.[8)]

[그림 3.2]는 거주 공간 크기에 비해 적정량 이상(이하)의 가스, 물, 전기를 사용하게 되면 감소하게(늘어나게) 되는 방식을 통하여 에너지 사용에 관한 인식과 행동의 변화를 이끌어 낸다. 상단 왼쪽은 $90m^2$ 공간을 기준으로 권장 에너지 사용량을 나타내었다. 상단 오른쪽은 이보다 더 많은(적은) 에너지를 사용하였을 경우 줄어드는(늘어나는) 공간의 크기를 나타내었다. 각 층은 세 칸으로 이루어져 있는데, 앞부터 가스, 물, 전기가 차례대로 위치해 있고, 올리브그린색, 파란색, 빨간색으로 각각 구별되었다. 하단은 상단과 동일한 방법으로 고층건물의 형식으로 에너지사용의 증감을 기본형, 여름형, 겨울형, 절약한 에너지를 증여할 수 있는 형태로 나타내었다.

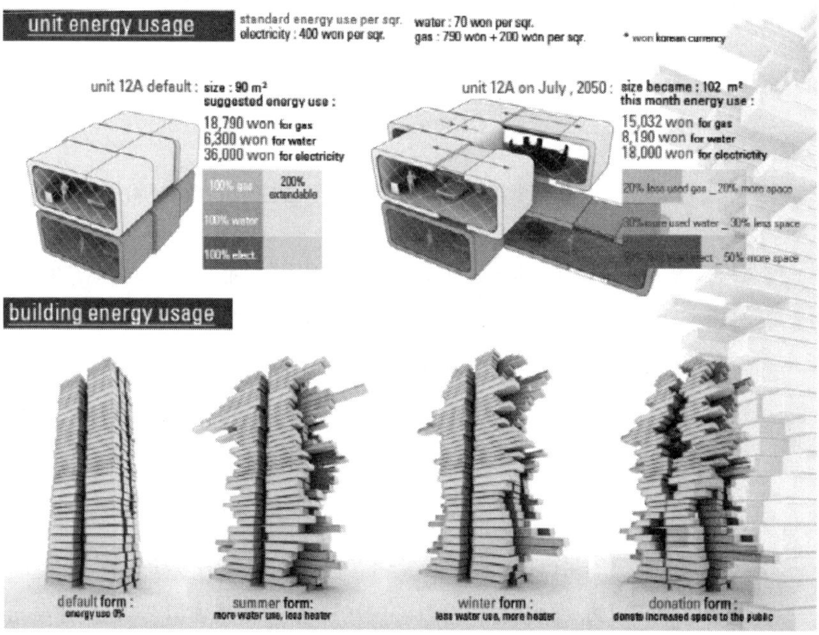

[그림 3.2] 2009년 인천 '그린 라이프'에 당선된 랜덤웍스회사의 데이터 포메이션

8) http://randomwalks.org/public_lab/randomwalkshome/data-formation-architecture-proposal-2009/

일반적으로 올바른 그래프란 자료를 있는 그대로 요약하여 정보를 명료하게 전달할 수 있는 그래프를 말한다. 이러한 그래프를 그릴 때 주의해야 할 사항을 살펴보자.

① 다양한 종류의 그래프 중에서 자료의 유형과 표현하려고 하는 정보에 가장 적합한 그래프를 선택해야 한다.

② 자료요약을 숫자가 아닌 그래프로 나타내는 이유는 좀 더 독자의 관심을 끌기 위해서이므로, 눈을 사로잡을 수 있는 그래프를 그리도록 새로운 생각을 보태어야 한다.

③ 그래프를 그릴 때는 가로축의 간격이나 세로축의 폭 등을 과장하지 않고 객관적으로 그린다. 지나치게 화려한 색상이나 원근법의 과다한 적용은 그래프의 정확성을 해칠 수 있다.

④ 하나의 그래프에 여러 가지 자료를 동시에 포함하지 않아야 한다. 복잡한 그래프는 인지도를 낮추어 시각적으로 분산될 수 있고, 서로 다른 척도를 갖거나 특성이 다른 자료를 같은 축에 중복하여 표현하면서 잘못된 그래프를 그릴 가능성이 있다.

⑤ 독자층을 고려하여 그래프를 단순화하거나, 좀 더 많은 정보를 가진 그래프를 그려서 필요에 부응할 수 있다. 이때 자료의 특성이 잘 나타나는지, 왜곡은 없는지, 가능한 한 객관적인 입장에서 그렸는지를 검토해야 한다.

그래프는 자료의 관측유형에 따라 범주형과 연속형으로 나누어 구분할 수 있고, 고려해야 할 자료가 몇 개의 변수로 이루어졌는가에 따라 달라진다. 다양한 그래프가 있지만, 널리 쓰이는 그래프를 중심으로 올바르게 그리는 방법을 살펴보기로 하자.

3.2 범주형자료 그래프

범주형자료의 경우에 범주별로 관측된 (상대)도수를 일목요연하게 표현하기 위해 널리 사용되고 있는 그래프인 막대그래프, 원그래프, 부채꼴그래프를 살펴보자.

(1) 막대그래프

막대그래프(bar chart)는 명목척도로 측정한 자료의 도수나 상대도수를 나타내는 데 주로 사용한다. 막대의 폭을 모두 같게 하고, 막대들은 일정한 간격으로 위치하고 서로 떨어져 있는 것이 좋다. 막대 대신 동물이나 자동차 같은 그림으로 폭과 높이를 동시에 증가시켜 사용하는 경우가 있는데 이는 잘못된 막대그래프의 예이다.

예제 3.1 **막대그래프** [그림 3.3]은 2004~2011년의 연도별 항공수송 실적을 보여 주는 막대그래프이다. 국제선 여객수의 추이를 살펴보면, 2008년에는 미국발 경기침체의 여파로 인한 국제유가 상승과 원화가치 하락 등이 있어 그동안 증가 추세였던 국제선 여객이 감소 추세로 돌아서 2009년까지 지속되었다. 그러나 2010년에는 미국, 중국 등 주변국의 경기회복으로 큰 성장을 이뤄 최초로 여행객수가 4,000만 명을 돌파하였다. 2011년에도 외국인 관광수요와 환승수요 증가로 인해 증가 추세가 지속되었다. 한편, 국내선 여객수는 2004년 고속철도(KTX) 개통이 항공부문에 큰 영향을 미치면서 하락 후 회복하지 못하고 2008년까지 감소 혹은 정체 상태였다. 다시 2009년부터 저비용항공사의 등장으로 인한 공급 확대와 제주노선의 꾸준한 증가 등으로 KTX가 개통된 2004년 이후 최고의 실적을 기록하였다. ○

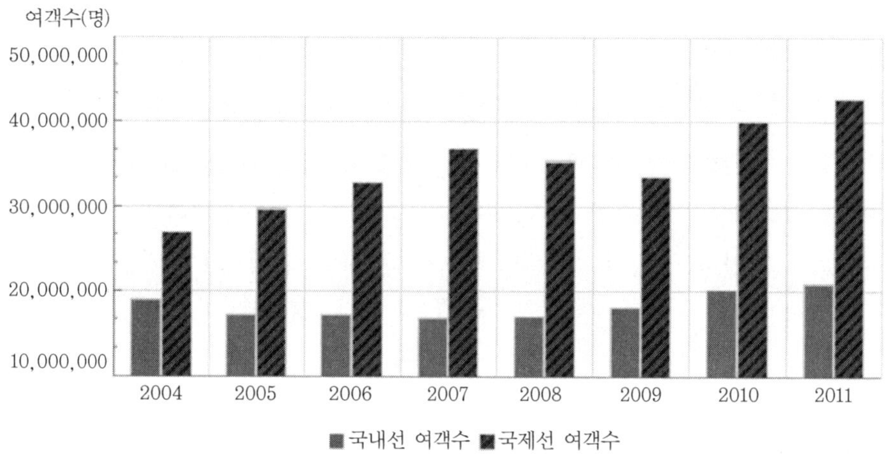

[그림 3.3] 막대그래프: 항공 여객수(출처: 국토해양부, 항공통계)

예제 3.2 **잘못된 막대그래프** 막대그래프는 세로축의 높이를 같은 척도로 표현하는 것이 중요한데 간격을 부풀리거나 줄여서 나타내는 것은 잘못된 막대그래프의 예이다. [그림 3.4]를 보면 60대 이상의 투표율은 20대의 3배 가량이지만 그래프에서는 4배 가량의 높이로 부풀려 있음을 알 수 있다.

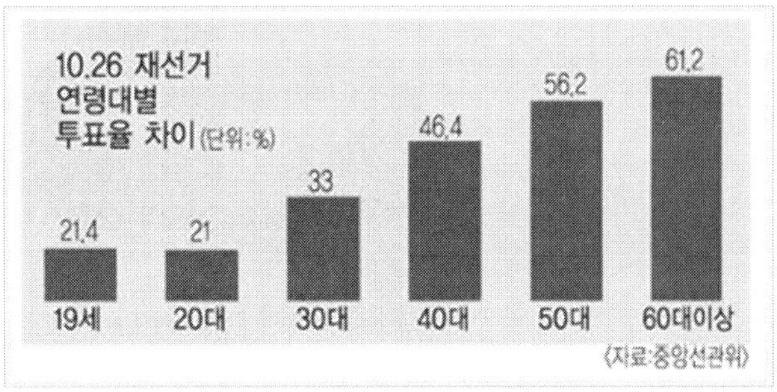

[그림 3.4] 잘못된 막대그래프: 2005년 10.26 재선거 연령별 투표율
(출처: 경향신문)

(2) 원그래프

원그래프(pie chart)는 주로 명목척도로 측정된 자료의 비율 혹은 상대도수를 나타내는 데 사용된다. 하나의 원을 그룹의 수만큼 몇 개의 조각으로 나눈 후, 각각 차지하는 상대도수의 크기에 따라 조각의 크기도 결정한다. 원그래프는 막대그래프와 달리 조각의 크기로 상대도수의 크기를 구별하여야 하므로, 때때로 그 차이가 명확하지 않을 수 있다. 조각 위쪽이나 안쪽에 차지하는 크기와 사용된 단위를 명시하여 혼동을 줄일 수 있다. 또한 각 조각에 대응하는 항목에 대한 설명을 따로 그래프 한쪽에 모아서 하는 것보다는 해당하는 조각 가까이 설명을 넣는 것이 좋다. [그림 3.5]의 원그래프는 콕스콤 그래프와 유사하나 부채꼴이 모두 동일한 반지름을 갖고, 각의 크기를 이용하여 도수나 상대도수의 크기를 나타내는 점이 다르다.

예제 3.3 **원그래프** 가트너(Gartner, Inc.)는 2013년 1분기 전 세계 휴대폰 시장 조사 결과를 발표하였다. 조사에 따르면 삼성이 세계 시장의 24%를 차지하고 있어 두 번째 순위인 노키아의 15%와 월등한 차이를 보이고 있음을 알 수 있다. 세 번째 순위는 애플로 9%의 점유율을 보이고 있고, 뒤따르는 회사들은 4% 이하의 점유율을 보이고 있음을 알 수 있다. ○

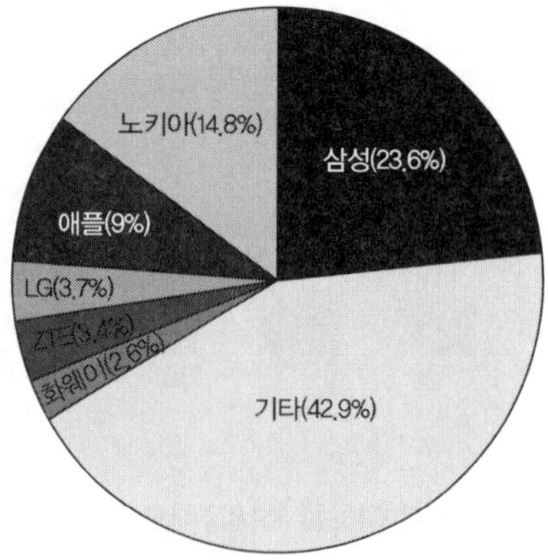

[그림 3.5] 원그래프: 2013년 1분기 전 세계 휴대폰 시장 동향(출처: 가트너)

예제 3.4 **잘못된 원그래프** 스포츠센터에서 운동하는 사람들을 대상으로 다이어트를 위해 한 달에 지출하는 비용에 관한 설문 조사 결과 [표 3.1]의 자료를 얻었다. [표 3.1]은 비용 크기순으로 정리되어 있는 반면, [그림 3.6]은 이와 상관없이 임의로 순서가 배열되어 있어, 어느 정도의 비용이 지출되는지 살펴보는 데 시간이 걸리고 혼동스럽다. 또한 "5만 원 이하" 지출이 가장 많은데, 그래프에서는 "지출하지 않는다"에 속한 비율과 크기가 바뀌었다. 이는 단순한 실수인 것 같지만 의도적일 수도 있다. 또한 해당하는 항목 바로 옆에 응답비율을 표기하는 것이 시각적으로 인식하기 편리한데 따로 색상 설명을 하여 비효율적이다. 응답자수와 응답비율은 동일한 정보를 제공하지만, 응답자수가 큰 경우엔 응답비율로 표시하고, 응답자수가 소수인 경우엔 응답자수를 표시하여 비교하는 것이 바람직하다.

[표 3.1] 다이어트를 위해 한 달에 지출하는 비용

비용	지출하지 않는다	5만 원 이하	6~10만 원	기타	합계
응답비율	28%	32%	19%	21%	100%

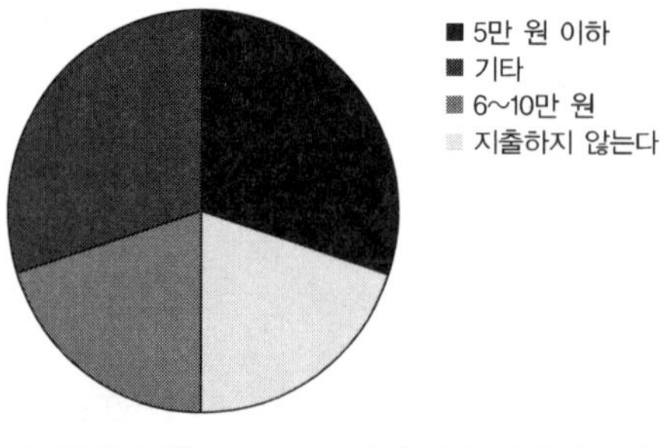

[그림 3.6] 잘못된 원그래프: 다이어트를 위한 한 달 지출 비용

(3) 부채꼴그래프

부채꼴그래프(fan plot)는 원그래프와 마찬가지로 주로 명목척도로 측정된 자료의 비율 혹은 상대도수를 나타내는 데 사용된다. 다른 점은 부채꼴그래프는 가장 큰 조각의 크기를 기준으로 그보다 작은 비중을 차지하는 조각들을 그 안에 크기 순으로 겹쳐지도록 배열한다는 점이다.

예제 3.5 **부채꼴그래프** 예제 3.3에서 사용된 원그래프를 부채꼴그래프로 나타내면 [그림 3.7]과 같다.

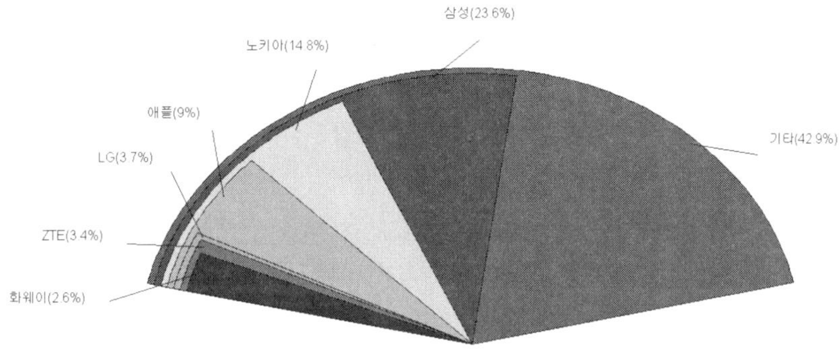

[그림 3.7] 부채꼴그래프: 2013년 1분기 전 세계 휴대폰 시장 동향(출처: 가트너)

3.3 연속형자료 그래프

연속형자료의 경우, 변수의 분포를 살펴보는 것이 주된 관심사인데 이를 그래프로 표현하기에 좋은 히스토그램, 산점도, 꺾은선그래프를 살펴보고자 한다.

(1) 히스토그램

히스토그램(histogram)은 구간척도 혹은 비척도로 측정된 자료들에 대하여 앞에서 작성된 도수분포표에 기초하여 계급의 상대도수 혹은 관측도수를 세로축에 나타내어, 자료의 분포를 대략적으로 보여 준다. 히스토그램의 가로축은 막대그래프와 다르게 구간 사이가 떨어져 있어서는 안 되며, 구간들의 폭을 일정하게 하는 것이 바람직하다. 구간의 폭이 너무 넓으면 구간의 개수가 적어 자료의 분포 양상이 지나치게 단순화되는 경향이 있고, 너무 좁으면 구간의 개수가 많아 인접한 구간이 비슷한 세로값을 갖게 될 수 있어 변화 양상을 살펴보기 어렵다. 그러므로 적정한 구간수를 정하는 것이 중요하다.

예제 3.6 **히스토그램** 아래는 〈생활정보와 통계〉 교과목을 수강한 학생 52명의 평가점수이다.

5	10	15	17	20	22	24	26	30	32	33	34	36	40	41	42	43	44	47	48	50	51	52	53	60	60
61	62	70	72	72	73	73	74	75	75	77	78	80	81	82	83	84	84	85	85	90	92	93	94	94	95

[그림 3.8]은 위 자료의 분포를 보여 주는 히스토그램이다. [그림 3.8]과 같이 히스토그램을 그릴 때 동일한 자료라도 선택하는 계급수에 따라서 서로 다른 모양의 분포를 갖으므로 적절한 계급수의 선택이 중요한 요소이다. 위 자료에 대한 히스토그램은 [그림 3.8] (b)이다. 이에 따르면 학생들의 성적은 70점을 기준으로 크게 두 그룹으로 나눌 수 있다. ○

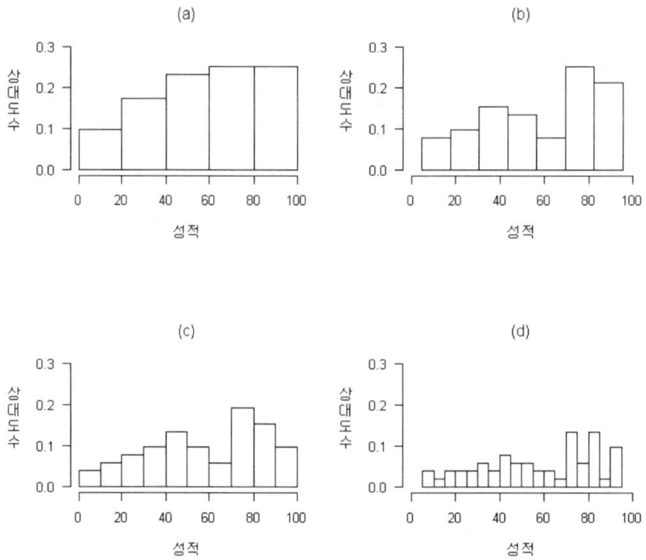

[그림 3.8] 히스토그램: 〈생활정보와 통계〉 점수분포

(2) 산점도

산점도(scatter plot)는 연속형인 두 자료의 관측치를 가로축과 세로축 좌표에 해당하는 점으로 나타내어, 두 변수 간의 관련성을 시각적으로 살펴보는 데 도움이 된다. 그 관계가 직선인지 곡선인지 혹은 이상점이 있는지, 점들이 몇 개의 집단으로 나뉘는지 등을 살피는 데 유익하다. 두 변수의 관계가 독립이 아닌 경우 설명변수에 해당하는 것을 가로축에, 종속변수에 해당하는 것을 세로축에 그려서 두 변수 간의 상관성을 살펴볼 수 있다. 산점도에서 점들이 직선 형태를 이루며, 이 직선에 가까이 모여 있을수록 강한 상관관계가 있다고 할 수 있다. 이때 직선의 기울기가 양(음)이면 양(음)의 상관관계가 있다. 이 직선에서 벗어나 있으면 상관관계는 약하다.

예제 3.7 **산점도** [그림 3.9]는 미국에서 1993년도에 판매된 93대 차량 무게에 따른 시내연비와 마력출력과의 관계를 살펴보기 위해 산점도로 나타내었다. 무게(단위: 파운드)가 큰 차량은 마력출력과 관계없이 시내연비가 낮고, 무게가 작은 차량은 마력출력이 클수록 시내연비는 낮아짐을 알 수 있다. ○

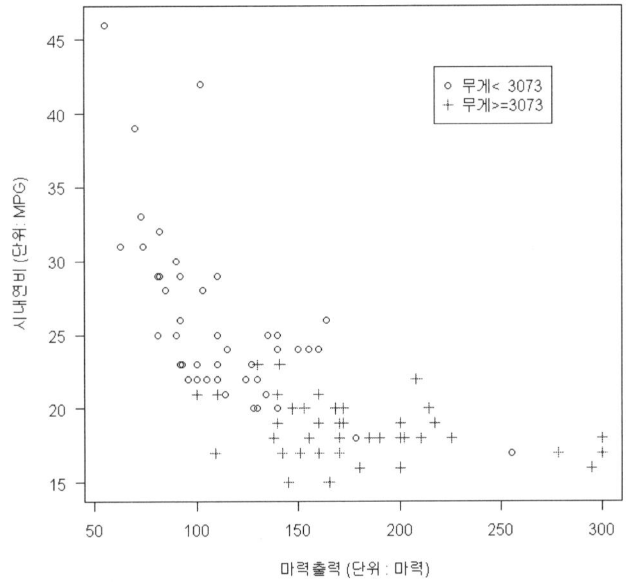

[그림 3.9] 산점도: 무게에 따른 마력출력(단위: 마력)과 시내연비(단위: MPG)의 관계(출처: 참고문헌 9)

(3) 꺾은선그래프

꺾은선그래프(line chart)는 가로축 값의 변화에 따른 세로축 값의 변동을 살펴보기에 유용한 그래프 형태이다. 예를 들어 시간에 따른 주가나 환율 변동 등의 정보를 살펴보기에 좋다. 계절에 따른 변화추세나 일 년을 단위로 하는 장기적 추세를 살펴볼 수 있다. 가로축의 값이 증가함에 따라 관측된 값들을 선으로 연결하여 그리고, 서로 다른 그룹은 범례로 구분하여 표시한다. 이때 가로축과 세로축의 척도를 명확하게 하여야 한다.

예제 3.8 **꺾은선그래프** [그림 3.10]은 다섯 그루의 오렌지나무가 성장하면서 변화하는 나무 둘레의 크기를 살펴볼 수 있도록 시간의 변화에 따라 나타낸 그래프이다(Kabacoff, 2011). 처음 500일간은 나무 간 성장의 속도가 크게 차이가 나지 않으나, 그 이후에는 오렌지나무 4와 5는 나무둘레 성장 속도가 오렌지나무 1과 2에 비해 현저하게 빠름을 한눈에 알아볼 수 있다.

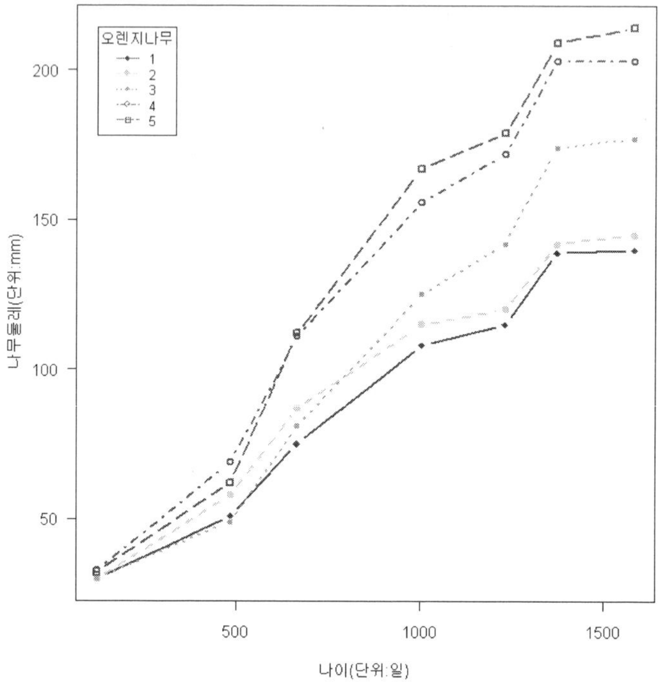

[그림 3.10] 꺾은선그래프: 오렌지나무 다섯그루의 성장 변화(출처: 참고문헌 7)

예제 3.9 **잘못된 꺾은선그래프** [그림 3.11]은 우리나라 1인당 에너지 소비량 증가추이를 꺾은선 그래프로 나타낸 예이다. 가로축과 세로축의 값이 모두 연속형인 값을 취하므로, 그에 따른 스케일을 이용해야 하는데, 가로축에서 1980년과 1990년은 10년의 차이가 있음에도 1년 간격과 동일하게 위치되어 있다. 세로축의 값도 연도가 증가하면 간격을 좁혀서 표현되어 있다. 따라서 제대로 된 간격을 이용하면 전체적으로 직선의 증가추이를 보이나 위로 볼록한 곡선의 모양으로 잘못 그린 그래프이다.

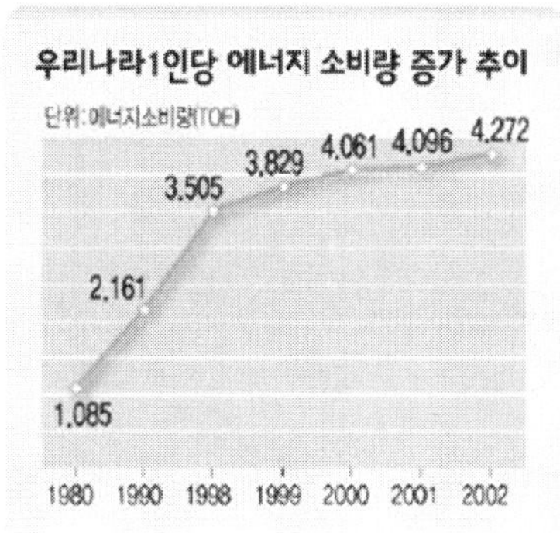

[그림 3.11] 잘못된 꺽은선그래프: 우리나라 에너지 소비량 증가추이(출처: 한겨레신문)

3.4 다변량 그래프

세 개 이상의 변수들 간의 관계를 알아보기 위한 가장 기본적인 그래프인 산점도 행렬과 시각적인 효과를 이용하여 다차원적인 정보를 효과적으로 파악할 수 있는 별그림과 체르노프얼굴 등을 살펴보기로 하자.

(1) 산점도행렬

두 자료의 연관성을 보기 위한 방법으로 이차원 산점도를 생각할 수 있다. 이때 두 변수는 구간척도 혹은 비척도로 이루어져야 한다. 산점도는 두 변수 간의 선형 혹은 비선형 관계를 살펴보는 데 도움이 된다. **산점도행렬**(scatter plot matrix)은 세 변수 이상의 관계를 살펴보기 위하여 행렬형태로 그린 산점도이다. 산점도행렬의 대각에 위치한 그림을 중심으로 위와 아래에 있는 그림은 서로 중복되는 한쪽만을 압축하여 표현하기도 하고, 산점도 위에 모형을 적합한 직선이나 곡선과 함께 나타내기도 한다.

예제 3.10 **산점도행렬** [그림 3.12]는 예제 3.7과 동일한 자료를 이용하여 자동차의 마력출력, 무게, 시내연비, 엔진크기(단위: 리터) 등의 연관성을 비교하기 위한 것이다. 출력과 무게 간에는 서로 양의 상관관계가 존재함을 알 수 있고, 무게와 연비는 다소 강한 음의 상관관계가, 연비와 출력 간에는 음의 상관관계가 있음을 알 수 있다. 점들이 직선의 형태로 모여 있을수록 상관성이 강함을 알 수 있다. 또한 엔진크기가 큰 차는 출력, 무게가 큰 반면에 연비는 낮은 편임을 알 수 있다. ○

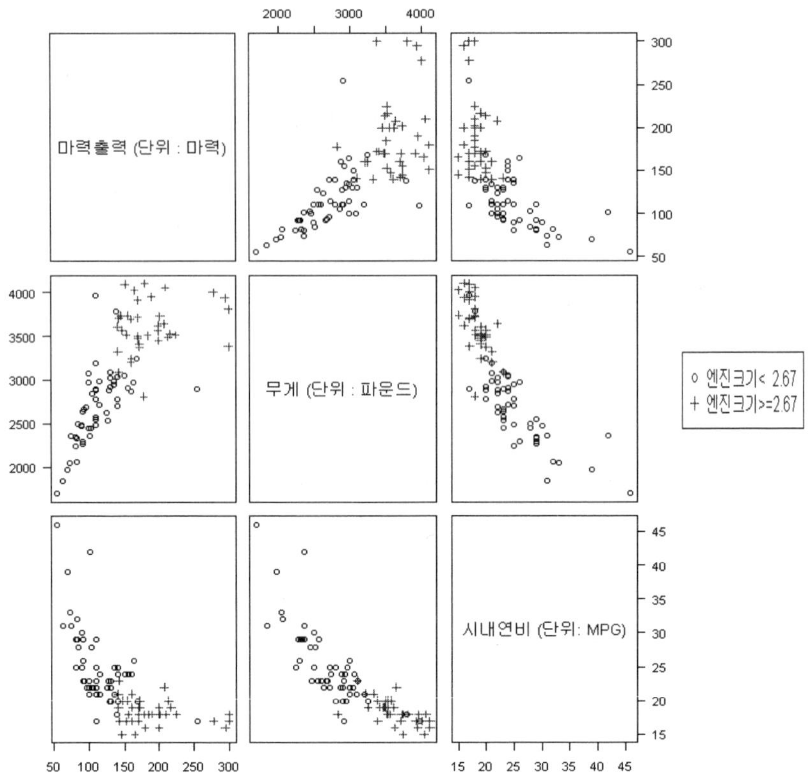

[그림 3.12] 산점도행렬: 마력출력(단위: 마력), 무게(단위: 파운드), 시내연비(단위: MPG), 엔진크기(단위: 리터)의 관계를 비교(출처: 참고문헌 9)

(2) 별그림

별그림(star plot)은 변수가 여러 개 있을 때, 변수 개수만큼 등간격으로 분할하여 이루어진 반경으로 원을 그린다. 선의 길이는 해당되는 변수의 크기를 의미하며 선의 끝을 서로 직선으로 연결하여 별을 만든다. 각각의 별은 다변량 관측치를 의미하며, 별은 유사성 정도에 따라 그룹화할 수 있다. 이때 각각의 관측치는 표준화하는 것이 좋으며, 음의 값을 갖는 경우에는 전체 자료의 최솟값을 별의 중심값(즉, 0의 값을 준다.)으로 재설정하면 된다.

예제 3.11 **별그림** [그림 3.13]의 별그림을 활용하여 미국 프로농구 대표선수 두 명의 역량을 비교해 보자. [그림 3.13]에서는 두 선수를 득점, 야투성공율, 리바운드, 블록슛, 스틸, 어시스트의 6가지 요소로 평가하고자 한다. 윗부분에 위치한 세 요소인 득점, 야투성공율, 어시스트는 공격적인 능력을 아랫부분에 위치한 세 요소인 리바운드, 스틸, 블록슛은 방어적인 능력을 측정하므로, 윗(아랫)부분의 면적이 크면 공격(방어)적인 경기로 팀에 기여하는 것으로 판단할 수 있다. 또한 오른쪽 윗부분에 위치한 세 요소인 득점, 어시스트, 스틸은 외곽수와 연관되고, 왼쪽 아랫쪽에 위치한 블록슛, 리바운드, 야투성공율은 장신선수와 연관되는 특성을 갖고 있도록 배치되었다. 6개의 측정된 요소들은 비교의 편의성을 위하여 0~100 사이의 값을 갖도록 표준화하였다.

드와이트 하워드 선수는 아래쪽 부분이 차지하는 면적이 위쪽보다 크므로 공격적인 능력도 좋지만, 방어적인 능력이 뛰어난 선수이며, 왼쪽 아랫부분 면적이 매우 크므로 장신선수의 장점이 극대화된 선수라고 할 수 있다. 한편 코비 브라이언트 선수는 오른쪽 위의 세 요소에 강한 외곽수의 특징을 가지고 있고, 수비능력도 좋지만, 득점력이 좋은 공격수로서의 면모를 갖고 있다. 이 두 선수의 6가지 역량을 하나의 별그림에 나타내면 상대적인 능력의 비교가 더 명확해진다. ○

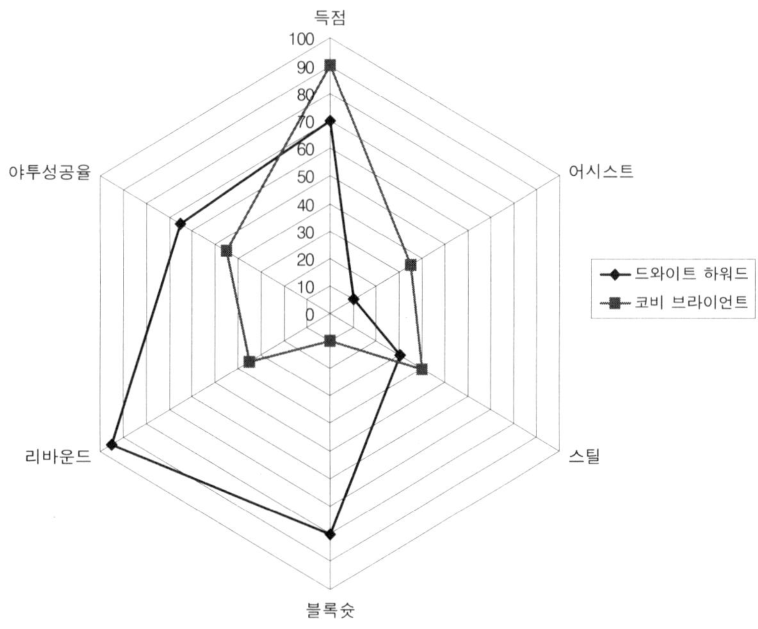

[그림 3.13] 별그림: 2008~2009년 미국 프로농구 선수 비교(출처: 참고문헌 10)

(3) 체르노프얼굴

체르노프얼굴(Chernoff faces)은 사람 얼굴 모양을 이용하여 다차원의 자료를 표현하는 그래프이다. 이는 체르노프(Chernoff, 1973)에 의하여 제안되었으며 눈, 귀, 입, 코 등은 각각의 모양, 크기, 위치와 방향 등의 값에 의해 표현된다. 이는 사람이 얼굴을 쉽게 인식하고, 작은 변화도 어렵지 않게 알아챈다는 점에 착안한 그림이다. 얼굴 각각의 생김새에 변수를 짝지을 때 특히 중요한 생김새는 주의해서 선택해야 한다. 예를 들면 눈의 크기, 눈썹의 경사도, 입모양은 인상을 결정하는 데 매우 중요한 역할을 한다. 체르노프얼굴은 주관성이 강한 그래프이므로 객관성을 결여하지 않도록 주의가 필요하다.

예제 3.12 **체르노프얼굴** 1979년 터너(Turner) 박사는 [그림 3.14]의 'Life in Los Angeles'라는 지도를 체르노프 얼굴을 이용하여 그렸다(Tyner, 1992). 이 지도에서는 부유한 정도, 실업률, 도시적 스트레스, 백인 비율로 이루어진 4개의 변수가 얼굴형, 입모양, 눈썹의 경사도와 피부색에 각각 대응하도록 표현되었다. 이 그림은 LA의 생활상을 잘 나타낸 것으로 알려져 있다.

[그림 3.14]에서 사각형으로 표시된 중서부 지역은 주로 백인들로 구성되어 있고, 도시적 스트레스도 낮고, 고용율도 높으며, 경제적으로 부유한 반면, 원으로

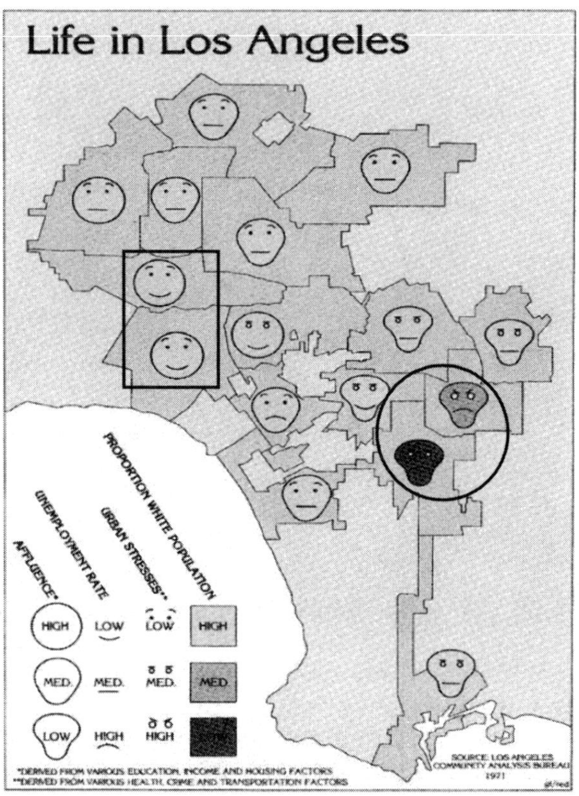

[그림 3.14] 체르노프얼굴: LA의 생활상

표시된 동남쪽 지역은 백인의 비중이 매우 낮으며, 도시적 스트레스도 많고, 고용율도 낮아 경제적으로 궁핍한 지역임을 알 수 있다. 이 그림에서는 얼굴의 인상을 크게 좌우하는 요인으로 피부색과 턱의 각도를 들 수 있다. 경제적 수준이 낮은 지역의 턱의 각도가 매우 날렵하여 지나치게 강한 인상을 주고, 어두운 피부색은 백인이 아닌 경우를 표기하기 위한 것이지만 지나치게 어두운 색상을 선택하여 부정적 이미지를 주고 있다. 이처럼 체르노프얼굴은 주관성이 매우 강하므로, 얼굴을 표현하기 위한 요소의 선택 시 주의가 필요하다.

연습문제

1 언론 매체에서 통계 그래프의 잘못된 이용 사례를 찾고 문제 해결하는 방안을 제시하여라.

2 명목척도로 된 자료를 표현할 수 있는 그래프 종류가 어떤 것들이 있는지 설명하여라.

3 구간척도로 된 자료를 표현할 수 있는 그래프 종류가 어떤 것들이 있는지 설명하여라.

4 비척도로 된 자료를 표현할 수 있는 그래프 종류가 어떤 것들이 있는지 설명하여라.

5 히스토그램을 그릴 때 구간의 수를 달리하여 그려 보고 비교하여라.

6 체르노프 얼굴을 그릴 때, 얼굴의 구성요소를 변화하여 표현해 보고 비교하여라.

7 여기서 언급되지 않은 그래프 유형과 사용된 예를 찾아서 설명하여라.

8 그래프를 그리는 데 사용되는 소프트웨어를 찾아보아라.

참고문헌

1. 심규박, 조태경, 신미영 (2009), 논쟁거리로 배우는 통계학, 홍릉과학출판사.
2. Chernoff, H. (1973), The use of faces to represent points in K-dimensional space graphically, Journal of the American Statistical Association 68 (342), 361-368.
3. Cleveland W. S. and McGill, R. (1984), Graphical Perception: Theory, Experimentation, and Application to the Development of Graphical Methods. J. Amer. Statist. Asoc. 79: 531-554.
4. Heer J., Bostock M., and Ogievetsky V. (2010), A tour through the visualization zoo. Communications of the ACM 53, 59-67.
5. Kabacoff, R. I. (2011), R in Action, Manning Publications, Shelter Island, NY.
6. NASA Primary START (2008), Automation Tool for Rapid Design of Space Systems, http://start1.jpl.nasa.gov/caseStudies/autoTool.cfm.
7. Pinheiro, J. C. and Bates, D. M. (2000) Mixed-effects Models in S and S-PLUS, Springer.
8. Tyner, J. (1992), Introduction to Thematic Cartography, Prentice Hall, Englewood Cliffs, NJ.
9. http://www.amstat.org/publications/jse/v1n1/datasets.lock.html
10. http://howtowatchsports.com/spider-graphs-charting-basketball-statistics

제 4 장

숫자를 이용한 자료의 요약

3장에서 그래프를 이용하여 자료를 요약하는 방법에 대하여 배웠다. 여기에서는 수치적인 방법을 이용하여 자료를 요약하는 방법에 대하여 학습하게 된다. 연속형자료를 요약하는 경우에는 수치적인 방법과 그래프적인 방법의 두 가지 방법을 다 같이 활용하는 것이 좋다.

자료를 숫자로 요약하는 수치적인 방법으로는 주로 자료의 중심이 어디인가를 나타내는 중심위치를 나타내는 측도와 관측값들이 자료의 중심위치로부터 얼마나 흩어져 있는가를 나타내는 산포를 나타내는 측도가 있다. 관측값들의 분포가 좌우 대칭인지 아니면 좌측이나 우측으로 치우쳐졌는지를 나타내거나 분포의 모양이 얼마나 뾰족한지를 나타내어 분포의 모양을 나타내는 측도가 사용된다. 측정값의 상대적 위치를 나타내는 측도와 여러 가지 수치적인 측도를 이용하여 작성되는 줄기잎그림과 상자그림을 이용해 만든 자료를 요약하는 탐색적 그래프 방법을 소개한다.

측정값들이 모집단 전체를 조사한 것과 모집단의 일부분을 추출한 표본인가에 따라 측도들을 계산하는 방법이 약간씩 다른데, 이 절에서 다루는 자료는 전부 표본을 대상으로 한다.

4.1 중심위치를 나타내는 측도

2013년도 대학수능시험에 응시한 약 66만 명의 학생들의 수리영역 시험성적을 기초로 수리능력을 평가하려 한다. 이때 이 66만 명의 자료를 어떻게 표현할지가 문제이다. 성적을 다 열거할 수도 없을뿐만 아니라 열거한다 해도 단지 숫자만 나열될 뿐 어떠한 정보도 알 수 없다. 먼저 가장 관심 있는 사항이 무엇인지를 파악하여야 한다. 관심대상은 점수의 분포, 최고점과 최하점, 1등급의 최저점수 등이다. 66만 명의 점수는 방대한 자료로 매우 많은 정보를 가지고 있기에 정보를 포괄적으로 요약하고, 기술할 수 있는 대푯값이 요구된다. 우리는 자료를 요약할 수 있는 방법이 필요하며, 그 방법으로 요약된 정보는 모집단에 대한 여러 가지 추론을 할 때도 사용한다.

연속형자료의 중심위치를 나타내는 측도로 가장 널리 사용되는 것이 **평균**(mean)이다. 평균은 산술평균이라고도 한다. 평균은 측정값의 합을 관측값의 수로 나눈 값이다. n개의 관측값을 x_1, x_2, $\cdots$, x_n이라 할 때 평균은 다음과 같이 계산한다.

$$\text{표본평균 : } \bar{x} = \frac{1}{n}(x_1 + x_2 + \cdots + x_n) = \frac{1}{n}\sum_{i=1}^{n} x_i.$$

예제 4.1 다음의 자료는 다이빙경기에서 10명의 심판이 수지와 소연 선수를 평가한 점수이다.

수지 :	9.0	9.0	9.0	9.1	9.1	9.1	9.2	9.2	9.3	9.4
소연 :	8.9	8.9	9.0	9.1	9.1	9.1	9.2	9.2	9.2	9.8

이때 수지와 소연 선수의 평균점수는 각각 9.14와 9.15이다.

$$\text{수지 : } \bar{x} = \frac{1}{10}(9.0 + 9.0 + \cdots + 9.3 + 9.4) = \frac{91.4}{10} = 9.14,$$

$$\text{소연 : } \bar{x} = \frac{1}{10}(8.9 + 8.9 + \cdots + 9.2 + 9.8) = \frac{91.5}{10} = 9.15.$$

따라서 소연 선수의 평균점수가 수지 선수보다 높기 때문에 소연 선수가 금메달을 받게 된다.

[그림 4.1] 다이빙 장면

평균은 중심위치를 나타내는 측도로 널리 사용하지만 가장 큰 단점은 이상값에 대하여 크게 영향을 받는다는 특징이 있다. 예제 4.1에서 소연 선수의 점수는 9.1 주위에 대다수가 나타나는데 유독 큰 점수 9.8이 있다. 관측값이 다른 값과 비교하여 비정상적으로 작거나 큰 것을 **이상값**(outlier)이라 부른다. 이상값은 다음의 몇 가지 이유로 발생한다. 첫째, 측정값이 관측되어 기록되고 컴퓨터에 입력되는 과정에서 잘못이 일어날 수 있다. 이런 이상값은 분석에 앞서 제거되어야 한다. 둘째, 이상값과 연관된 측정값이 표본과 똑같은 모집단으로부터 정확하게 관측되었지만, 이 값이 관측될 가능성이 매우 낮은 경우에 해당된다. 이런 이상값은 자료의 분포가 한쪽에서 심하게 기울어진 분포에서 나타나며 정상적인 관측값이다.

예제 4.1과 같이 평균은 이상값의 영향을 많이 받는다. 또한 기울어진 분포와 같은 경우 긴 꼬리 쪽으로 평균이 위치하게 된다. 이와는 다르게 이상값에 영향을 받지 않은 중심위치의 측도로 절사평균과 중앙값이 있다. **절사평균**(trimmed mean)은 아주 크거나 작은 5~10%의 이상값들을 제거하고 나머지 값의 산술평균으로 정의한다.

절사평균은 특히 올림픽게임의 다이빙 경기에서 볼 수 있다. 경기에서는 10명의 심판이 선수를 평가한 후 그 중 최소 점수와 최대 점수를 제외하고 나머지 8개의 점수의 평균으로 성적을 준다. 성적의 양쪽에서 각각 10%, 즉 전체의 20%를 절사하고 나머지 관측값의 평균을 10% 절사평균이라고 하고 $\bar{x}_{10}$으로 표시한다. $\bar{x}_{10}$에서 아래첨자 10은 한쪽에서 제외한 자료의 퍼센트를 나타낸다. 절사평균을 사용할 때에는 항상 몇 %의 자료가 절사되었는지를 밝혀야 한다.

예제 4.2 수지와 소연 선수의 점수에 대한 10% 절사평균을 구해 보자.

수지 :	8.9	9.0	9.0	9.1	9.1	9.2	9.2	9.2	9.3	9.4
소연 :	8.9	8.9	9.0	9.1	9.1	9.1	9.2	9.2	9.2	9.8

수지와 소연 선수의 10% 절사평균점수는 각각 9.125와 9.10이다.

$$\text{수지 : } \bar{x}_{10} = \frac{1}{8}(9.0 + \cdots + 9.3) = \frac{73.0}{8} = 9.125,$$

$$\text{소연 : } \bar{x}_{10} = \frac{1}{8}(8.9 + \cdots + 9.2) = \frac{72.8}{8} = 9.10.$$

절사평균을 사용하면 수지 선수가 금메달을 받는다. ○

이상값에 영향을 받지 않는 중심위치의 측도 중 다른 하나는 중앙값이다. **중앙값**(median)은 자료의 50%가 그 값보다 작거나 같고 나머지 50%는 그 값보다 크거나 같은 값으로서 분포의 가운데에 위치하는 값이다. 기호 Me로 표시하자. 보통 중앙값을 계산하기 위해서는 먼저 자료를 크기순으로 나열한 후, 다음과 같이 계산한다.

① 자료의 수(n)가 홀수이면, 중앙값 Me은 $\frac{(n+1)}{2}$번째 관측값이다.

② 자료의 수(n)가 짝수이면, 중앙값 Me은 $\frac{n}{2}$번째와 $\frac{n}{2}$+1번째 관측값의 평균이다.

예제 4.3 수지와 소연 선수의 점수로 중앙값을 계산해 보자.

수지 :	8.9	9.0	9.0	9.1	9.1	9.2	9.2	9.2	9.3	9.4
소연 :	8.9	8.9	9.0	9.1	9.1	9.1	9.2	9.2	9.2	9.8

자료의 수($n=10$)가 짝수이므로 중앙값 Me는 $\frac{n}{2}=5$번째와 6번째 관측값의 평균인 9.15와 9.1이다.

$$\text{수지}: \quad Me=\frac{9.1+9.2}{2}=9.15,$$

$$\text{소연}: \quad Me=\frac{9.1+9.1}{2}=9.1.$$

수지 선수의 중앙값이 소연 선수의 중앙값보다 더 크다. ○

위 예제에서 이상값이 있더라도 중앙값은 이상값에 영향을 받지 않음을 알 수 있다. 그러나 중앙값은 자료의 수가 아무리 많더라도 단지 가운데 자료의 값만 이용하므로 정보의 손실이 많다는 단점이 있다.

마지막으로 중심위치를 나타내는 측도로 측정자료의 최빈값이 있다. 최빈값(mode)은 측정자료 중 가장 많은 도수를 갖는 측정값이며, 기호 Mo로 표시하자. 최빈값은 일반적으로 이산형자료에서 주로 사용된다.

예제 4.4 제조공정의 불량형태 자료에 대한 최빈값을 구해 보자.

납땜불량	조임불량	납땜불량	납땜불량	납땜불량	납땜불량	납땜불량	조임불량
색상불량	모양불량	납땜불량	조임불량	납땜불량	모양불량	긁힘불량	색상불량

자료에서 납땜불량이 8건, 조임불량 3건, 색상불량 2건, 모양불량 2건, 긁힘불량 1건 순으로 나타났으므로, 최빈값은 납땜불량이다. ○

4.2 자료가 퍼져 있는 정도를 나타내는 측도

주어진 자료에 대하여 자료의 중심위치를 나타내는 방법을 써서 간결하게 자료를 요약한다고 하더라도 중심위치만으로 자료를 설명하기는 충분하지 않다.

많은 국가들의 부를 판단할 때 일인당 국민총소득으로 한 나라의 경제적 위치를 판단하게 된다. 일인당 국민총소득이 큰 나라는 그것이 작은 나라보다 잘 산다고 판단한다. 2012년 현재 기준으로 우리나라의 1인당 국민총소득은 22,708달러로 조사되어 세계 주요국가에서 34위의 위치를 차지하고 있다. 반면 소득이 개인별로 균등하게 분포되어 있는지를 평가하는 지니계수[9]는 2011년 기준으로 41.9로 소득이 비슷한 호주의 30.3에 비해 상당히 큰 값을 보이고 있다. 이는 우리나라가 호주와 비교하여 소득이 특정집단에 과도하게 집중되어 있다는 것을 나타낸다. 따라서 개인별 평균소득만으로는 자료를 설명하기 충분하지 않고 소득이 어떻게 퍼져 있는지를 나타내는 즉 산포의 정도를 나타내는 측도가 필요하다. 산포를 나타내는 측도로는 범위, 분산, 표준편차가 널리 사용된다.

자료가 퍼져 있는 정도를 나타내는 측도로 가장 계산이 간단하고 직관적인 것이 범위이다. **범위**(range)는 보통 R로 표시하고, 자료의 최댓값에서 자료의 최솟값을 뺀 값을 말한다.

$$R = \text{최댓값} - \text{최솟값}$$

범위는 분산이나 표준편차처럼 계산을 할 때 계산기와 같은 도구 없이 쉽게 계산할 수 있는 오래 전부터 기업의 제조 현장에서 관리도와 공정능력분석에서 널리 사용되어 왔다. 범위는 계산이 쉽고 이해하기 쉽지만, 이상값이 있는 경우에는 산포의 측도로서 부적절한 값이 될 수 있다.

자료의 산포를 나타내는 측도로 가장 널리 사용하는 것이 표준편차이다. **표준편차**(standard deviation)는 측정값이 평균을 중심으로 얼마나 퍼져 있는가를 나타내는 측도이다. n개의 관측값을 $x_1,\ x_2,\ \cdots,\ x_n$이고, 평균을 $\overline{x}$라 할 때, 표준편차 s는 다음과 같이 정의된다.

$$s = \sqrt{\frac{1}{n-1}\sum_{i=1}^{n}(x_i - \overline{x})^2}\ .$$

9) 2013년, CIA(Central Intelligence Agency) 발표

이때 s^2을 **분산**(variance)이라 한다. 관측값의 단위가 kg이면 표준편차의 단위는 kg이고 분산의 단위는 kg^2이다. 따라서 자료가 퍼져 있는 정도를 나타내는 측도로 표준편차가 분산보다 더 많이 사용된다.

예제 4.5 수지 선수의 점수로 범위, 분산과 표준편차를 계산해 보자.

8.9	9.0	9.0	9.1	9.1	9.2	9.2	9.2	9.3	9.4

먼저 범위는 최댓값 9.4에서 최솟값 8.9의 차이이므로, $R = 9.4 - 8.9 = 0.5$이고, 분산공식을 이용하여 분산을 구하면

$$s^2 = \frac{1}{9}[(8.9 - 9.14)^2 + (9.0 - 9.14)^2 + \cdots + (9.4 - 9.14)^2] = \frac{0.164}{9} = 0.0182$$

이며, 표준편차는 $s = \sqrt{0.0182} = 0.135$이다.

표준편차는 평균을 기준으로 자료가 얼마나 산포되어 있는가를 측정하는 도구이므로 평균이 중심위치의 측도로 사용될 때만 사용된다. 표준편차는 음이 아닌 값을 가지나 산포가 전혀 없을 때는 $s = 0$이다. 즉, 이 경우는 모든 관측값이 동일한 값을 갖게 된다.

4.3 분포의 모양을 나타내는 측도

분포의 모양을 나타내는 측도로 왜도와 첨도를 사용한다. **왜도**(skewness)는 자료의 분포 모양이 좌우 대칭을 벗어나 어느 한쪽으로 기울어진 정도를 나타내는 측도이다. 즉, 분포의 비대칭 정도를 나타내는 값으로 기호 K_3로 표시하자.

n개의 관측값을 $x_1, x_2, \cdots, x_n$이고, 평균을 $\overline{x}$라 할 때, 왜도 K_3는 다음과 같다.

$$K_3 = \frac{\frac{1}{n}\sum_{i=1}^{n}(x_i - \overline{x})^3}{\left(\frac{1}{n}\sum_{i=1}^{n}(x_i - \overline{x})^2\right)^{\frac{3}{2}}}.$$

[그림 4.2]와 같이 분포가 좌우대칭이면 왜도는 0이고, 분포가 오른쪽으로 기울어진(오른쪽 긴 꼬리를 갖는) 경우에 왜도는 양수의 값을 가지며, 왼쪽으로 기울어진(왼쪽으로 긴 꼬리를 갖는) 경우에 음수의 값을 갖는다. 따라서 왜도가 0에 가까울수록 좌우대칭인 분포의 모양을 갖는다.

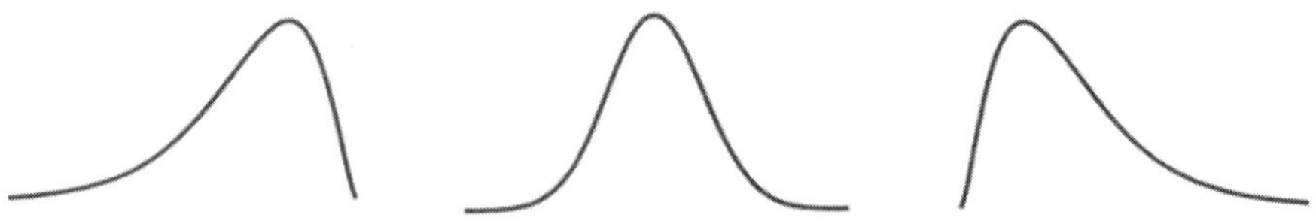

$K_3 < 0$(왼쪽으로 긴 꼬리) $K_3 = 0$(좌우대칭) $K_3 > 0$(오른쪽으로 긴 꼬리)

[그림 4.2] 왜도 K_3의 값에 따른 분포의 모양

한편 **첨도**(kurtosis)는 정규분포의 모양에 비해 평균값에 얼마나 자료가 집중적으로 분포되어 있는지 또는 양쪽 꼬리에 어느 정도 길게 분포되는지를 나타내는 측도이다. 첨도를 기호 K_4로 표시하자.

n개의 관측값을 $x_1,\ x_2,\ \cdots,\ x_n$이고, 평균을 $\overline{x}$라 할 때, 첨도 K_4는 다음과 같다.

$$K_4 = \frac{\dfrac{1}{n}\sum_{i=1}^{n}(x_i - \overline{x})^4}{\left(\dfrac{1}{n}\sum_{i=1}^{n}(x_i - \overline{x})^2\right)^2} - 3\,.$$

정규분포의 경우 첨도는 0이며, 첨도가 양수를 가지면 정규분포에 비해 상대적으로 가운데가 뾰족한 모양임을 나타내고, 첨도가 음수이면 정규분포보다 더 평평한 분포의 모양을 나타낸다.

$K_3 < 0$(정규분포보다 평평함) $K_4 = 0$(정규분포) $K_4 > 0$(정규분포보다 뾰족함)

[그림 4.3] 첨도 K_4의 값에 따른 분포의 뾰족한 정도

4.4 자료의 상대적 위치를 나타내는 측도

서로 다른 분포 형태를 갖는 여러 집단을 비교하기 위하여 자료의 상대적 위치를 나타내는 측도가 사용된다. 수학능력시험 과학탐구영역에서 물리와 화학을 선택하는 학생의 성적을 비교하기 위한 것처럼 평균과 표준편차가 다른 경우에 점수를 비교하기 위해 사용되는 측도이다.

4.4.1 백분위수

측정값의 상대적 위치를 나타내는 측도 중 하나가 **백분위수**(percentile)이다. 예를 들어 A 학생이 2013년 대학수능시험 과학영역 물리과목에서 75점을 받았다면 전체 수험생 중에서 어느 정도 위치에 있는지를 알고 싶어 한다. 만약 A 학생 성적이 전체 성적 중에서 80번째 백분위수에 위치한다면 그것은 80%가 A 학생 점수보다 낮고, 20%는 A 학생 성적보다 높다는 사실을 의미한다. 이 경우 물리성적의 80백분위수는 75점이라고 말한다. 백분위수는 전체자료에서 측정값들의 상대적 위치를 말해준다. 이 값을 구하는 것은 자료의 중앙값을 구하는 절차와 비슷하다. 먼저 측정값들을 크기순으로 나열하고 백분위수에 해당되는 위치를 정의하는 방법으로 측정값을 결정한다. 크기 n개의 관측값들에 대하여 제p백분위수는 전체 자료의 p%가 이 값보다 작거나 같고, $100-p$%가 이 값보다 크거나 같은 값으로 정의된다.

예제 4.6 다음 자료는 기계부품의 길이를 측정하여 크기순으로 나열 한 것이다. (단위: μm)

4	4	5	7	8	9	10	11	11	12	13	13	14	14	15	15	16	16	16	17	17	18	18	19	20
20	21	22	23	25	26	28	31	31	32	32	34	34	35	35	38	38	39	41	49	55	62	63	64	65

이 자료에 대한 중앙값과 제25백분위수와 제95백분위수를 구해 보자. 먼저 총 관측값의 수가 $n=50$이므로 중앙값은 제50백분위수에 해당되므로 이 값의 위치는 $(50+1)\dfrac{50}{100}$=25.5이고, 25번째와 26번째 측정값의 중간이므로 중앙값은 25번째와 26번째 관측값의 평균인 20이 된다. 제25백분위수는 이 값의 위치가 $(50+1)\times\dfrac{25}{100}=12.75$이며, 12번째와 13번째의 3/4 지점에 위치한다. 따라서 이 값은 13

과 14의 3/4 지점인 13.75이다. 제95백분위수의 위치는 $(50+1)\times\frac{95}{100}=48.45$ 이며 이것은 48번째와 49번째의 0.45 지점에 위치한다. 따라서 이 값은 63과 64의 0.45 지점인 63.45이다. ○

백분위수 중에서 특별한 경우는 전체 자료를 4등분하는 제25백분위수, 제50백분위수, 제75백분위수이다. 이를 **사분위수**(quartile)라고 한다. 사분위수는 자료집합을 크기순으로 배열하여 4등분했을 때 각 지점에 위치하는 측정값들이다. 제1사분위수(Q_1)는 제25백분위수이며, 제2사분위수(Q_2)는 중앙값(Me) 또는 제50백분위수이고, 제3사분위수(Q_3)는 제75백분위수이다. [그림 4.4]는 자료의 사분위수의 위치를 그림으로 나타낸 것이다.

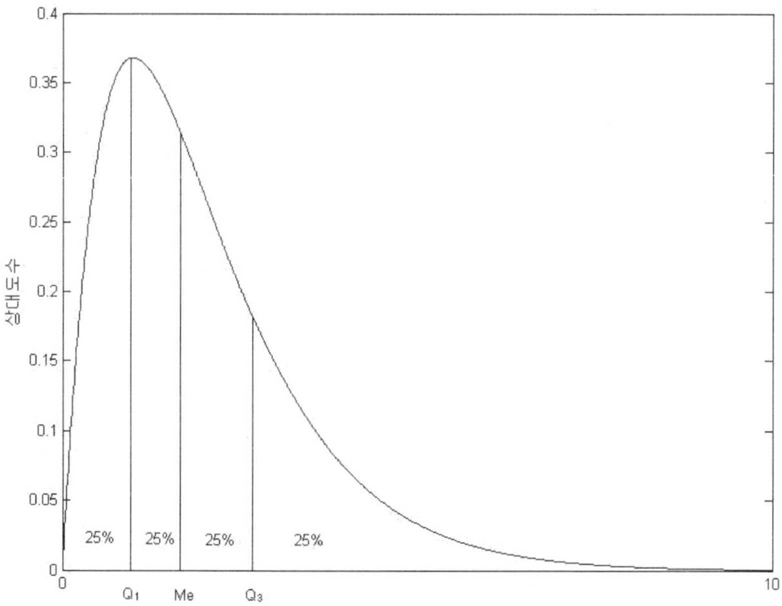

[그림 4.4] 자료 분포의 사분위수

자료가 퍼져 있는 정도를 나타내는 측도로 **사분위범위**(IQR: interquartile range)를 사용하기도 하는데 사분위범위는 제1사분위수와 제3사분위수의 거리를 사용한다. 즉, $IQR = Q_3 - Q_1$이다. 극단값이 있는 경우에 범위나 표준편차보다 산포를 나타내는 측도로서 더 적절하다.

예제 4.7 어느 회사에서 생산된 기계부품의 길이에 대한 자료에서 사분위수와 사분위범위를 구하여 보자.

4	4	5	7	8	9	10	11	11	12	13	13	14	14	15	15	16	16	16	17	17	18	18	19	20
20	21	22	23	25	26	28	31	31	32	32	34	34	35	35	38	38	39	41	49	55	62	63	64	65

제1사분위수는 제25백분위수이므로 예제 4.6에서 $Q_1 = 13.75$이다. 마찬가지로 제3사분위수는 제75백분위수이고, 이것은 $(50+1)\times\frac{75}{100}=38.25$에 해당되며, 38번째와 39번째의 1/4 지점에 위치한다. 즉, 제3사분위수는 33과 34의 1/4 지점인 $Q_3 = 34.25$이다. 따라서 사분위범위는 $IQR = Q_3 - Q_1 = 34.25 - 12.75 = 21.5$이다. ○

4.4.2 표준화점수

모집단에서 상대적 위치를 나타내는 또 다른 측도로서 표준화점수를 사용한다. 표준화점수는 z-점수라고도 하는데 측정값들의 상대적 위치를 결정하기 위하여 자료집합의 평균과 표준편차를 사용한다. 측정값 x에 대한 z-점수는 다음과 같다.

$$z = \frac{x - \overline{x}}{s}.$$

예제 4.8 어느 회사에서 생산된 기계부품 길이의 자료에서 40 mm에 대한 z-점수를 구하여 보자. 먼저 평균과 표준편차를 각각 구하면 다음과 같다.

$$\overline{x} = 25.30\ ,\ s = 16.28.$$

따라서 40 mm에 대한 z-점수는 다음과 같다.

$$z = \frac{40 - 25.30}{16.28} = 0.90.$$ ○

4.4.3 표준점수

[표 4.1]은 2014학년도 수능 성적통지표(예시)이다. 수능 성적통지표에는 영역/과목별 표준점수, 백분위, 등급이 표기되는데 이 중 표준점수가 무엇인지 알아보자.

2005학년도 이후 수능은 모든 영역/과목이 임의선택이어서 각 영역/과목에 응시하는 수험생이 서로 다르기 때문에 영역/과목 간에 난이도를 일정하게 유지하는 것이 사실상 어려워 원점수는 시험 총점과 대비하여 몇 점을 받았는가 하는 정보만을 나타낼 뿐 개인 간 상대적인 비교나 개인 내 영역/과목 간의 비교는 힘들다. 반면 표준점수는 집단의 특성을 고려하여 각 개인의 원점수에 대해 의미 있는 해석이 가능하도록 바꾼 점수이다.

표준점수는 원점수에 해당하는 상대적 서열을 나타내는 점수이다. 표준점수는 영역/과목별로 난이도를 조정하여 정해진 평균과 표준편차를 갖도록 변환한 점수 분포 상에서 개인이 획득한 원점수가 어느 위치에 해당하는가를 나타내는 점수이다. 즉, 국어, 수학, 영어, 직업탐구 영역/과목의 평균은 100이고, 표준편차는 20이며, 사회·과학탐구와 제2외국어·한문영역의 평균은 50이고 표준편차는 10이다. 표준점수의 산출과정은 다음과 같다.

① 영역/과목별로 표준화점수 즉, z-점수를 구한다.
② z-점수를 다음 공식에 대입하여 표준점수를 산출한다.

표준점수 = z-점수 × (해당 영역/과목의 표준편차) + (해당 영역/과목의 평균)

[표 4.1] 2014학년도 대학수학능력시험 성적통지표(예시)

수험번호	성 명		주민등록번호	출신고교 (반 또는 졸업연도)		
12345678	홍 길 동		950905-1234567	한국고 (0009)		
구 분	국어	수학	영어	과학탐구		제2외국어/한문
	A형	B형	B형	물리 I	화학 I	일본어 I
표준점수	131	137	141	53	64	69
백분위	93	95	97	75	93	95
등 급	2	2	1	4	2	2

예제 4.9 과학탐구영역 화학II에서 원점수 45점(원점수 평균 19.1이고 표준편차는 9.2)을 받은 수험생의 화학II 표준점수는

$$z\text{-점수}= \frac{45-19.1}{9.2}=2.82$$

이므로 표준점수 $= 2.82 \times 10 + 50 = 78.2$에서 소수첫째자리에서 반올림한 78이다.

4.5 탐색적 그래프 방법

연속형 자료를 그래프적으로 나타내는 방법에 수치적인 요약 방법을 추가하여 탐색적으로 자료의 분포를 설명할 수 있는 줄기잎그림과 상자그림에 대하여 알아보자.

4.5.1 줄기잎그림

줄기잎그림(stem-and-leaf plot)은 원래의 자료값을 그대로 이용하여 분포 모양을 나타낼 수 있는 그래프이다. 보통 자료의 수는 30개 정도를 요구하나, 통계패키지를 이용할 경우는 이보다 큰 자료들도 표현할 수 있다. 줄기잎그림은 다음과 같이 그린다.

① 자료의 줄기부분을 선택한다.
② 줄기값을 크기순으로 세로로 나열한다.
③ 각 줄기에 해당하는 자료의 잎의 값을 줄기값의 오른쪽에 가로로 적는다. 줄기부분을 제외한 나머지 부분을 잎이라 부른다.
④ 각 줄기에 해당하는 잎의 값을 크기순으로 배열한다.

예제 4.10 아래는 〈생활정보와통계〉 과목의 기말고사 성적을 나타낸 자료이다. 이들 자료에 대한 줄기잎그림을 그려보자.

71 63 74 65 86 84 77 85 59 61 68 81 53 75 87
75 98 62 89 74 91 57 66 94 70 87 73 78 93 67

① 자료의 줄기부분을 성적의 10의 자리수로 선택한다.
② 줄기값을 크기순으로 세로로 나열한다.

9	
8	
7	
6	
5	

③ 각 줄기에 해당하는 자료의 잎의 값을 줄기값의 오른쪽에 가로로 적는다.

9	8	1	4	3					
8	6	4	5	1	7	9	7		
7	1	4	7	5	5	4	0	3	8
6	3	5	1	8	2	6	7		
5	9	3	7						

④ 각 줄기에 해당하는 잎의 값을 크기순으로 배열한다.

9	1	3	4	8					
8	1	4	5	6	7	7	9		
7	0	1	3	4	4	5	5	7	8
6	1	2	3	5	6	7	8		
5	3	7	9						

줄기잎그림도 히스토그램처럼 분포의 전체적인 모양을 파악할 수 있다. 줄기잎그림을 적절히 회전하면 히스토그램과 흡사해진다. 즉 분포가 대칭인지 등을 파악할 수 있다. 줄기잎그림을 이용하여 자료의 분포를 나타낼 때 장점 중의 하나는 분포의 중심위치를 쉽게 찾을 수 있다는 것이다. 줄기잎그림의 양쪽 끝 중 어느 하나에서부터 자료의 절반까지 세어 봄으로써 분포의 중심을 알아낼 수 있다. 예제 4.10의 자료에서 74점보다 작은 점수를 받은 사람이 15명이고, 75점보다 높은 점수를 받는 사람이 15명이므로 74.5점이 성적의 중심인 중앙값이 된다.

히스토그램과 줄기잎그림을 비교하여 보면, 히스토그램은 변수가 취할 수 있는 값의 범위를 몇 개의 구간으로 나누고 각 구간에 속하는 관측값의 수(혹은 비율)만을 표현한 것이다. 따라서 히스토그램은 자료의 분포형태를 보면서 중심위치, 산포도, 치우침의 정도를 대략 파악할 수 있지만, 집단화에 따른 원자료(raw data) 정보의 손실이 따른다. 한편 줄기잎그림은 원자료와 분포의 형태를 동시에 볼 수 있어서 자료의 집단화에 따른 정보의 손실이 없다. 단점으로는 자료의 양이 너무 많은 경우에는 사용하기 곤란하다.

4.5.2 상자그림

연속형 자료의 분포를 표현하는 방법으로 히스토그램, 줄기잎그림과 더불어 많이 쓰는 것 중의 하나가 상자그림이다. **상자그림**(boxplot)은 자료집합에서 측정값의 평균적인 수준보다 특별하게 크거나 작은 관측값인 이상값을 찾아내는 방법에도 사용된다.

일반적으로 상자그림을 작성하기 위해서는 다섯 가지 종류의 요약통계값이 필요하며 이들은 최솟값, 제1사분위수(Q_1), 중앙값(Me), 제3사분위수(Q_3), 최댓값이다. 다섯가지 통계량을 **다섯숫자요약**이라 부른다.

예제 4.11 예제 4.6의 기계부품의 길이에서 다섯숫자요약을 구하면 각각 다음과 같다.
최솟값: 4, 제1사분위수(Q_1): 13.75, 중앙값(Me): 20, 제3사분위수(Q_3): 34.25, 최댓값: 65 ○

좌우대칭인 분포의 상자그림을 그리는 과정을 예로 들어보면 [그림 4.5]와 같다. 상자그림을 그리기 위해서는 먼저 제1사분위수(Q_1)와 제3사분위수(Q_3)를 이용하여 직사각형 모양의 상자를 그린다. 이때 직사각형의 양변의 끝을 Q_1과 Q_3로 취하고 이를 경첩(hinges)이라고 부른다. 그리고 직사각형 상자 안에 자료의 중앙값을 직선으로 표시한다. 다음으로 상자그림의 꼬리부분에 대한 경계값을 구성하기 위해 상자의 경첩에서 길게 수직선을 그리는데 이들을 수염(whiskers)이라고 부른다. 이 수염은 각각 자료의 최솟값과 최댓값까지 그린 후 울타리로 마무리 한다.

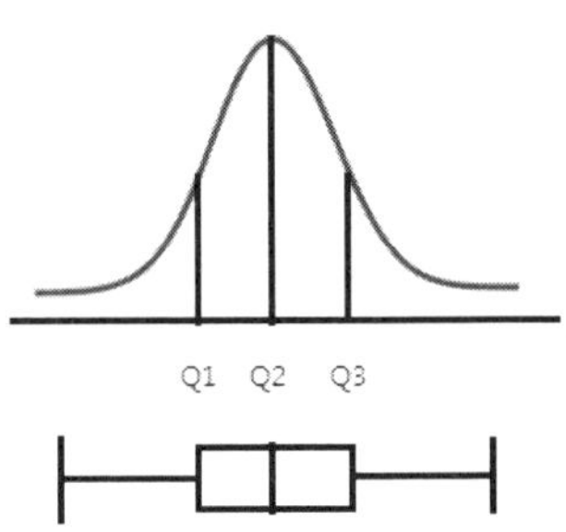

[그림 4.5] 좌우대칭인 분포의 상자그림

예제 4.12 예제 4.6의 기계부품길이 자료에 대해서 예제 4.11에서 구한 다섯숫자요약을 사용하여 그린 상자그림은 [그림 4.6]과 같다. 상자그림으로부터 기계부품길이는 오른쪽으로 긴 꼬리를 갖는 분포임을 알 수 있다. 이때 상자 안의 마름모표시는 평균을 나타낸다. 보통 오른쪽으로 긴 꼬리를 갖는 분포의 경우에는 평균이 중앙값보다 오른쪽에 위치하는데 이것은 긴 꼬리부분에 분포하는 큰 값의 영향을 받아 평균이 커지기 때문이다.

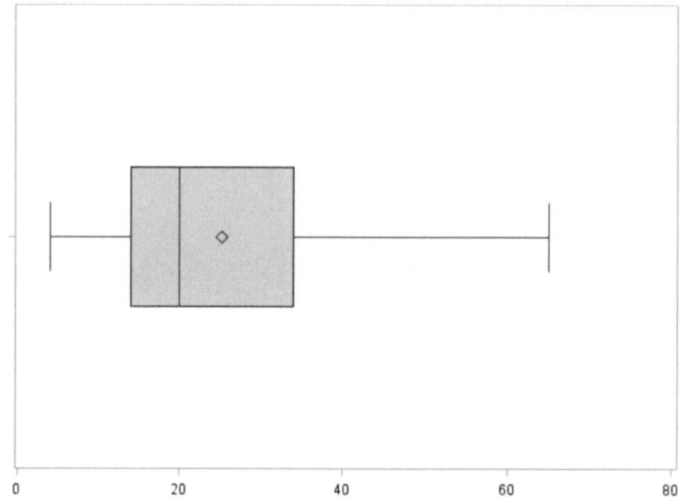

[그림 4.6] 기계부품의 길이에 대한 상자그림

한편 상자그림을 그릴 때 이상점이 있는 경우에 수염을 그리는 방법에는 규칙이 있다. 수염을 그릴 때 최댓값까지 수염을 연장하지 않고, 경첩으로부터 1.5배의 사분위범위(1.5×IQR)의 거리까지만 그린다. 이 범위를 벗어나는 점이 있으면 이 점을 * 혹은 ○로 표시하고 이상점이라고 판단을 한다. 예를 들어 기계부품 자료의 위쪽울타리 값은 다음과 같이 주어진다.

$$(\text{위쪽울타리}) = (\text{위쪽경첩}) + 1.5 \times IQR = 34.25 + 1.5 \times 21.5 = 66.5.$$

따라서 이 울타리 안에 있는 가장 큰 측정값은 65가 되고, 이 값까지 위쪽 수염을 그린다. 같은 방법으로 아래쪽 수염은 아래쪽 경첩부터 4까지 그리는데 이 값은 아래쪽의 안쪽 울타리 안에 있다. 다음의 [그림 4.7]은 오른쪽으로 긴 꼬리를 갖는 분포에서 이상점이 있는 경우의 상자그림을 그린 것이다.

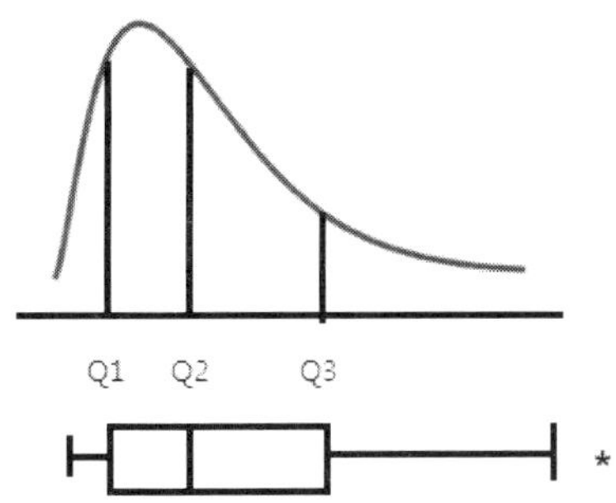

[그림 4.7] 이상점이 있는 경우의 상자그림

예제 4.13 [그림 4.8]은 〈통계학개론〉을 수강한 세 분반 STAT1, STAT2, STAT3의 성적 상자그림이다. STAT1의 성적은 산포가 가장 작아 성적이 고른 반면, STAT3는 산포가 가장 크며 전체 세 분반에서 최고 득점자를 포함한 고득점자들이 속해 있다. STAT2는 상대적으로 가장 성적이 낮은 분반이라 할 수 있다. 세 분반의 성적 분포는 대체로 대칭분포이다. ○

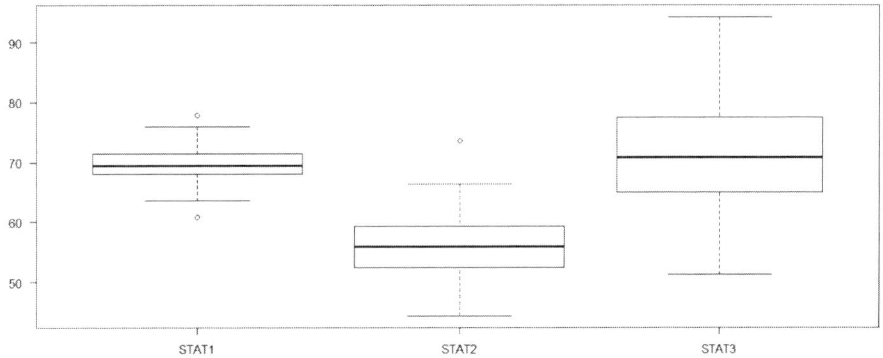

[그림 4.8] 상자그림에 의한 집단별 분포의 비교

연습문제

1 다음은 어떤 집단에서 40명을 뽑아 키를 측정한 결과이다. 이 자료를 이용하여 다음 물음에 답하여라.(단위: cm)

183	168	165	158	180	176	168	160	160	150
180	183	170	170	185	170	165	170	168	154
152	173	173	165	163	163	160	178	138	171
163	168	165	165	178	170	168	183	145	174

(1) 평균, 중앙값, 10% 절사평균, 사분위수를 구하여라.

(2) 범위, 사분위범위, 분산, 표준편차를 구하여라.

(3) 줄기잎그림을 그리고 분포형태를 설명하여라.

(4) 다섯숫자요약을 구하여라.

(5) 상자그림을 그리고 분포형태를 설명하여라. 이때 이상점이 있는지 검토하여라.

(6) 키가 163 cm인 사람의 표준화점수를 구하여라.

2 다음 자료는 어느 지방에서 비의 산성도를 32회 측정한 자료이다. 이 자료를 이용하여 다음 물음에 답하여라.(단위: pH)

5.58	5.63	5.65	5.65	5.65	5.65	5.71	5.72
5.75	5.75	5.80	5.80	5.80	5.81	5.81	5.82
5.85	5.85	5.87	5.87	5.90	5.93	5.95	5.98
6.00	6.00	6.02	6.03	6.07	6.08	6.37	6.98

(1) 평균, 중앙값, 10% 절사평균, 사분위수를 구하여라.

(2) 범위, 사분위범위, 분산, 표준편차를 구하여라.

(3) 줄기잎그림을 그리고 분포형태를 설명하여라.

(4) 다섯숫자요약을 구하여라.

(5) 상자그림을 그리고 분포형태를 설명하여라. 이때 이상점이 있는지 검토하여라.

3 다음 자료는 은행에 근무하는 20명의 임금을 조사한 결과이다. 이 자료를 이용하여 다음 물음에 답하여라.(단위: 백만 원)

4.32	4.53	3.56	5.55	6.43	5.45	7.12	4.22	5.12	4.74
5.99	5.76	4.66	5.92	5.44	5.57	4.70	6.00	4.32	5.01

(1) 평균, 중앙값, 10% 절사평균, 사분위수를 구하여라.

(2) 범위, 사분위범위, 분산, 표준편차를 구하여라.

(3) 줄기잎그림을 그리고 분포형태를 설명하여라.

(4) 다섯숫자요약을 구하여라.

(5) 상자그림을 그리고 분포형태를 설명하여라. 이때 이상점이 있는지 검토하여라.

(6) 임금이 6백만 원인 사람의 표준화점수를 구하여라.

참고문헌

1. 김우철, 김재주, 박영욱, 박성현, 박태성, 송문섭, 이상열, 이영조, 전종우, 조신섭 (2007), 통계학 개론, 영지문화사.
2. 배도선 (1992), 최신 통계적 품질관리, 영지문화사.
3. 배종성, 조완현, 손영숙, 박정수, 백장선, 나명환, 박은식, 김민수 (2010), SPSS를 이용한 통계학, 경문사.
4. 한국교육과정평가원 (2013), 2014학년도 대학수학능력시험 Q&A 자료집, 한국교육과정평가원.

제 5 장

확률

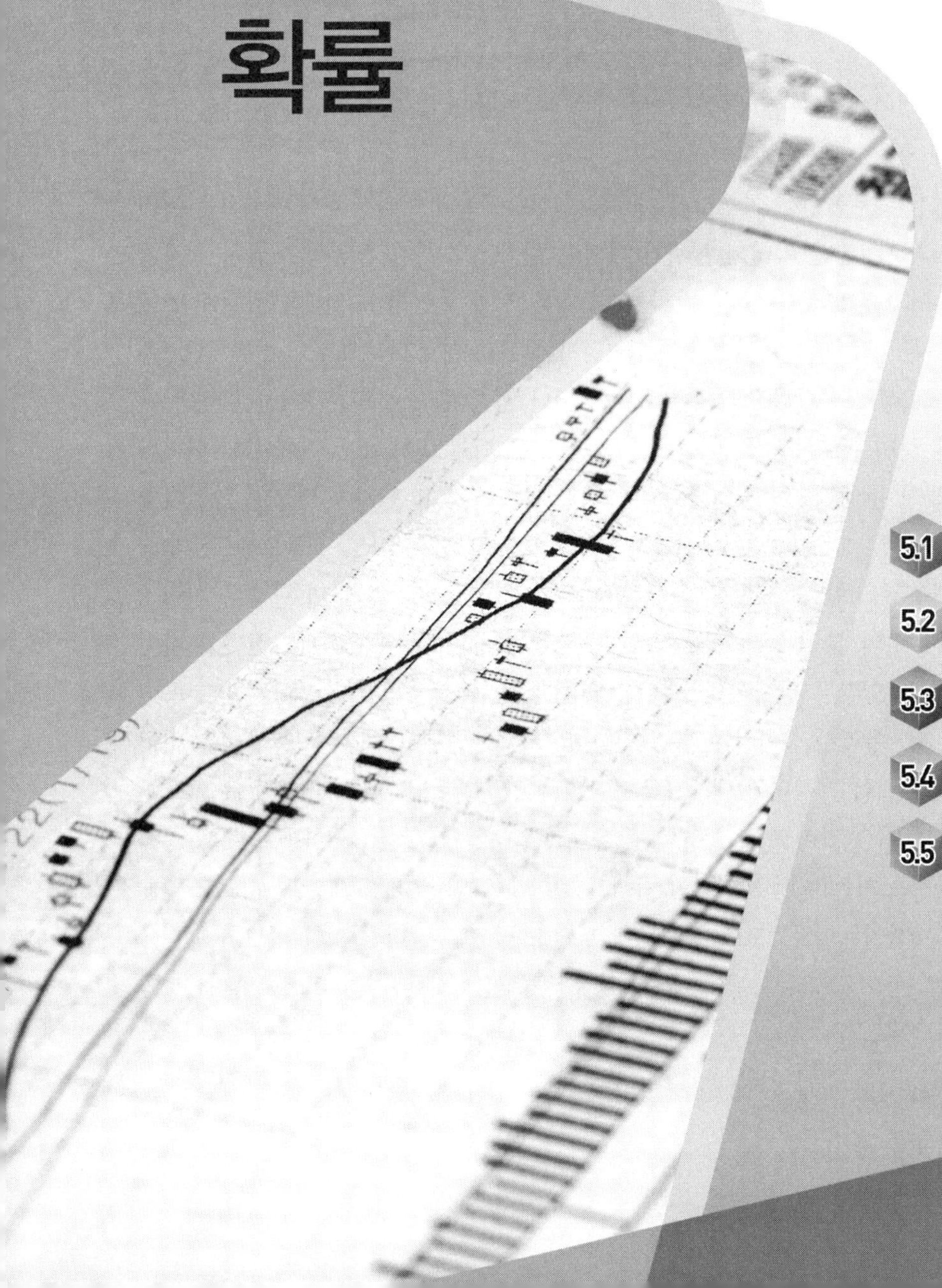

5.1 생의 우연과 필연

통계학은 확률론 또는 확률적 사고를 바탕에 두고 발전하였다. 확률은 우연한 사건이 일어날 가능성의 크기를 수치화한 값이다. 이제 이 우연(偶然)과 확률에 대해 자세히 알아보자. 여기서 **우연성**(chance)은 임의성이나 무작위성 또는 **랜덤성**(randomness)과 같은 의미로 사용된다.

인간 개개인은 우연히 던져졌다고 한다. 한 사람의 탄생을 위해 꼭 필요한 어머니와 아버지를 생각해 보자. 그들의 만남에는 우연적 요소가 매우 많다. 두 분이 만날 때까지, 그리고 사랑을 하여 임신을 할 때까지 많은 선택의 연속이었다. 만약 그 중 일부에 대해 다른 선택을 했다면 결과는 달랐을 것이다. 내 친구의 아버지는 출장에서 돌아오는 기차를 놓치고 다음 기차를 탔다가 어머니를 만났다고 한다. 만약 그가 제때에 기차를 탔다면 어머니를 못 만났을 것이고 친구는 존재하지 않을 것이다.

나의 탄생의 우연성은 여기서 끝나지 않는다. 어머니가 임신하기 위해서는 아버지로부터 최소 2천만 마리의 정자가 나와야 한다. 그중 가장 일찍 도달한 정자가 난자에 들어가서 수정이 된다. 만약 그때 다른 정자가 먼저 도달했다면 현재의 내가 아닌 다른 사람이 태어났을 것이다. 정자마다 DNA가 다르므로 성별이 다를 수도 있고, 혹 성별이 같다고 하더라도 체질이나 성격이 다소 다른, 여하튼 내가 아닌 사람일 것이다. 나는 2천만 분의 일보다 낮은 확률로 태어난 존재이다. 어머니의 난자도 한 달에 한 번 정도 배란이 되는데, 그때에 그 난자가 나오지 않았다면 내가 아닌 다른 사람이 태어났을 것이다. 나의 부모님 각자도 조부모님들로부터 이렇듯 매우 희소한 확률로 태어났다. 이런 점들을 종합하면 나의 탄생은 거의 0에 가까운, 수억 분의 일의 확률이다[10]. 그러니 인간은 우연히 던져졌다고 함이 맞는 말이다. 인간은 탄생부터가 우연이다.

태어난 뒤, 우리가 살아가는 과정은 어떠한가? 주변에서 가끔 아무런 이유 없이 암에 걸린 어린이나 청년에 대해 듣는다. 암에 걸릴만한 유전적, 환경적 요인이 다른 사람들과 거의 같아도 누구는 암에 걸리고 누구는 안 걸린다. 아마도 현재 지식으로는 알지 못하는 어떤 체계적인 차이가 있어서 암의 발병을 결정할 지도 모른다. 그러나 현재까지는 이를 모르기 때문에 우연성 말고는 달리 설명할 방도가 없다.

30여 년 전 어느 고등학생이 수학여행 도중 화장실에 갔다가 버스를 놓치고 옆

10) 인간이 이처럼 극히 낮은 확률로, 매우 어렵게 태어났기 때문에 우리의 생이 그만큼 귀중하지 않나 하는 생각이 든다.

반 버스를 타게 됐다. 그런데 자기 반 버스가 열차와 부딪쳐 친구들이 죽었다. 그는 자기 반 버스를 놓치는 바람에 살아났다. 야구 선수가 투수의 공을 아주 잘 받아쳤지만 야수의 정면으로 날아가 아웃되는 경우가 있는가 하면, 빗맞은 타구가 안타가 되는 경우도 있다. 이를 두고 운이 나쁘다거나 운이 좋다고 하는데, 이는 우연성에 대한 다른 표현이다. 이런 예는 우리 삶에 상존하는 우연성의 몇 가지 사례에 불과하다.

인간의 죽음은 또 어떠한가? 전쟁에서 여러 명이 동시에 돌격해도 일부는 적의 총알에 맞아 죽고 일부는 총알이 빗나가 산다. 거의 우연에 의해 죽거나 산다. 비행기가 추락하면 거기에 탄 사람은 대부분 죽는다. 우연히 또는 우연찮게[11] 그 비행기를 타서 죽은 것이다. 어떤 사람이 길을 걷고 있는데 공사장에서 날아온 물건에 머리를 맞아 죽었다. 이것들은 죽음의 우연성을 말해주는 예이다.

자연계에도 이런 무작위성은 존재한다. 돌연변이는 드물지만 우연하게 일어난다. 그 사건에 결정적 원인이 있는 것이 아니라 그냥 랜덤하게 일어나는 것이다. 이 점은 진화의 속도를 이해하는 핵심적인 열쇠이다. 독일의 물리학자 베르너 하이젠베르그는 원자 내의 핵을 공전하는 많은 전자들의 회전 괘도가 확률적으로만 파악할 수 있음을 밝혔다. 즉 각 전자의 괘도는 일정하게 결정되어 있지 않고 매번 돌 때마다 랜덤하며 그 괘도는 확률적으로만 알 수 있다는 것이다. 아인슈타인은 '신은 주사위를 던지지 않는다'며 반대했지만, 불확정성의 원리라고 불리는 이 이론에 의해서 과학계에 확률론적 사고가 확산되었다.

이렇듯 인간과 자연계에 우연성이 중요하게 상존한다. 따라서 이 우연이 일어날 가능성을 객관적으로 파악하려는 확률적 논의는 매우 필요하고 중요하다. 우리의 삶과 죽음에 우연이 너무나 많이 차지한다면 세계는 불확실성으로 가득하고 미래는 예측 불가능하게 된다. 그러면 인간 존재의 의미가 너무 부박(浮薄)할 것이다.

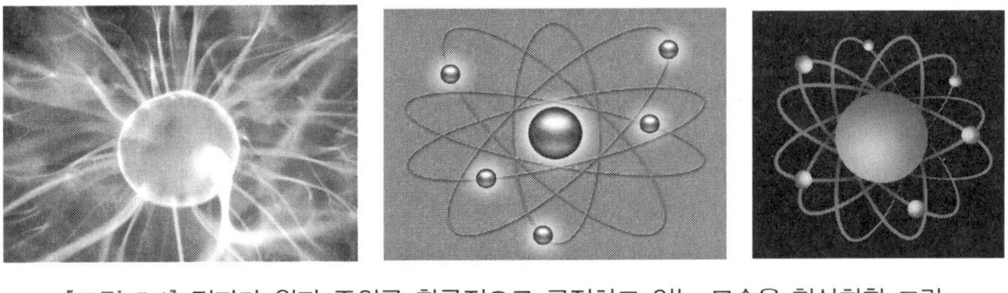

[그림 5.1] 전자가 원자 주위를 확률적으로 공전하고 있는 모습을 형상화한 그림

11) 국어사전에서 '우연찮다'는 꼭 우연한 것은 아니나 뜻하지도 않았음을 의미한다.

다행히 우리 삶에는 어떤 계획과 일정한 규칙에 의한 일 또는 필연(必然)[12]에 가까운 사건이 우연에 의한 것만큼이나 많다. 또한 우연으로 보이는 사건에는 마냥 우연만 있지 않고 어떤 경향이 존재한다. 이 경향을 파악하여 발생할 가능성이 매우 높은 일을 추려낼 필요가 있다. 이러한 사건을 확률적으로 잘 파악하여 이른바 우연 속의 필연을 찾아낸다면 삶의 불확실성을 줄이고 예측 가능성을 높일 수 있다. 이러한 작업, 즉 우연 속에서 필연, 또는 잡음 속에서 신호, 또는 불확실 속에서 확실을 찾는 일은 확률론과 통계학의 주요 과제이다. 이제 우연한 사건이 일어날 가능성을 수치화하는 확률에 대하여 자세히 알아보자.

5.2 삶에서의 확률

베트남 전쟁을 다룬 영화 〈디어헌터〉[13]에서 러시안 룰렛(Russian roulette) 장면이 나온다. 이는 머리에 리볼버 권총을 겨누고 방아쇠를 당기는 게임이다. 리볼버라는 회전식 연발 권총의 여섯 개 약실 중에 하나에만 총알을 넣고 총알의 위치를 알 수 없도록 탄창을 돌린 뒤, 머리에 총을 겨누고 방아쇠를 당긴다. 머리에 총을 맞아 즉사할 이론적 확률은 1/6이다. 베트남 전쟁에서 죽고 사는 것이 얼마나 우연에 의존하는지를 상징적으로 보여 준다.

이러한 '잔인한 확률'은 축구에서도 나온다. 승부차기는 '11 미터짜리 러시안 룰렛'이라고도 불린다. 두 팀(또는 국가대표 팀) 간에 연장전까지도 무승부일 때는 각 팀당 5명씩 페널티킥을 쏘아서 결정한다. 자신의 실축으로 팀이 졌을 때 그 선수는 엄청난 비난과 자책감에 시달린다. 한 선수가 승부차기에서 성공할 확률은 대략 0.85라고 한다[14]. 이는 과거의 많은 사례에서 구한 '경험적 확률'이다. 페널티킥 상황에서 골키퍼는 보통, 키커가 공을 차기 직전에 좌우 한쪽을 선택하여 몸을 날린다. 짧은 거리에서 공이 매우 빠르게 날아오기 때문인데, 이렇게 하면 공의

12) 필연: 반드시 그렇게 되도록 되어 있는 일을 뜻하며 우연의 반대말이다.

13) The Deer Hunter. 마이클 치미노 감독, 로버트 드 니로 주연, 1978년 작품으로 아카데미 작품상 등을 받았다. 반전주의적 베트남 전쟁 영화로 러시안 룰렛 장면의 긴장감이 오래 기억되지만 베트콩을 너무 단순한 악으로 그린 점에서 비판받았다. 총알(죽음)이 언제 날아들지 모르는 '치명적인' 불확실성 아래서 인간 존재의 우연성과 생의 변이를 격정적으로 그려냈다.

14) 출처: Bar-Eli M, Azar OH (2009) Penalty kicks in soccer: an empirical analysis of shooting strategies and goalkeepers preferences. Soccer & Society, 10:183-191. 홈페이지 주소: http://www.scienceofsocceronline.com/2009/04/penalty-kicks-by-numbers.html

방향을 맞출 확률이 1/2이 되어 막아낼 가능성이 커진다고 한다. 이 점을 역이용한 것이 파넨카 킥이다. 체코의 안토닌 파넨카(Antonin Panenka) 선수가 1976년 유로 결승전에서 독일을 상대로 차서 승리한 킥에서 유래됐다. 이는 힘을 뺀 상태로 골대 가운데 골키퍼 정면으로 차는 방식을 말한다.

그렇다면 (중앙으로 '빠르게' 차는 킥을 포함한) 파넨카 킥의 성공확률은 비파넨카 킥보다 더 높을까? 아직 알 수 없다. 선수가 파넨카 킥을 하려면 대단한 강심장이 필요하므로 실제로 잘 차지 않는다. 따라서 경험적 확률을 계산할 정도의 시행 횟수가 축적되지 못했다. 저자가 개인적으로 판단해볼 때, 파넨카 킥의 성공확률이 더 높을 것으로 생각한다. 이는 어디까지나 저자가 개인적인 식견과 경험에 기초하여 추측한 확률로, 객관성은 부족하지만 아무런 정보가 없는 경우보다는 낫다고 본다. 이처럼 이론적 또는 경험적 확률을 계산할 수 없을 때, '개인적 확률' 또는 '주관적 확률'을 고려할 수 있다. 이러한 다양한 확률의 개념과 정의에 대한 자세한 논의는 다음 절에서 다룬다.

국가 대항 운동 경기에서 자주 나타나지만 특히 축구에서 경기 결과에 대한 예측은 유명하다. 펠레의 예측 또는 펠레의 저주가 그 중 하나이다. 이는 펠레가 이긴다고 예언한 팀은 대부분 졌다는 과거에서 유래했다. 문어의 예측도 유명하다. 스페인에서 어느 수족관의 문어가 취하는 모습에 따라 축구 경기의 결과를 예측할 수 있는데 이는 대부분 맞았다는 것이다. 이를 과학적으로 설명할 수는 없지만 실제로 잘 맞추다보니 사람들이 믿는다고 볼 수 있다. 오늘날 과학이 발달했다지만 세상에서 일어나는 상당히 많은 일을 과학으로 설명하지 못한다. 그래서 많은 사람이 점술가를 찾아가 미래에 대한 예측을 듣는다. 점술가가 맞든 틀리든 단정적이고 포괄적으로 예측해 주기 때문에 듣는 사람은 최소한 심리적인 위로나 안정감을 얻고 나아가 희망을 갖게 된다. 이처럼 우리는 미래를 미리 알고 싶은 강한 욕구를 갖고 있다. 닥쳐올 미래를 대비하며 현재를 더욱 알차게 살고 싶은, 약한 인간의 자연스러운 욕구일 것이다. 그러나 미래를 잘 예측하기란 매우 어려운 일이다. 미래 예측은 신의 영역에 해당된다. 많은 예측은 현재까지의 경향이 미래에도 지속된다는 가정에서 이뤄지지만 미래에 그 가정이 만족되지 않을 가능성은 크다. 따라서 예측은 그 불확실성의 한계를 넘지 못하여 자주 틀린 것으로 판명된다. 그럼에도 불구하고 우리가 하는 여러 종류의 미래 예측은 상당히 유용하다. 대표적인 예가 일기예보인데 그중 강수확률예보에 대해 알아보자.

[그림 5.2] 미디어에 발표된 강수확률예보

기상청은 내일의 강수확률을 발표한다. 강수 발생 유무에 관한 예보는 하역, 콘크리트 양생, 야외 스포츠 및 레저 활동 등 여러 분야에 중요한 정보가 된다. 기온에 대해서는 27°C를 예보했는데 실제 26°C가 관측됐어도 시민들은 수긍하지만 비는 온다고 예보했다가 안 오면 예보를 오보로 간주한다. 그러므로 현대 기상학의 한계 및 미래의 불확실성 때문에 완벽한 강수예보가 불가능한 현실에서 강수유무를 확률로 예보하는 게 바람직하다.

이때 확률은 일종의 효과적인 의사소통의 도구이다[15]. 예를 들어 '광주 지역에 내일 낮(06~18시)에 비가 올 확률은 70%이다'는 식으로 발표한다. 이는 '비가 올 가능성이 좀 크겠습니다'라는 정도의 언어적 표현을 구체적으로 정량화한 것이다. '좀 크겠다'라는 말은 듣는 사람에 따라 주관적으로 다르게 해석할 수 있는 반면에 70%라는 확률적 표현은 객관적이고 구체적이어서 쉽게 알아듣는다. 어떤 이는 이러한 수치적 표현에 거부감을 느끼지만, 숫자가 현대 사회에서 식별과 소통의 도구로 사용되는 것까지 거부하기는 힘들어 보인다.

기상청에서 사용하는 강수확률의 정확한 정의는 "주어진 지역 내에 속하는 모든 지점에서 0.1 mm 이상의 강수가 12시간 내에 내릴 평균 확률"이다(최준태와 조주영, 2002). 예를 들어, A 예보지역에 관측지점이 5개 있고 강수확률이 70%로 예보되었다면 이는 A 지역 내의 어느 지점에서나 강수가 관측될 확률이 70%라는 의미이다. 한 지점에서의 내일의 강수확률 70%는 내일과 같은 기상조건이었던 과거에 100일 중 70일 정도는 비가 왔다는 뜻으로 다음 절에서 배울 경험적 확률에 해

15) 야구에서 타율(안타를 친 비율)도 타자의 능력을 측정하고 이를 관중에게 알리는 효과적인 의사소통의 도구이다.

당된다. 여기서 내일의 기상조건은 컴퓨터를 이용한 역학적 수치예보 모델의 예측 결과로 구한 것이다. 따라서 이 확률은 과거의 관찰값에서 유도한 통계적 방정식과 컴퓨터를 이용한 역학적 수치예보 모델의 예측 결과를 통합하여 얻어낸다. 이 통합을 위해 고급의 통계적 예보 방법이 동원된다. 통계적 일기예보 방법에 대한 자세한 내용은 이 책의 16장 기상통계에서 다룬다.

미래를 예측하는 데 확률이 사용되지만, 이미 일어난 과거의 일에 확률은 어떤 의미를 가지는가? 예를 들어 20만 명 중에 한 명 꼴로 걸리는 희귀병이 있다고 하자. 즉 어느 한 사람이 그 병에 걸릴 확률은 20만 분의 일이다. 그런데 내가 그 병에 이미 걸렸다면 그 병에 걸릴 확률은 나에게 더 이상 무의미해 보인다. 그런 희귀병에 걸려서 아주 재수가 없다는 정도의 의미랄까. 이미 일어난 사건에 대한 확률은 1인 것이어서 별 의미가 없어 보인다. 이런 점에서 맨 앞에서 언급한 인간의 탄생 확률이 거의 0에 가깝게 작아서 내가 매우 어렵게 태어났다는 점을 안다고 한들 내가 이미 이 땅에 존재하는 시점에서는 그 확률이 무슨 의미가 있는가? 구체적 사건에 대한 확률은 결과를 모르는 불확실한 상황에서 나타날 수 있는 결과에 대한 예측일 때 그 의미를 갖는다. 다만 이미 일어난 사건들은 관측치로써 기록되고 축적되면 유용한 통계 숫자와 경험적 확률을 생산해 내는 데 사용된다. 나아가 이런 현상들이 복잡한 우연성에 의존하여 다양하게 일어났을 때 그것을 지배하는 시스템을 이해하기 위하여 확률적 모형을 이용하기도 한다. 이는 개별 사건에 대한 구체적 확률의 계산도 가능하지만 그보다는 시스템 전체의 현상을 확률적으로 이해하고 예측하며 조절하려는 목적을 갖는다.

5.3 확률의 정의

16,17세기에 도박과 게임에 대한 관심이 늘면서 게임이 중단됐을 경우의 상금의 분배 문제 및 여러 개의 주사위에 관련한 문제가 제기되었다. 이에 프랑스의 파스칼(Pascal, 1623~1662)과 페르마(Fermat, 1601~1655)가 이 문제를 확률적으로 해결했고, 이를 계기로 확률에 대한 지대한 관심이 촉발됐다. 그리하여 호이겐스(Huygens, 1629~1695), 베르누이(Bernoulii, 1667~1748), 드 모와브르(De Moivre, 1667~1754), 오일러(Euler, 1707~1783), 라플라스(Laplace, 1749~1827), 가우스(Gauss, 1777~1855) 등의 노력으로 확률론은 급속히 발전했다. 확률에 대한 초기의 정의는 라플라스의 저서에 기록됐는데, 이를 **고전적 확률**(classical probability)

이라고 부른다. 이 절에서는 이를 포함한 네 가지 정의에 대해서 자세히 논의하겠다.

라플라스는 고전적 확률을 다음과 같이 정의하였다.

고전적 확률 전체는 n가지 경우가 있고, 각각의 경우가 발생하는 일은 같은 정도로 가능하고 어느 두 경우도 동시에 발생하지 않는다고 가정할 때 어떤 사상 E가 일어날 경우의 수를 r 가지라고 하면, 사상 E가 일어날 확률 $P(E)$를 $P(E)=\dfrac{r}{n}$로 정의한다.

이 정의에 의한 고전적 확률을 선험적 확률, 이론적 확률 또는 수학적 확률이라고도 한다. 여기서 '같은 정도로 가능하다'에 대하여 논리적으로 완전한 설명을 부여한다는 일은 쉽지 않다. 이 같은 곤란은 과학 특히 수학에서 기초가 되는 여러 가지 개념을 설명할 때 자주 만나게 된다. 정의란 어떤 어귀로 다른 어귀를 설명하는 것이므로, 모든 어귀를 정의하려 한다는 것은 분명히 불가능한 일이라서 과학은 정의할 수 없는 약간의 어귀를 함유한다. 확률론에서도 마찬가지이다. 이런 의미에서 우리는 확률론의 기초가 되는 '같은 정도로 가능하다'를 정의하지 않고 승인한다는 입장을 취한다.

라플라스의 고전적 정의에 의한 확률 계산의 예를 들어보자. 한 개의 공평한 정육면체 주사위를 던질 때 나타나는 눈의 수는 여섯 가지이며 어느 눈도 같은 정도로 발생한다. 이때 6의 눈이 나타나는 때를 A 사상이라면 A가 일어날 확률은 $1/6$이다. 앞 절에서 논의한 러시안 룰렛의 확률이 1/6이다고 한 것도 이 고전적 확률이다.

이 고전적 확률의 정의가 의미를 갖기 위해서는 세 가지 조건을 만족해야 한다. 첫째, 실험에서 발생 가능한 경우의 수가 유한개이어야 하고, 둘째, 각 경우는 발생 정도가 모두 같아야 한다. 셋째, 어느 두 경우도 동시에 일어나지 않아야 한다. 이런 조건과 관련하여, 구간 $[0,\ 3]$ 위의 임의의 두 점 a, b를 택할 때 두 점 a, b가 $1 \le a \le 2$, $2 \le b \le 3$일 확률을 생각해 보자. 이들은 발생 가능한 경우의 수가 셀 수 없는 무한개이므로 고전적 정의를 곧바로 적용할 수 없다. 또한 확률의 고전적 정의는 관측이나 실험에 기초를 두지 않고 논리적인 추론에 의해 정의되기 때문에 다음과 같이 경험으로만 파악할 수 있는 문제에는 적용될 수 없다.

① 축구의 승부차기에서 키커가 골을 넣을 확률,

② 신생아가 생후 1년 이내에 죽을 확률.

이러한 한계 및 문제점을 해결하기 위해 상대도수에 기초한 경험적 확률이 도입된다.

고전적 확률의 정의가 실험이나 관측에 기초를 두지 않은 선험적 확률인 것에 반하여 경험적 확률은 관찰된 사실에 기초를 두고 있다. 이 **경험적 확률**(empirical probability)을 통계적 확률이라고도 부른다.

> **경험적 확률** 똑같은 조건 아래서 n회 반복 시행했을 때, 사상 A가 m회 일어났다면 상대도수는 m/n이다. 이 m/n이 n이 충분히 클 때 어떤 일정한 값 p와 차이가 작아지면 이 값 p를 사상 A의 확률로 정한다. 즉, 사상 A가 일어날 경험적 확률 $P(A)$는
>
> $$P(A) = \lim_{n \to \infty} \frac{m}{n} = p$$
>
> 로 정의한다.

예를 들어, 주사위를 던져서 6의 눈이 나올 확률이 1/6이라 함은 주사위를 여러 번 시행하여 상대도수를 구하면 1/6에 가까운 값이 예상되고, 이 일정한 값 1/6과 실제 상대도수와의 차가 n이 클 때 극히 작음을 의미한다. 이 상대도수의 접근은 첫째로 같은 조건 아래서 반복적으로 되풀이 시행이 가능해야 하고, 둘째로 m/n에서 n이 충분히 클 때 거의 일정한 값이 되어야 한다는 두 가지 전제 조건이 필요하다. 현실에서는 n을 매우 크게 할 수 없는 경우가 많으므로 적절한 크기의 n에 대해서 구한 상대도수로 경험적 확률에 근사시켜 사용한다. 앞 절에서 논의한 페널티킥의 성공 확률은 상대도수로 근사시킨 경험적 확률이다.

고전적 확률과 경험적 확률을 모두 구할 수 있는 상황에서는 보통 고전적 확률을 사용한다. 이들 간에는 얼마의 차이가 나타나지만 n이 커짐에 따라 그 차이는 점점 줄어들게 된다. [그림 5.3]은 동전을 던지는 실험을 컴퓨터 시뮬레이션으로 실시하여 얻은 것들이다. 우연성 때문에 시행할 때마다 수렴하는 패턴이 다르기는 하지만 n이 증가함에 따라 앞면이 나오는 사상의 상대도수가 이론적 확률(0.5)에 매우 가까워짐을 볼 수 있다.

고전적 확률과 경험적 확률은 정의는 다르지만 모두 분수 형태이고 0과 1 사이에 존재하는 등 공통된 산술 원칙을 따른다. 이런 공통점을 취하면서 수학적으로 더 엄격한 전개가 가능하도록 러시아의 수학자 콜모고로프(Kolmogorov)가 1930년대에 **공리적 확률**(axiomatic probability)의 정의를 내렸다.

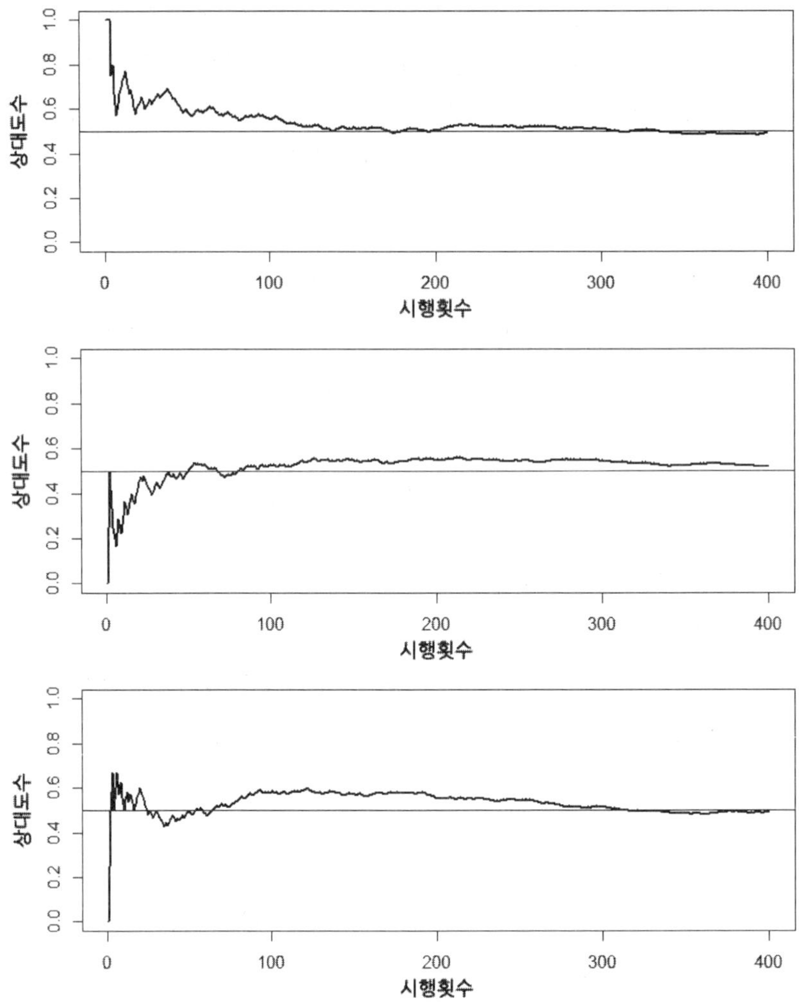

[그림 5.3] 컴퓨터 시뮬레이션으로 동전을 400번까지 던졌을 때 앞면이 나온 횟수에 대한 상대도수의 그림. 각 그림의 양상이 다른 것은 곧 우연성을 나타낸다.

실험에서 얻을 수 있는 모든 가능한 결과의 집합을 표본공간(sample space)이라 부르고 S로 표기한다. 사건 또는 사상(event)이란 표본공간의 부분집합이다. 사상 A와 B에 대해서, $A \cap B = \varnothing$ 이면 A와 B는 서로 배반이라고 한다.

공리적 확률 다음 세 개의 공리(axiom)를 만족하는 함수 $P(\cdot)$를 확률이라고 정의한다. 사상 A의 확률을 $P(A)$로 표기한다.

공리 1. $P(A) \geq 0$

공리 2. $P(S) = 1$

> 공리 3. 사상들 $A_1, A_2, \cdots, A_\infty$ 에서 어느 두 개의 사상이 서로 배반이면,
>
> 즉 $A_i \cap A_j = \phi,\ i, j = 1, 2, \cdots, \infty,\ i \neq j$ 이면,
>
> $$P(A_1 \cup A_2 \cup \cdots \cup A_\infty) = P(A_1) + P(A_2) + \cdots + P(A_\infty) = \sum_{i=1}^{\infty} P(A_i)$$
>
> 이다.

공리 1과 공리 2는 사상 A의 확률에 대하여 0보다 크거나 같은 실숫값을 요구하며, 이들 공리로부터 $P(A) \leq 1$임을 알 수 있다. 결국 확률은 0과 1 사이의 실숫값을 취한다. 공리 3은 확률이 무한 가법적임을 말한다. 여기서는 확률에 대한 구체적이고 경험적 내용이 없다. 확률의 개념에 얽힌 철학적 논의와는 무관하며, 확률로서 갖는 기본적 성질을 세 개의 공리로서 요구하고 있을 뿐이다. 이 세 개의 공리는 확률의 다른 정의와도 조화를 이룬다. 즉 공리적 확률은 고전적 확률과 경험적 확률 및 곧 논의할 주관적 확률의 특성 및 기본법칙과 조화를 이루면서 수학적으로 더 편리한 도구이다. 위의 공리로부터 여러 가지의 편리한 정리가 만들어지며 확률론의 수리적 전개가 용이해지고 활발해진다. 다만 이 공리적 확률로 개별적 사건에 대한 최초의 확률을 직접 구할 수는 없다. 고전적 확률이나 경험적 확률값이 기초적으로 주어진 상태에서 공리와 그로부터 생성된 정리들을 이용하여 좀 더 복잡한 확률을 구할 수 있다.

주관적 확률(subjective probability) 또는 개인적 확률은 고전적 확률이나 경험적 확률을 이용해 객관적 확률을 구할만한 충분한 조건이 되지 않는 상황에서, 관련 분야의 전문가나 또는 개인이 전문적 식견이나 개인적 경험에 바탕하여 주관적으로 확률을 부여하거나 설정하는 확률을 말한다. 이 확률은 불확실한 상황에 대한 개인적인 믿음의 정도 또는 주관적 판단에 대한 수치화된 값으로 대변되며, 0에서 1 사이의 수를 갖는다. 사람이 누구나 다르듯 같은 사건이라도 개인적 확률값은 다르다. 여기에 대해 객관적이지 못하다는 비판이 있지만, 아무런 정보를 주지 못하는 것보다는 주관적 확률이라도 주어서 어떤 의사결정의 과정에 활용하는 것이 더 효과적인 경우가 종종 있다. 즉, 불확실한 상황을 이해하거나 예측하는 데 도움을 줄 수 있다면 주관적 확률이라도 사용하겠다는 입장이다. 실제로 우리가 어떤 의사결정을 내릴 때에 개인적인 경험이나 주관적인 선호에 어느 정도 의존한다는 점을 상기하면 이러한 접근도 용인할 수 있다.

주관적 확률은 어느 특정값을 택하기보다는 보통 어느 구간이나 확률분포 형태

로 주어진다. 예를 들어 한국 야구가 미국 야구를 이길 확률이 0.6이라고 확정적으로 말하지 않고, 대략 0.3에서 0.8 사이에서 둥근 바가지를 엎어 놓은 모양을 하는 함수 형태를 취한다고 주장할 수 있다. 이를 통하여 주관성이 가지는 부정확성을 반영함으로써 주관적 확률의 단점을 극복한다. 이러한 주관적 확률은 차후 베이즈 공식에 의해서 통계 자료가 주어진 후의 확률을 계산하는 데 사용된다. 주관적 확률은 보통 자료가 주어지기 전에 부여되므로 사전확률(prior probability)이라고 부르며, 자료가 주어진 후에 계산된 확률은 사후확률(posterior probability)이라고 부른다.

이상으로 우리는 확률에 대한 네 가지 정의인 고전적 확률, 경험적 확률, 공리적 확률 및 주관적 확률을 공부하였다. 이들은 서로 모순적이지 않으며 상호 보완의 역할을 한다. 또한 주어진 상황에 따라 네 가지 정의 중의 하나가 적절히 사용되고 있다.

5.4 로또와 조건부 확률

우리나라에 '6/45 로또'가 있다. 로또 구입자는 1부터 45까지의 자연수 중에서 6개를 고른다. 매주 1등 추첨이 있는데, 이는 45개의 공 중 6개를 랜덤으로[16) 비복원추출하여 선정한다. 2등을 위하여 별도의 보너스 숫자라는 것을 하나 더 뽑는다. 다음은 로또 구입자가 고른 숫자가 선정된 숫자와의 일치 여부에 따른 등수별 당첨의 조건이다.

1등: 구입자의 6개의 숫자가 선정된 숫자와 모두 일치할 때,
2등: 6개의 숫자 중 5개만 일치하고, 나머지 하나는 보너스 숫자와 일치할 때,
3등: 5개의 숫자가 일치할 때,
4등: 4개의 숫자가 일치할 때,
5등: 3개의 숫자가 일치할 때.

우리가 한 장의 로또를 샀을 때 당첨될 고전적 확률을 계산해 보자. 6개의 숫자가 기계 장치에 의해 랜덤하게 추출되므로 어떠한 조합의 6개 숫자라도 모두 '같은 정도로 가능'하기 때문에 고전적 확률의 계산 조건에 부합된다. 우리의 관심사

16) 랜덤추출의 정의는 45개의 숫자들 각각이 뽑힐 확률이 동일하게 추출함을 말한다. 6개를 랜덤하게 비복원추출하는 경우 각 숫자가 뽑힐 확률은 1/45로 모두 동일하다.

[그림 5.4] 우리나라에서 판매되는 6/45 로또. 1에서 45 사이에 뽑은 6개의 숫자가 표시된 5개의 로또(A,B,C,D,E)를 볼 수 있다.

는 6개의 숫자가 뽑히는 순서에는 있지 않고, 뽑고 났을 때 결과적으로 만들어진 6개의 숫자의 조합에 있다.

1등에 당첨될 고전적 확률은

$$P(1\text{등}) = \binom{6}{6} \Big/ \binom{45}{6} = \frac{1}{8,145,060} \approx 0.00000012$$

이다. 여기서 $\binom{45}{6}$ 은 45개 숫자에서 6개를 뽑아 만들 수 있는 조합의 개수를 뜻하며, $\binom{45}{6} = \dfrac{45!}{39!\,6!} = 8,145,060$이다. 즉 1등에 당첨될 확률은 대략 800만 분의 1이다. 2등이나 3등에 당첨될 확률의 계산을 위해서는 조건부 확률이라는 개념이 필요하므로 일단 뒤로 미뤄두기로 하자. 4등은 당첨번호 6개 중 4개와 일치하고 나머지는 39개 중에서 2개가 나오므로 당첨될 확률은

$$P(4\text{등}) = \frac{\binom{6}{4} \times \binom{39}{2}}{\binom{45}{6}} = \frac{15 \times 741}{8,145,060} = \frac{11,115}{8,145,060} = \frac{1}{733} \approx 0.00136426$$

이다. 5등은 당첨번호 6개 중 3개와 일치하고 나머지는 39개 중에서 3개가 나오므로 당첨될 확률은

$$P(5\text{등}) = \frac{\binom{6}{3}\times\binom{39}{3}}{\binom{45}{6}} = \frac{20\times 9,139}{8,145,060} = \frac{182,780}{8,145,060} = \frac{1}{45} \approx 0.02222222$$

이다.

이제 2등과 3등에 당첨될 고전적 확률을 계산하기 위해서 우리는 조건부 확률의 개념을 필요로 한다.

조건부 확률 사상 B가 일어났다는 조건에서의 사상 A의 조건부 확률 (conditional probability) $P(A|B)$는 다음으로 정의된다.

$$P(A|B) = \frac{P(A\cap B)}{P(B)} \quad (\text{단, } P(B) > 0).$$

이 정의로부터 $P(A\cap B) = P(B)\times P(A|B)$ 라는 식을 얻는데, 이를 확률의 곱셈법칙이라고 부른다. 이제 사상 A와 B를 다음과 같이 놓자.

B: 당첨번호 6개 중 5개만 일치하는 사상,
A: 나머지 하나가 보너스 번호 1개와 일치하는 사상.

이로부터 2등 확률을 구하면 $P(2\text{등}) = P(A\cap B) = P(B)\times P(A|B)$인데, $P(B)$는 당첨번호 6개 중 5개만 일치하는 경우의 확률이므로,

$$P(B) = \frac{\binom{6}{5}\times\binom{39}{1}}{\binom{45}{6}}$$

이다. 또한 $P(A|B)$는 당첨번호 6개 중 5개만 일치하는 조건에서 나머지 1개는 당첨번호를 제외한 39개 중에서 보너스 번호 1개와 일치하는 경우의 확률이므로, $P(A|B) = 1/\binom{39}{1}$ 이다. 따라서 2등 당첨 확률은

$$P(2\text{등}) = \frac{\binom{6}{5}\times\binom{39}{1}}{\binom{45}{6}} \times \frac{1}{\binom{39}{1}} = \frac{6}{8,145,060} = \frac{1}{1,357,510} \approx 0.00000074$$

이다. 1등 당첨 확률에 비해 정확히 6배이다.

같은 방식으로 3등 당첨 확률은 $P(3등)=P(A^c \cap B)= P(B)\times P(A^c \mid B)$이다. A^c는 A의 여사상을 표시한다. 이때 $P(A^c \mid B)$ 는 당첨번호 6개 중 5개만 일치하는 조건하에서 나머지 1개가 보너스 번호 1개와 다르면서 38개 숫자 중에서 나오는 경우의 확률이므로, $P(A^c \mid B)=\binom{38}{1}/\binom{39}{1}$이다. 따라서 3등 당첨 확률은

$$P(3등)=\frac{\binom{6}{5}\times\binom{39}{1}}{\binom{45}{6}}\times\frac{\binom{38}{1}}{\binom{39}{1}}=\frac{228}{8{,}145{,}060}=\frac{1}{35{,}724}\approx 0.00002799$$

이다. 1등 당첨 확률의 228배이다.

이렇게 로또 당첨의 고전적 확률을 계산하였다. 그러면 2012년 8월 26일 508회의 추첨이 완료됐는데, 이때까지의 경험적 확률을 [표 5.1]로 알아보자. 여기서 경험적 확률은 다음 공식으로 구해졌다.

$$\text{각 등수의 당첨 확률} = \frac{\text{각 등수 당첨자수}}{\text{현재까지 판매된 로또수}}.$$

[표 5.1] 2012년 8월 26일 현재 508회 추첨까지의 6/45 로또의 당첨에 대한 경험적 확률

등수	경험적 확률	고전적 확률
1등	0.00000011	0.00000012
2등	0.00000065	0.00000074
3등	0.00002516	0.00002799
4등	0.00124603	0.00136426
5등	0.02022641	0.02222222

(http://www.645lotto.net/의 회차별 추첨번호를 통해 계산함.)

모든 등수에서 경험적 확률이 고전적 확률보다 더 낮게 나타나서 관심을 갖게 한다. 그 차이는 미미해 보이지만, 왜 모든 등수에서 이런 차이가 나타날까? 경험적 확률이 낮은 이유는 매우 소수이겠지만 로또 시행 초기의 당첨에 대한 관리 소홀로 통계에서 누락된 경우들 때문이라고 필자는 생각한다. 아니면, 순수한 우연에 의한 현상일 수도 있다. 로또 관리자가 아닌 일반인으로서 확실한 답을 알아내기는 어려워 보인다. 여러분은 어떻게 생각하는가?

5.5 베이즈 공식과 사후확률

앞 절에서 배운 조건부 확률을 잘 활용한 내용이 베이즈 공식(Bayes' formula)이다. 이에 대해 간단히 알아보자.

사상들 $A_1, A_2, \cdots, A_m$ 들이 서로 배반이면서 모두 합하면 표본공간 S가 되는 경우 이들 사상을 S의 분할이라고 한다. 사상 A_i의 확률 $P(A_i)$를 미리 알고 있고, 어떤 사상 B에 대해 $P(B|A_i)$도 알고 있다고 가정하자. 그러면 사상 B가 주어졌을 때 사상 A_k의 조건부 확률 $P(A_k|B)$를 다음과 같이 구할 수 있다.

$$P(A_k|B) = \frac{P(A_k)\,P(B|A_k)}{\sum_{i=1}^{m} P(A_i)\,P(B|A_i)} .$$

이것이 베이즈 공식이다. 여기서 $P(A_k)$를 A_k의 **사전확률**(prior probability)이라고 부르고, $P(A_k|B)$를 A_k의 **사후확률**(posterior probability)이라고 부른다. 사상 B가 주어진 후의 확률이라는 의미에서 사후확률이라고 한다.

이 공식은 영국의 목사이자 철학자인 베이즈(Thomas Bayes, 1702~1761)가 이끌어냈다. 통계학에서 많은 경우 A_k의 사전확률을 모르기 때문에 앞 절의 주관적 확률을 사용한다. 이 주관적 확률은 베이즈 공식에 의해서 통계 자료(B)가 주어진 후의 A_k의 사후확률 $P(A_k|B)$를 계산하는 데 사용된다. 주관적 사전확률과 베이즈 공식은 현대통계학에서 매우 다양하고 풍부한 통계적 방법의 개발과 응용에 활용되고 있는데, 이러한 방법을 총칭하여 베이지안 접근법(Bayesian approach)이라고 한다. 이 접근법은 여러 연구 분야로 다양하게 응용되고 있다. 예를 들어 컴퓨터 공학에서 인공지능을 갖춘 로봇을 연구하는데 베이지안 기계 학습 이론이 접목되어 상당한 성과를 내고 있다. 이에 반해 주관적 사전확률을 사용하지 않는 통계적 방법을 빈도주의자 접근법(frequentist approach)이라고 부른다.

예제 5.1 어느 암의 발병률은 0.1%이고 암 진단검사의 정확도는 98%이라고 한다. 만약 암 진단검사 결과가 양성이었다면 실제로 암이 발병했을 확률을 구해 보자. 먼저 암이 발병한 경우를 사상 A라 놓으면, 사상 A와 여사상 A^c는 표본공간 S를 분할한다. 그리고 암 진단검사 결과가 양성인 반응을 보인 경우를 사상 B라 놓으면 구하는 확률은 베이즈 공식을 이용하여 다음과 같이 계산된다.

$$P(A|B) = \frac{P(A)P(B|A)}{P(A)P(B|A)+P(A^c)P(B|A^c)}$$

$$= \frac{(0.001)(0.98)}{(0.001)(0.98)+(0.999)(0.02)}$$

$$= 0.0468.$$

연습문제

1 본인의 삶에서 우연하게 일어난 흥미로운 일과 그런 우연이 일어날 확률이 얼마나 될 것인가를 말하여라.

2 랜덤으로 추출을 하는 물리적인 장치를 기술하여라. 이 장에서 언급한 것이 아닌 새로운 것이어야 한다.

3 확률이 중요한 의미로 작용하는 영화나 드라마 또는 소설의 예를 들고 거기에서의 우연성과 확률의 의미를 기술하여라.

4 축구의 페널티킥에서 파넨카 킥이 성공할 확률이 얼마나 될 것인지에 대해서 논의하여라.

5 이 장에서 확률을 언급한 야구나 축구 이외의 스포츠(예: 농구, 양궁, 테니스 등)에서 확률이 어떻게 사용되는지에 대해 논의하여라.

6 여러분이 대학 졸업하고 6개월 이내에 취업할 확률에 대해서 논의하여라. 또한 1년 및 2년 이내에 취업할 확률에 대해서도 말하여라.

7 6/45 로또를 6/46 로또로 바꾼다면 그때의 각 등수에 당첨될 고전적 확률을 구하여라. 그리고 두 가지 로또의 확률을 비교하여라.

8 실생활에서 고전적 확률과 경험적 확률의 계산이 가능한 경우를 들고 그것을 계산한 결과를 제시하여라.

9 실생활에서 확률적 사고가 비확률적 사고와 비교하여 어떤 장단점이 있는지에 대해 비교하여라. 한 가지 예를 들어 설명하여라.

참고문헌

1. 박진우 (2004), 통계학의 길잡이, 교우사.
2. 배종성, 조완현, 손영숙, 박정수, 백장선, 나명환, 박은식, 김민수 (2010), SPSS를 이용한 통계학, 경문사.
3. 백장선, 손영숙 공역 (2006), Hogg and Tanis 의 수리통계학(제7판), 자유아카데미.
4. 허명회 (2006), 통계적 사고, 교우사, 서울.
5. 최준태, 조주영 (2002), PPM을 이용한 객관적 강수확률 예보법, 한국기상학회지 38(2), 119-127.
6. Bar-Eli M, Azar OH (2009) Penalty kicks in soccer: an empirical analysis of shooting strategies and goalkeepers preferences. Soccer & Society, 10, 183-191. 홈페이지 주소: http://www. scienceofsocceronline.com/2009/04/penalty-kicks-by-numbers.html

제 6 장

확률분포

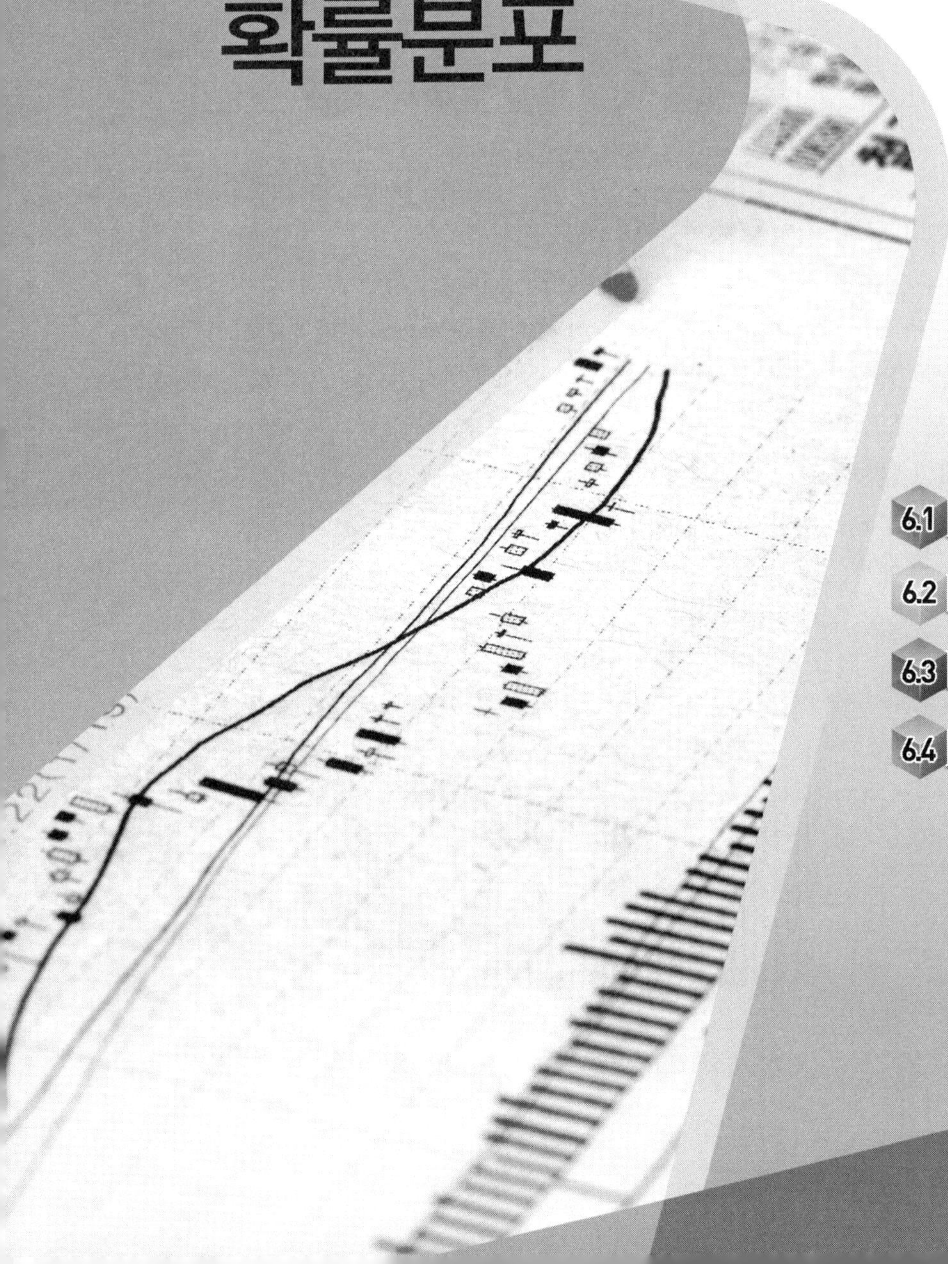

6.1 확률변수와 확률함수

앞 장에서 설명한 확률의 정의에 의해 **확률실험**(random experiments)의 결과가 숫자이든 숫자가 아니든 표본공간을 구성하는 원소에 대해 확률을 계산하는 방법을 고려하였다. 우리는 대부분의 자연적 현상이나 사회적 현상을 수치적 척도로 표현하여 그 현상에 대한 변화를 숫자로 관찰한다. 만일 어느 현상에 대한 수치적 변화를 지속적으로 관찰하면 일정한 규칙을 발견할 수 있고, 이러한 일정한 규칙을 수학적 함수나 모형으로 설명할 수 있다.

다음 [그림 6.1]은 로또 당첨번호에 대한 예시로써, 무작위로 추첨되는 당첨 숫자에 대한 확률적 특성을 살펴보기로 하자.

[그림 6.1] 로또 당첨번호(예시)

[그림 6.2]에서와 같이, 500회 동안 당첨번호의 발생빈도는 숫자 20과 40의 발생빈도가 83번으로 가장 높게 나타났고, 반면 숫자 9의 발생빈도는 54번으로 가장 낮게 나타났다. 발생빈도에 따라 특정한 숫자를 선택하는 사례가 많으나, 만일 로또 추첨기가 공정하다면 이론적으로 모든 숫자의 발생빈도는 모두 동일해야 한다. 따라서 로또 추첨기가 공정하다는 조건에서 향후 추첨 회차가 증가하게 되면 모든 숫자의 발생확률은 약 0.022(=1/45)로 근사하게 될 것이므로 어느 특정한 숫자를 선호하거나 기피하는 것은 의미가 없다.

[그림 6.3]에서는 당첨번호 6개의 숫자를 합하여 구간별 빈도율을 살펴보았다. 6개 숫자의 합이 중간에 해당하는 121~140 구간의 발생빈도가 가장 높게 나타나

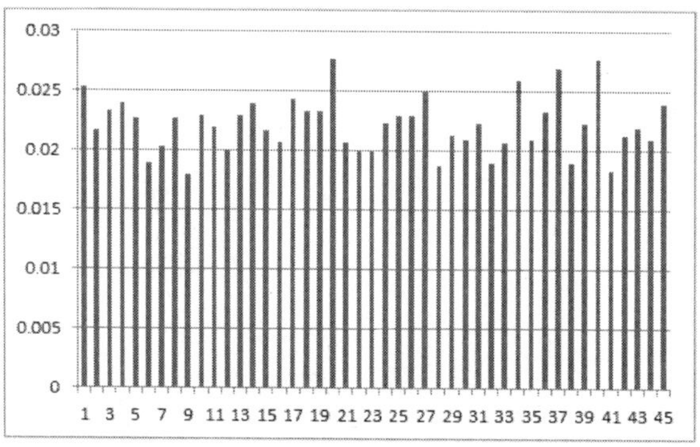

[그림 6.2] 로또복권 숫자의 당첨 발생빈도

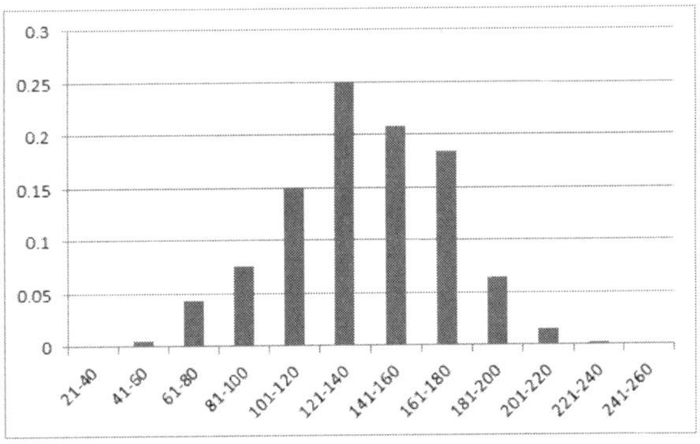

[그림 6.3] 당첨번호 6개 숫자의 합에 대한 분포

고, 합이 가장 작은 21(=1+2+3+4+5+6)이거나 가장 큰 255(=40+41+42+43+44+45)는 단 1회도 나타나지 않았다. 또한 구간 121~140을 중심으로 합이 121~140보다 작은 경우보다 큰 경우에 발생빈도가 높게 나타났으나, 역시 로또 추첨기가 공정하다는 조건에서 회차가 증가하게 되어 모든 숫자의 발생확률이 동일한 경우에는 이론적으로 구간 121~140 내의 138을 중심으로 좌우가 대칭인 분포에 근사할 것이다.

비슷한 방법으로, [그림 6.4]는 각 회차별 당첨번호 6개 숫자에 대한 홀수와 짝수의 비율을 나타낸 그래프로써 3:3을 중심으로 약간 오른쪽으로 치우친 형태를 나타내고 있으나, 로또 추첨기가 공정하다는 조건에서 회차가 증가하게 되어 모든 숫자의 발생확률이 동일한 경우에는 역시 이론적으로 3:3을 중심으로 좌우가 대칭인 분포에 근사할 것이다.

결과적으로, 로또복권에서 발생빈도가 높은 숫자를 대상으로 6개 숫자의 합이 약 130 근방에서 홀수와 짝수의 비율을 3:3으로 구성하는 것이 당첨될 확률을 높이기 위한 방법으로 고려할 수 있으나, 로또 추첨기가 공정하다는 조건에서는 굳

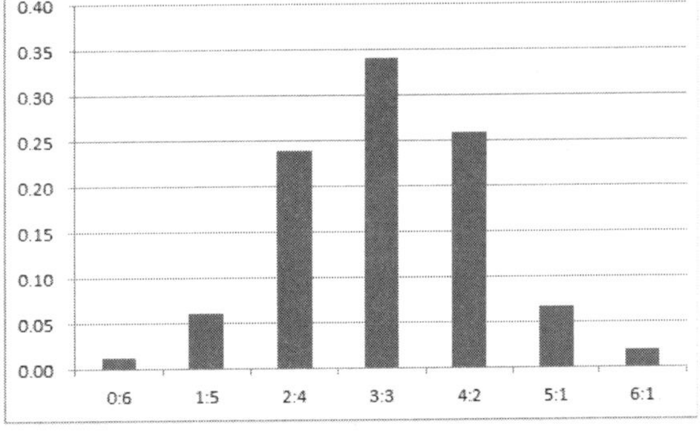

[그림 6.4] 당첨번호 6개 숫자의 홀수와 짝수의 비율(홀수 : 짝수)에 대한 분포

이 의도하지 않더라도 선택하는 6개 숫자의 합이 약 138 근방에서 홀수와 짝수의 비율이 3:3으로 구성될 가능성이 높기 때문에 특정한 숫자를 선호하거나 특정한 숫자의 배열을 구성할 필요가 없다.

이와 같이 무작위로 추첨하는 숫자들에 대해서도 확률적 특성을 발견하는 것과 같이, 그동안 자연적 또는 사회적 현상을 설명할 수 있는 다양한 확률분포를 발견해 왔다. 이 장에서는 어느 확률적 실험에서 표본공간을 구성하는 원소들을 실험의 목적과 일치하는 수치적 변수로 변환하고, 또한 수치적 변수에 대한 확률적 특성을 나타내는 확률함수를 도출하여 이 확률함수에 의해 각 수치적 변수들에 대한 확률을 계산하는 방법을 소개한다. 이와 같은 수치적 변수에 대한 확률함수가 주어지면, 앞 장에서 고려한 경험적 확률을 계산하는 방법보다 확률함수에 의해 확률을 쉽게 계산할 수 있을 뿐만 아니라 평균이나 분산과 같은 수치적 변수의 특성치를 살펴볼 수가 있다.

어느 확률 실험에서 나타나는 모든 결과의 집합을 표본공간(sample space) S로 나타내었다. 예를 들어, 동전을 한 번 던지는 실험에서 앞면을 H라 하고 뒷면을 T라고 하면 표본공간 S는 다음과 같이 구성된다.

$$S = \{H, T\}.$$

만일 동전의 앞면과 뒷면의 확률을 각각 p와 $(1-p)$라 하면, 고전적 확률의 정의에 따라 각 확률은 다음과 같이 표현된다.

$$P(H) = p, \quad P(T) = 1 - p.$$

공정한 동전인 경우에는 앞면의 확률 p는 이론적으로 $1/2$이어야 하지만, 어느 공장에서 생산한 제품의 불량률과 같이 확률 p는 아직 알려져 있지 않은 모수(parameter)로 취급하며, 알려져 있지 않은 모수를 추정하는 절차는 별도로 통계적 추론에서 자세하게 논의하기로 한다.

표본공간 S 내의 원소 H와 T를 문자 대신에 앞면과 뒷면에 따라 변수인 X에 의해 0과 1로 나타내기로 하자.

$$X = \begin{cases} 1, & \text{만일 } w = H\text{인 경우,} \\ 0, & \text{만일 } w = T\text{인 경우.} \end{cases}$$

이때, 숫자 1과 0은 동전의 앞면과 뒷면을 단지 숫자로 표현한 것에 불과하고 어느 순서나 양적 특성을 나타내는 것은 아니다. 그러면 변수 X에 의해 동전의 앞면과 뒷면에 대한 확률을 다음과 같이 각각 표현할 수 있다.

$$P(X=1)=p, \quad P(X=0)=1-p.$$

이와 같은 동전의 앞면과 뒷면을 나타내는 변수 X에 대한 확률 $P(X=x)$을 다음과 같은 함수 $f(x)$로 표현하자.

$$f(x)=P(X=x)=p^x(1-p)^{1-x}, \qquad x=0,1 \tag{6.1}$$

그러면 함수 $f(x)$에 의해 동전의 앞면과 뒷면을 의미하는 변수 0과 1에 대한 확률은 다음과 같이 나타낼 수 있다.

$$f(0)=p^0(1-p)^1=1-p,$$
$$f(1)=p^1(1-p)^0=p.$$

다음 [그림 6.5]와 [그림 6.6]은 이상에서 설명한 동전 실험에서 고전적 확률계산 방법과 변수 X 및 함수 $f(x)$에 의한 확률계산 방법을 비교하였다.

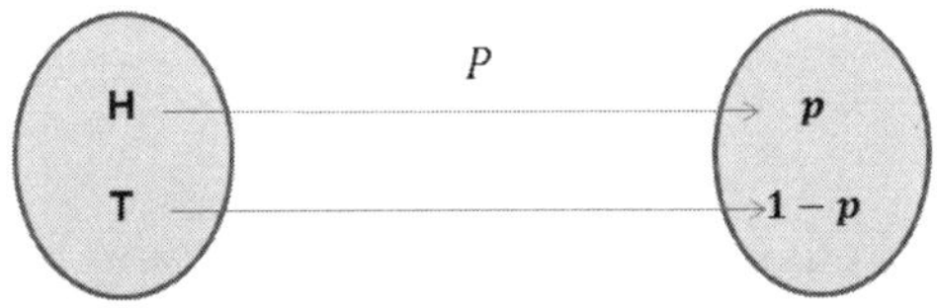

[그림 6.5] 고전적 확률계산

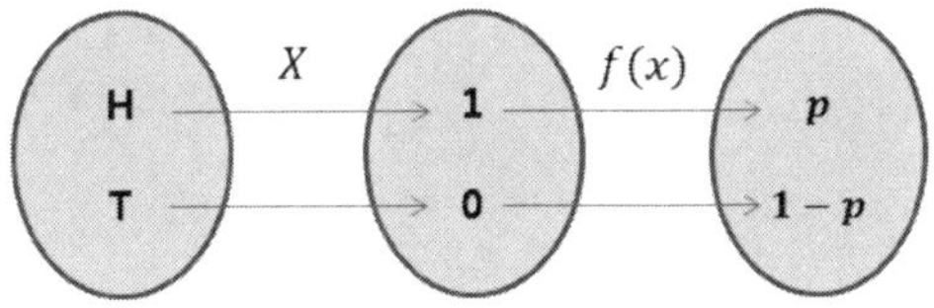

[그림 6.6] 함수에 의한 확률계산

이와 같이 표본공간 내의 모든 원소를 수치적 변수 X로 변환하여, 변수 X에 대한 확률을 함수 $f(x)$로 나타낼 수 있다. 이와 같은 X는 확률적 특성을 갖는 변수이므로 확률변수라 하고, $f(x)$를 확률변수 X의 확률함수라 한다.

> **확률변수와 확률함수** 어느 확률 실험에서 모든 가능한 결과들의 집합을 표본공간 S라고 할 경우, 표본공간 S 내의 각 원소를 어느 숫자로 변환하는 X를 **확률변수**(random variable)라 하고, 모든 확률변수 X에 대한 확률을 생성하는 함수 $f(x)$를 **확률함수**(probability function)라 한다.

표본공간 S에 대해 확률변수 X의 전체집합을 Ω이라 하면, 불량품의 개수, 나이 또는 학년과 같이 전체집합 Ω가 자연수로 구성된 경우에는 이산형 확률변수(discrete random variable)라 하고, 이산형 확률변수에 대한 확률함수를 확률질량함수(probability mass function)라 한다. 또한 체중이나 시험점수와 같이 전체집합 Ω가 연속적인 실수로 구성된 경우에는 연속형 확률변수(continuous random variable)이라 하고, 연속형 확률변수에 대한 확률함수를 확률밀도함수(probability density function)라 한다.

$f(x)$가 확률변수 X에 대한 확률함수이기 위해서는 확률변수 X의 전체집합 Ω에 대한 확률은 모든 확률의 합으로써 항상 1을 만족해야 하며,

$$1 = \begin{cases} \sum_{x \in \Omega} f(x), & \text{이산형인 경우} \\ \int_{x \in \Omega} f(x)dx, & \text{연속형인 경우} \end{cases}$$

또한 $P(\phi) = 0$이어야 한다. 따라서 전체집합 Ω에 속하는 모든 부분집합 A에 대한 확률은 다음과 같은 관계를 만족한다.

$$0 \le P(A) \le 1.$$

6.2 기댓값

이와 같이 확률변수 X에 대한 확률함수 $f(x)$은 확률을 쉽게 계산할 수 있다는 장점 이외에도 고전적 확률에 의해서는 나타낼 수 없는 평균이나 분산과 같은 확률변수 X의 특성값을 계산할 수 있다.

확률변수에 대한 기댓값을 쉽게 이해하기 위한 간단한 예제로서, 앞면과 뒷면이 나타나는 확률이 모두 1/2인 어느 공정한 동전을 던져서 만일 앞면이 나타나면 상

금 100원을 주고 만일 뒷면이 나타나면 상금 0을 주는 게임을 고려하자. 그러면 이 게임의 기대상금은 얼마일까? 우리가 관심을 갖는 것은 기대상금이므로 동전의 앞면과 뒷면에 따른 상금을 확률변수라 하자.

[표 6.1] 동전 앞면과 뒷면에 따른 상금

	앞 면	뒷 면
상금(x)	100원	0원
확률($f(x)$)	0.5	0.5

이 게임에 참가하였을 경우 기대되는 상금은 앞면과 뒷면에 따른 상금에 해당 확률을 가중한 합으로 50원이 된다.

$$(0.5 \times 100) + (0.5 \times 0) = 50(\text{원})$$

어느 확률변수 X에 대한 전체집합을 Ω라 하고 확률변수 X에 대한 확률함수를 $f(x)$라 하고, $u(X)$을 확률변수 X의 어느 함수라 하자. 그러면 $u(X)$에 대한 기댓값은 모든 확률변수의 값 x에 대한 $u(x)$을 해당 확률값 $f(x)$를 가중한 총합을 의미한다.

$$E(u(X)) = \begin{cases} \sum_{x \in \Omega} u(x) f(x), & \text{이산형인 경우} \\ \int_{x \in \Omega} u(x) f(x) dx, & \text{연속형인 경우} \end{cases}$$

이와 같은 기댓값 정의에 따라, 확률변수 X의 평균을 의미하는 기댓값 $E(X)$는 확률함수 $f(x)$의 중심위치(location)를 나타내는 측도로 보통 μ로 표시한다.

$$\mu = E(X)$$

다음은 확률함수의 중심위치인 평균 μ로부터 확률변수 X에 대한 산포(dispersion)의 정도를 나타내는 측도에 대해서 알아보기로 하자. 우선 평균 μ로부터 확률변수 X의 모든 x의 편차(deviation) $(x-\mu)$을 해당 확률 $f(x)$로 가중한 합을 의미하는 기대편차 $E(X-\mu)$는 항상 0을 만족하여 산포의 측도로 이용할 수가 없다.

$$\begin{aligned} E(X-\mu) &= E(X) - \mu \\ &= 0 \end{aligned}$$

따라서 편차를 제곱한 $(x-\mu)^2$을 해당 확률값 $f(x)$로 가중한 합을 의미하는 $E[(X-\mu)^2]$을 확률변수 X의 분산(variance) $Var(X)$라고 하며 보통 σ^2으로 표시한다.

$$\sigma^2 = Var(X) = E[(X-\mu)^2]$$

또한 분산 $Var(X)$에 대한 제곱근을 확률변수 X의 표준편차(standard deviation)라 하며 σ로 표시한다.

$$\sigma = \sqrt{Var(X)}$$

확률변수 X의 분산 σ^2은 항상 0보다 크므로 표준편차 σ도 0보다 큰 값을 갖는다. 따라서 표준편차 σ는 평균 μ로부터 확률변수 X의 값들에 대한 산포의 정도를 나타내는 표준화된 기준으로써, 만일 표준편차 σ가 작으면 평균 μ로부터 확률변수의 값들이 밀집되어 분포하고 있다는 것을 의미하고, 만일 표준편차 σ가 크면 평균 μ로부터 확률변수의 값들이 넓게 퍼져 분포하고 있다는 것을 의미한다. 예를 들어, 어느 집단에 속하는 부부의 자녀수를 확률변수 X로 나타내고 각 자녀수에 대한 확률 $f(x)$가 다음과 같이 주어졌다 하자.

[표 6.2] 어느 집단에 속하는 부부의 자녀수에 대한 확률

자녀수(x)	0명	1명	2명	3명	4명	5명
확률($f(x)$)	0.20	0.35	0.27	0.12	0.05	0.01

그러면 부부의 자녀수에 대한 평균 μ, 편차 $E(X-\mu)$ 및 분산 σ^2에 관한 내용은 다음과 같이 정리할 수 있다.

[표 6.3] 어느 집단에 속한 부부의 자녀수에 대한 평균과 분산

자녀수 x	확률 $f(x)$	$xf(x)$	$(x-1.5)f(x)$	$(x-1.5)^2f(x)$
0명	0.20	0.00	−0.3000	0.4500
1명	0.35	0.35	−0.1750	0.0875
2명	0.27	0.54	0.1350	0.0675
3명	0.12	0.36	0.1800	0.2700
4명	0.05	0.20	0.1250	0.3125
5명	0.01	0.05	0.0350	0.1225
합 계	1.00	μ=1.50	$E(X-\mu)$=0.0	σ^2=1.31

전체 확률의 합은 1을 만족하고

$$\sum_{x=0}^{5} f(x) = 1$$

또한 이 집단에 속하는 부부의 평균 자녀수는 각 자녀의 수 x에 해당 확률값 $f(x)$을 가중한 합으로 1.5명이 된다.

$$\mu = E(X) = \sum_{x=0}^{5} x f(x) = 1.5(\text{명})$$

이때, 평균 1.5명이라는 자녀는 실제 존재하지 않고 이 집단에 속하는 어느 부부를 임의적으로 선정하였을 경우에 이 부부의 기대되는 자녀수가 1.5명이라는 의미한다. 또한 확률변수 X의 분산 σ^2이 1.31이므로

$$\sigma^2 = \sum_{x=0}^{5} (x-1.5)^2 f(x) = 1.31$$

확률변수 X의 표준편차 σ은 1.1446으로써 어느 부부를 임의적으로 선정하였을 경우 평균 1.5로부터 자녀수의 편차가 평균적으로 1.1446이라는 것을 의미한다.

$$\sigma = \sqrt{1.31} = 1.1446$$

예제 6.1 로또 복권에 대해 평균 및 분산(또는 표준편차)을 살펴보기로 하자. 로또 복권은 45개의 숫자에 대한 6개의 숫자조합 중 어느 조합은 중복적으로 판매될 수 있고 또는 어느 조합은 아예 판매되지도 않을 수 있으며, 또한 매회 판매 내용이 서로 다르기 때문에 일관된 기댓값을 계산할 수가 없다. 따라서 45개의 숫자 중에서 6개 숫자를 선택하는 모든 조합 $\binom{45}{6}$에 따라 1장씩 총 8,145,060장이 판매되었다고 가정하자. 그러면 로또는 1장당 1,000원에 판매되므로 총판매액은 8,145,060,000 (= 8,145,060 × 1,000)원이 된다. 로또는 총판매금액에 대해서 다음과 같은 기준으로 당첨금액을 지급한다.

① 총판매액의 50%에 해당하는 금액을 총당첨금액으로 지급한다.

② 총당첨금액 중에서 5등 당첨금액을 제외한 나머지 금액에 대해 다음과 같은 지급비율로 당첨금액을 지급한다.

– 1등 : 60%, 2등 : 10%, 3등 : 10%, 4등 : 20%

총판매액 8,145,060,000원의 50%에 해당하는 당첨금액 4,072,530,000원을 이상의 지급기준으로 각 등수의 1장당 당첨금액을 확률변수 X로 취급하기로 하자. 확률변수 X에 대한 확률 및 평균과 분산은 [표 6.4]에 정리하였다.

[표 6.4] 로또 1장당 당첨금액에 대한 확률, 평균 및 분산(단위 : 원)

등수	판매수	1장당 당첨금액 x	확률 $f(x)$	$x \times f(x)$	$(x-500)^2 f(x)$
1등	1	1,895,178,000	0.0000001228	232.68	441,060,484,499
2등	6	52,643,833	0.0000007366	38.78	2,041,354,687
3등	228	1,385,364	0.0000279924	38.78	53,685,177
4등	11,115	56,835	0.0013646308	77.56	4,330,836
5등	182,780	5,000	0.0224405959	112.20	454,422
등외	7,950,930	0	0.9761659214	0.00	244,041
합계	8,145,060	–	1.0	μ=500	σ^2=443,160,553,663

결과적으로, 만일 1장을 구입하였을 경우 기대되는 당첨금액, 즉 평균 당첨금액은 500원으로, 1장 구매금액 1,000원의 50%에 불과하다. 또한 평균 500원에 대해 당첨금액의 분산은 443,160,553,663원이고 표준편차는 665,703원이다. 따라서 표준편차가 매우 커서 약 97.6%가 당첨금액 0인 등외이고 확률이 거의 0에 가까운 1등의 당첨금액은 매우 많다. 만일 약 81억을 투자하여 모든 가능한 숫자의 조합을 구매하였을 경우 1등을 포함한 당첨금액은 약 40억에 불과하며, 또한 당첨금액의 약 33%가 세금으로 환수된다. ○

비록 확률의 역사는 도박에서 출발하였다고 하지만 학생의 교재에서 사행성을 조장하는 로또 복권에 대한 예가 적절하지 않을 수도 있다. 그러나 본 교재의 확률이나 기댓값에 관한 예제를 통해 1등 당첨을 위해 로또 복권을 구매하는 것은 얼마나 허망한 기대인지를 여러분은 충분히 짐작할 수 있으리라 믿는다. 따라서 만일 1등 당첨으로 인생역전을 기대하기보다는 국민의 복리증진을 위해 '나눔'과 '기부'라는 참된 마음이 우선한다면 당신은 오늘 로또 복권을 구매해도 좋다. 그러나 1등 당첨을 목적으로 로또 복권을 구매하는 것은 행운 이외에 경제적 가치가 거의 없다. 정부가 참된 인생을 위해 건전한 노력을 장려하기보다는 복권 판매로 조성된 재원을 공익사업에 활용하여 국민의 복지를 증진시킨다는 명분으로 도박산업을 장려하는 사회가 과연 정상적인지는 여러분의 판단에 맡긴다.

6.3 이항분포

동전 실험과 마찬가지로 게임에서 승패여부, 시험에서 통과여부, 생산제품의 불량 여부, 또는 임상시험에서 완치여부 등과 같이 실험의 결과가 오직 2가지로만 나타나는 사회적 현상이나 자연적 현상은 무수히 많다. 이와 같이 오직 2가지 결과만 나타나는 확률적 실험을 베르누이 실험(Bernoulli experiment)이라 한다. 이러한 베르누이 실험에서 관심을 갖는 어느 하나를 '성공'이라 하고 나머지를 '실패'라고 하고, 확률변수X에 의해 성공을 1로 나타내고 실패를 0으로 나타내면, 이미 앞에서 고려한 성공의 확률이 p인 다음과 같은 확률함수 $f(x)$를 베르누이 분포(Bernoulli distribution)라 한다.

$$f(x) = p^x (1-p)^{1-x}, \quad x = 0, 1$$

동전의 앞면 H가 나타날 확률이 p이고 뒷면 T가 나타날 확률이 $q(=1-p)$인 베르누이 실험을 독립적으로 3번 반복하여 성공의 횟수를 나타내는 확률변수를 Y라 하면, 성공의 횟수 0, 1, 2, 3에 대한 확률은 [표 6.5]와 같이 정리할 수 있다.

[표 6.5] 성공 횟수에 따른 확률

3번 반복		경우 수	성공 횟수	확률
실험결과	확률	$\binom{3}{y}$	y	$f(y)$
T,T,T	p^0q^3	$1=\binom{3}{0}$	0	$f(0)=\binom{3}{0}p^0q^3$
H,T,T T,H,T T,T,H	p^1q^2	$3=\binom{3}{1}$	1	$f(1)=\binom{3}{1}p^1q^2$
H,H,T H,T,H T,H,H	p^2q^1	$3=\binom{3}{2}$	2	$f(2)=\binom{3}{2}p^2q^1$
H,H,H	p^3q^0	$1=\binom{3}{3}$	3	$f(3)=\binom{3}{3}p^3q^0$

이와 같은 확률의 규칙에 따라 다음과 같은 확률변수 Y에 대한 확률함수 $f(y)$을 유도할 수 있다.

$$f(y) = \binom{3}{y} p^y (1-p)^{y-3}, \quad y = 0, 1, 2, 3.$$

이와 같은 성공의 횟수에 대한 확률변수 및 확률함수를 일반화하기 위해 성공의 확률이 p이고 실패의 확률이 $(1-p)$인 베르누이 실험을 서로 독립적으로 n번을 시행하여 i번째 확률변수 X_i을 다음과 같이 정의하자.

$$X_i = \begin{cases} 1, & \text{만일 } i\text{번째 실험에서 성공인 경우,} \\ 0, & \text{만일 } i\text{번째 실험에서 실패인 경우.} \end{cases}$$

그러면 n번 실험에서 성공의 횟수를 나타내는 확률변수 Y는 다음과 같이 정의하고

$$Y = X_1 + X_2 + \cdots + X_n$$

확률변수 Y의 전체집합 Ω은 다음과 같이 이산형태로 구성된다.

$$\Omega = \{y : 0, 1, 2, \cdots, n\}.$$

따라서 n번의 서로 독립적인 베르누이 시행에서 y번 성공을 하고 $(n-y)$번 실패한 결과의 확률은 다음과 같이 표현할 수 있으며

$$p^y (1-p)^{n-y}$$

또한 n번의 시행에서 y번 성공하는 경우의 수는 다음과 같으므로

$$\binom{n}{y} = \frac{n!}{y!\,(n-y)!}$$

성공의 확률이 p인 베르누이 실험을 n번 반복하여 y번 성공할 확률은 다음과 같은 확률함수 $f(y)$로 나타낼 수 있다.

$$f(y) = \binom{n}{y} p^y (1-p)^{n-y}, \quad y = 0, 1, 2, \cdots, n.$$

이와 같이 성공의 확률이 p인 베르누이 실험을 n번 반복하여 성공의 횟수를 나타내는 확률변수 Y에 대한 확률함수 $f(y)$을 이항분포(binomial distribution)라 하고 이를 $B(n,p)$로 표현한다. 특히 베르누이분포는 $B(1,p)$이다. 이때, 수학적 사실에 의해 이항분포를 따르는 확률변수 Y에 대한 평균과 분산은 각각 다음과 같이 주어진다.

$$\mu_Y = E(Y) = np,$$

$$\sigma_Y^2 = E[(Y - \mu_Y)^2] = np(1-p).$$

예제 6.2 한국시리즈에 참가하는 어느 프로야구팀이 있다. 그동안 상대방 팀과의 승리확률 p가 0.52라 하자. 만일 향후 7번 시합에서 승리한 횟수를 확률변수 Y라고 하면, 확률변수 Y에 대한 확률함수 $f(y)$은 다음과 같이 주어진다.

$$f(y) = \binom{7}{y} 0.52^y (1-0.52)^{7-y}, \quad y = 0, 1, 2, \cdots, 7 .$$

한국시리즈 7번 시합에서 이 팀의 기대되는 승리 횟수, 즉 확률변수 Y의 평균 μ은 3.64으로써 우승할 가능성이 다소 높다. 이때, 평균 3.64에 대한 분산 σ^2은 1.7472이다. 또한 이항분포의 평균과 분산에 대한 공식을 이용하여 간단하게 계산할 수도 있다.

$$\mu = np = 7 \times 0.52 = 3.64,$$

$$\sigma^2 = np(1-p) = 7 \times 0.52 \times (1-0.52) = 1.7472.$$

이와 같은 확률함수 $f(y)$로부터 확률변수 Y에 대한 확률, 누적확률, 기댓값 및 분산을 다음 [표 6.6]로 정리하였다.

[표 6.6] 승리의 횟수에 대한 확률, 누적확률, 기댓값 및 분산

승리횟수 y	확 률 $f(y)$	누적확률	$y \times f(y)$	$(y-3.64)^2 \times f(y)$
0	0.0059	0.0059	0.0000	0.0778
1	0.0445	0.0504	0.0445	0.3103
2	0.1447	0.1951	0.2894	0.3892
3	0.2612	0.4563	0.7837	0.1070
4	0.2830	0.7393	1.1320	0.0367
5	0.1840	0.9233	0.9198	0.3402
6	0.0664	0.9897	0.3986	0.3700
7	0.0103	1.0000	0.0720	0.1161
합 계	1.0000		μ=3.6400	σ^2=1.7472

각 승리횟수에 대한 확률의 합이 1을 만족한다는 것을 전체 누적확률이 1이라는

사실에 의해서도 확인할 수 있다. ○

6.4 정규분포

확률적 실험에서 관측값은 알려지지 않은 실제값과 오차를 수반하기 마련이다. 우리나라 자동차 표시연비제도의 연비(km/L)는 연료 1리터로 주행할 수 있는 거리(km)로써 자동차의 에너지소비효율을 나타낸다. 새로 생산된 자동차의 가솔린 1 L 당 주행거리를 측정하는 실험을 고려하자. 정확한 실험을 위해 동일 자동차를 실험에 이용한다고 하더라도 자동차 이외에도 주행거리에 영향을 주는 요인은 다양하기 때문에 실험을 반복하는 경우 동일한 관측값으로 나타나지 않고 실제값과 오차가 발생한다. 에너지관리공단에서는 자동차 주행거리에 영향을 미치는 요인을 다음과 같이 설명하고 있다.

① 주행여건, 주행거리, 교통여건, 온도, 기상여건 등 많은 요소가 연비에 영향을 미치며, 특히 운전자의 주행습관에 따라 많은 차이가 발생한다. 급가속, 제동, 고속주행, 에어컨의 과도한 사용, 불필요한 화물의 적재, 과도한 전기장치의 사용 및 사륜구동 주행 등은 모두 연비를 저해하는 요소이다.
② 타이어 공기압 등 자동차의 정비상태에 의하여 연비의 차이가 발생한다.
③ 연료의 품질 및 자동차 제작 상태에 따라서도 약간의 차이가 발생할 수 있다.

자동차 종류 이외에 주행거리에 영향을 주는 요인이 많으면 관측값은 실제값과 오차가 커져서 분산이 증가하게 된다. 따라서 운전자, 도로, 속도 등 실험자의 의도에 따라 조정할 수 있는 요인에 대해서는 모두 동일한 조건으로 실험을 실시한다면 관측오차를 줄일 수도 있다.

에너지관리공단에서는 가급적 동일한 조건을 유지하기 위해 외부조건(항온, 항습 등)을 동일하게 설정한 다음, 도심지역이나 고속도로의 주행 특성을 시뮬레이션으로 작성된 모의주행 모드 상태에서 차량을 실제 주행하여 자동차에서 배출된 탄소성분(연료소모량)을 분석장치를 통해 정밀하게 측정하여 연비를 측정한다고 한다. 그럼에도 불구하고 많은 운전자는 표시연비와 체감연비가 다르다고 느끼고 있어 실험의 관측오차는 여전히 존재하는 것으로 판단된다.

[그림 6.7] 에너지소비효율 및 등급표시

19세기에 가장 위대한 수학자 중의 한 사람인 가우스(Carl Friedrich Gauss, 1777~1855)는 확률적 특성을 갖는 실험에서 반복적인 관측에 따른 오차의 정도는 대체적으로 평균값 근방에서 발생한다는 점에 착안하여 정규분포를 발견하였다. 당시에는 가우스분포 또는 오차분포라고도 하였으나, 이후 많은 자연적 현상이나 사회적 현상을 설명하는 대표적인 분포이어서 정규분포(normal distribution)라고 하였다. 이와 같은 가우스의 정규분포 발견은 역사상 위대한 수학의 업적 중 하나여서 독일에서는 유로화로 화폐를 통합하기 이전에 10마르크 지폐의 화폐인물로 가우스를 선정하였다.

[그림 6.8] 독일 10마르크 지폐

화폐에서도 작게 표시되어 있는 정규분포의 확률함수 $f(x)$는 다음과 같으며

$$f(x) = \frac{1}{\sqrt{2\pi}\,\sigma} exp\left(-\frac{(x-\mu)^2}{2\sigma^2}\right), \quad -\infty \le x \le \infty .$$

정규분포를 따르는 확률변수 X의 평균과 분산은 각각 μ와 σ^2이다.

$$E(X) = \mu, \quad Var(X) = \sigma^2.$$

정규분포의 확률밀도함수 $f(x)$는 평균 μ를 중심으로 좌우가 대칭이며, 정규분포는 평균 μ와 분산 σ^2에 의해서 분포의 형태가 결정되므로 평균이 μ이고 분산이 σ^2인 정규분포를 $N(\mu, \sigma^2)$으로 표현한다.

[그림 6.9]는 평균과 분산이 다른 정규분포의 형태를 비교하였다. 예를 들어,

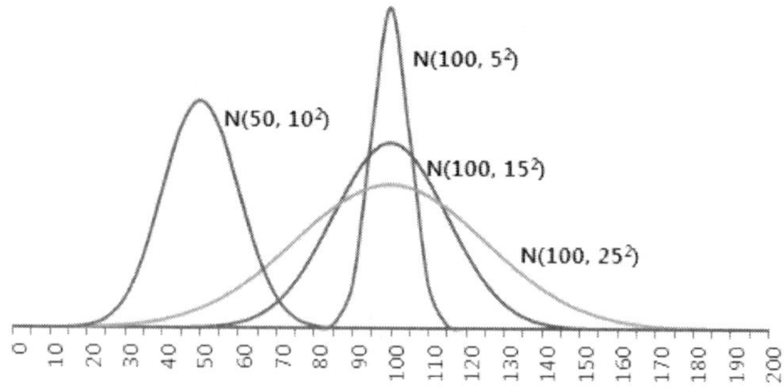

[그림 6.9] 평균 μ와 분산 σ^2에 따른 정규분포 형태

$N(100,5^2)$과 $N(100,25^2)$은 평균이 100으로 동일하지만 분산이 5^2인 경우에는 평균 100 근방에 집중되어 있고 분산이 25^2인 경우에는 평균 100을 중심으로 넓게 퍼져 있다. 또한 $N(100,5^2)$과 $N(50,10^2)$은 평균과 분산이 서로 다른 분포의 형태이다.

많은 자연적 현상이나 사회적 현상들에 대한 확률적 특성을 정규분포를 이용하여 설명하지만, 가장 큰 단점은 정규분포의 확률함수가 적분이 가능한 함수형태가 아니어서 몬테카를로(Monte Carlo) 시뮬레이션과 같은 수치적 적분(numerical integration)을 이용하여야 한다는 것이다. 가우스는 당시에 평균 μ로부터 다양한 표준편차 σ의 범위($\pm 1\sigma$, $\pm 2\sigma$, $\pm 3\sigma$)에 대한 확률을 반복적 확률실험 방법을 통해서 유도하였다. 즉, 평균 μ로부터 실험의 관측오차가 $\pm 1\sigma$ 범위 내에 존재할 확률은 약 68.26%이고, $\pm 2\sigma$ 범위 내에 존재할 확률은 약 95.44%이다. 또한 $\pm 3\sigma$ 범위 내에 존재할 확률은 약 99.74%이다.

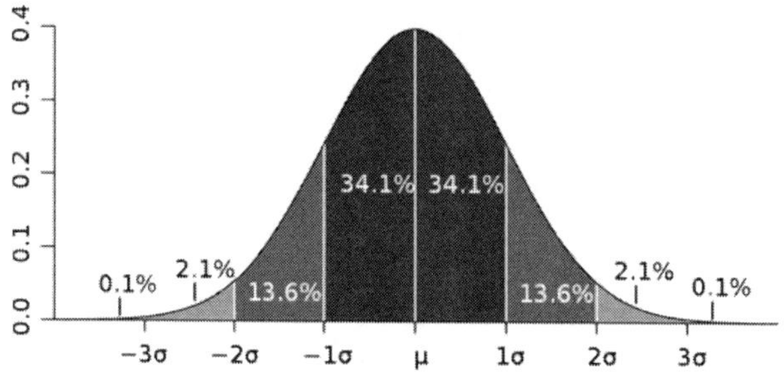

[그림 6.10] 가우스가 계산한 σ의 범위($\pm 1\sigma$, $\pm 2\sigma$, $\pm 3\sigma$)에 따른 확률

6.4.1 표준정규분포

정규분포는 평균 μ와 분산 σ^2에 따라 다양한 형태가 존재한다. 또한 정규분포는 적분이 가능한 함수형태가 아니므로 다양한 평균 μ와 분산 σ^2에 따른 가우스의 확률을 제시한다는 것은 사실상 어렵다. 그러나 평균 μ와 분산 σ^2에 따라 서로 다른 다양한 형태의 정규분포를 하나의 표준화된 정규분포, 즉 표준정규분포(standard normal distribution)로 변환할 수 있다.

만일 평균이 μ이고 분산이 σ^2인 정규분포 $N(\mu, \sigma^2)$를 따르는 확률변수 X를 다음과 같은 확률변수 Z로 변환하면, 확률변수 Z는 평균이 0이고 분산이 1인 표준정규분포를 따른다.

$$Z = \frac{X - \mu}{\sigma}$$

즉, 표준정규분포 $N(0,1)$를 따르는 확률변수 Z에 대한 확률함수 $f(z)$은 다음과 같다.

$$f(z) = \frac{1}{\sqrt{2\pi}} exp\left(-\frac{z^2}{2}\right), \quad -\infty \le z \le \infty$$

역시 표준정규분포도 적분이 가능한 함수의 형태가 아니기 때문에 확률변수 Z의 각 구간에 대한 확률을 직접 계산하기는 어렵다. 그러나 보통 통계학 책에 첨부된 표준정규분포표에서는 표준정규분포를 따르는 확률변수 Z에 대한 다음과 같은 확률값 $P(0 \le Z \le z)$이 제시되어 있다.

$$P(0 \le Z \le z) = \int_0^z \frac{1}{\sqrt{2\pi}} exp\left(-\frac{z^2}{2}\right) dz$$

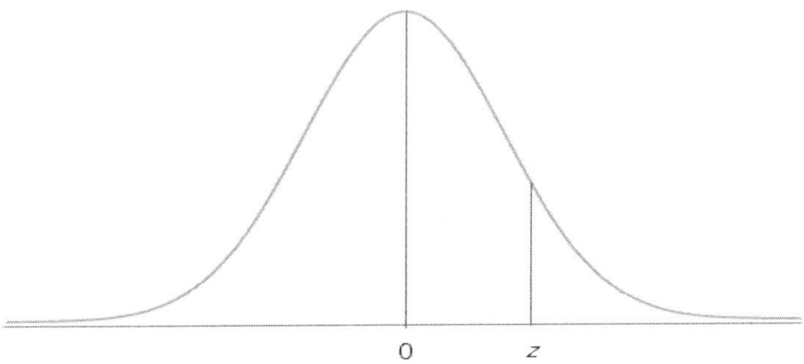

[그림 6.11] 표준정규분포 확률 $P(0 \le Z \le z)$

표준정규분포표를 이용하여 $P(0 \le Z \le z)$을 만족하는 확률을 계산할 수 있지만, 본래 우리는 표준정규분포가 아니라 정규분포에 관한 확률에 대해 관심을 갖고 있다. 확률변수 X가 평균이 μ이고 분산이 σ^2인 정규분포 $N(\mu, \sigma^2)$을 따르는 경우, 어느 상수 c에 대해 다음과 같은 확률을 고려하자.

$$P(X \le c)$$

정규분포 $N(\mu, \sigma^2)$을 따르는 확률변수 X는 표준정규분포를 따르는 확률변수 Z로 변환할 수 있으므로 윗 식은 다음과 같이 변환할 수 있다.

$$\begin{aligned} P(X \le c) &= P\left(\frac{X-\mu}{\sigma} \le \frac{c-\mu}{\sigma}\right) \\ &= P\left(Z \le \frac{c-\mu}{\sigma}\right) \end{aligned}$$

이 식에서 평균 μ와 분산 σ^2은 이미 알려진 값이고, 또한 상수 c도 알려져 있기 때문에 다음과 같은 z의 값을 계산할 수 있으며,

$$z = \frac{c-\mu}{\sigma}$$

주어진 z에 대해 표준정규분포표로부터 구한 확률 $P(Z \le z)$은 정규분포를 따르는 확률변수 X에 대한 확률 $P(X \le c)$와 동일하다.

예제 6.3 정규분포를 활용한 예제로 대학수학능력시험을 고려하기로 하자. 대학수학능력시험에서는 각 영역별 성적(원점수)은 정규분포를 따른다고 가정한다. 원점수는 정답을 맞춘 문항에 부여된 배점을 합산한 점수로써 국어, 수학, 영어영역의 경우 각각 만점이 100점이고, 사회탐구, 과학탐구영역의 경우 과목당 만점은 50점이다.

[표 6.7] 인문계 수능성적표(예시)

구분	국어	수학	영어	사회탐구		제2외국어/
	A형	B형	B형	한국사	한국지리	한문
표준점수	113	118	128	64	60	58
백분위	74	93	95	97	80	78
등 급	4	2	1	1	3	3

영역이나 선택과목별로 출제 난이도가 서로 다를 수 있기 때문에 절대평가 기준인

원점수로 성적의 우열을 비교하기는 곤란하다. 만일 과목별 난이도가 차이가 있는 경우에는 다음과 같은 표준화점수가 난이도를 조정한 상대적인 점수가 된다.

$$\text{표준화점수} = \frac{\text{원점수} - \text{평균}}{\text{표준편차}}.$$

수능에서 영역별 원점수와 가중치를 이용한 다음과 같은 표준점수를 사용한다.

$$(\text{국어, 수학, 영어})\text{표준점수} = 100 + 20 \times \frac{\text{원점수} - \text{평균}}{\text{표준편차}},$$

$$(\text{탐구영역})\text{표준점수} = 50 + 10 \times \frac{\text{원점수} - \text{평균}}{\text{표준편차}}.$$

예를 들어, 어느 해 수능시험에서 국어영역은 비교적 쉽게 출제하여 원점수는 평균이 85점이고 표준편차가 19인 정규분포를 따르고, 반면 수학영역은 어렵게 출제되어 원점수는 평균이 75점이고 표준편차가 23인 정규분포를 따른다고 하자. 만일 A학생이 국어영역에서는 98점을 받고 수학영역에서는 96점을 받았다고 하면, 국어영역 성적이 수학영역의 성적에 비해 우수하다고 판단할 수 있다. 그러나 시험의 난이도를 반영하여 산출한 표준화점수로 환산하면 반대로 국어영역에 비해 상대적으로 수학영역의 점수가 우수한 것으로 나타난다. [표 6.8]에서는 절대적 평가기준인 원점수와는 달리 상대적 평가기준인 표준화점수 또는 수능표준점수에 대한 내용을 정리하였다.

[표 6.8] A학생 수능 표준점수

	평균	표준편차	원점수	표준화 점수	수능 표준점수
국어영역	85	19	98	0.684211	113.6842
수학영역	75	23	96	0.913043	118.2609

백분위 점수는 계열별 전체 응시자 중 해당 학생의 원점수보다 낮게 점수를 받은 학생의 비율을 나타내주는 점수이다. 예를 들어, 어느 학생의 백분위 점수가 95점이었다면, 이 학생은 상위 5% 내에 해당하고 이 학생보다 낮은 점수의 비율은 95%라는 의미이다.

참고문헌

1. 배종성, 조완현, 손영숙, 박정수, 백장선, 나명환, 박은식, 김민수 (2010), SPSS를 이용한 통계학, 경문사.

2. 백장선, 손영숙 공역 (2006), Hogg and Tanis의 수리통계학(제7판), 자유아카데미.

제 7 장

표본조사

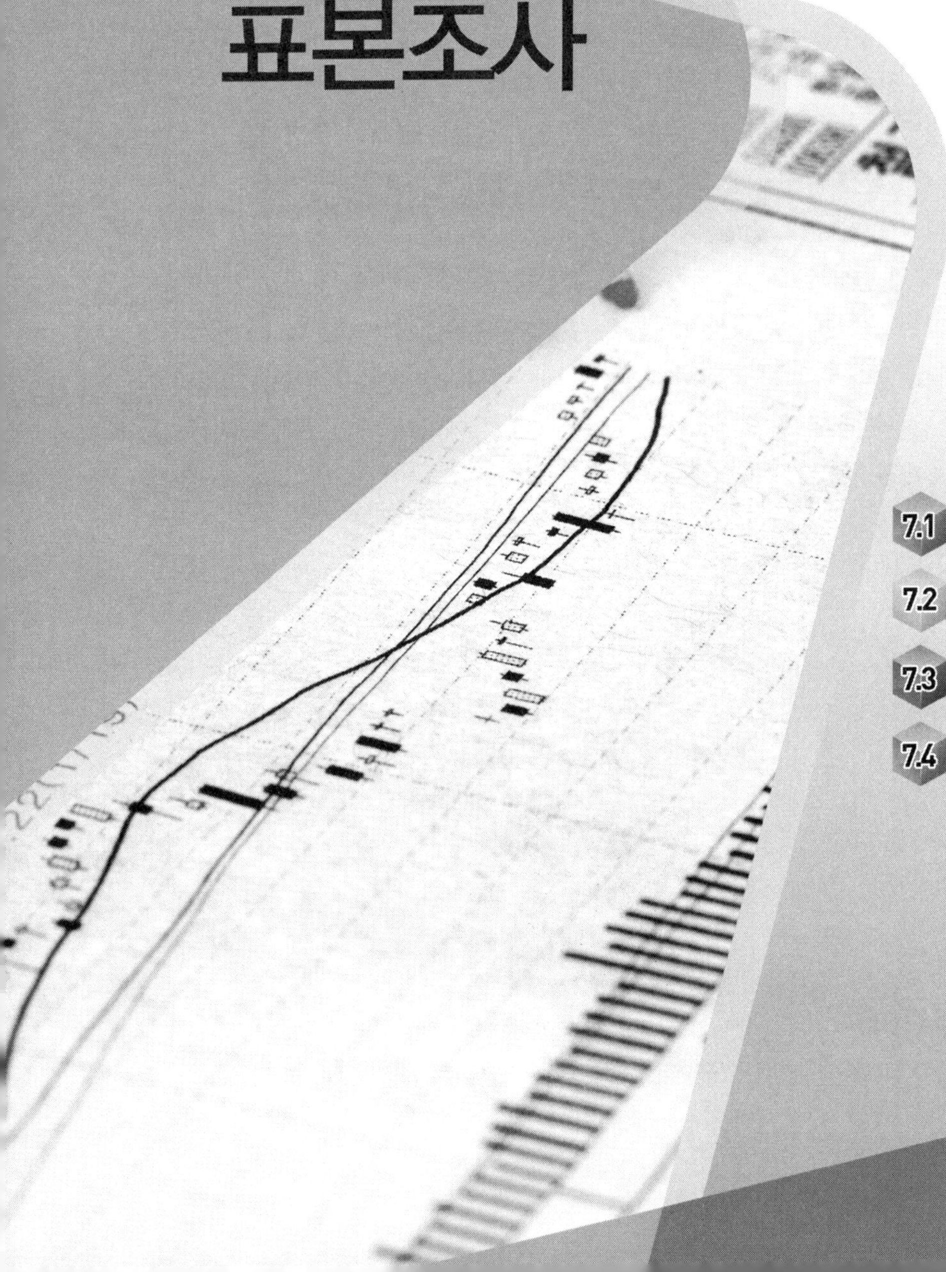

7.1 표본조사의 개요

어느 대학교의 학생수가 25,000명이라 하자. 만약 여러분이 어느 대학교 전체 학생들의 평균 키(μ)를 조사하라는 과제를 받았다면 다음과 같은 문제에 먼저 직면할 것이다. 25,000명 전수를 조사할 것인가 아니면 적당한 수를 조사할 것인가?

이때 조사대상 25,000명을 모집단이라 하고 여기서 뽑힌 일부 학생을 표본이라 한다. 표본이 100명이라면 $n = 100$을 표본의 크기(sample size)라 한다. 하지만 학교에 안 오는 학생, 조사에 응하지 않는 학생, 소요되는 시간과 경비 등의 이유로 인해 전수조사(census)한다는 것은 현실적으로 불가능하여 표본조사(sample survey)를 할 수밖에 없다. 그러면 몇 명을 어떻게 조사할 지가 중요한 문제가 된다. 답은 뒤로 미루고 $n = 100$명을 조사하여 평균 키가 168.5 cm로 계산되었다면 어느 대학교 전체 학생의 평균 키는 168.5 cm라고 보고해야 할까? 이것은 맞을까 틀릴까? 정답은 '맞을 수도 있고 틀릴 수도 있다' 이다. 표본이 모집단을 잘 대표한다면 표본평균은 모평균에 가까워질 것이고 아닌 경우라면 표본평균과 모평균의 차는 커질 것이다.

표본이 모집단의 대표성을 만족할수록 표본평균은 모평균에 더 근접할 것이다.

표본조사는 모집단의 일부를 조사하는 것이고, 전수조사는 모집단 전체를 조사하는 것이다. 통계청에서 끝자리가 0 혹은 5로 끝나는 해(예: 2010년, 2015년)에 실시하는 인구주택 총조사가 전수조사의 대표적인 예이다. 인구주택총조사는 우리나라에 3개월 이상 거주하고 있는 모든 사람의 성별, 나이, 교육정도, 주거의 종

[그림 7.1] 2010 인구주택총조사 포스터(출처:통계청 인구조사과)

류 등 19개 항목을 조사하여 중앙정부의 복지정책, 주택정책 등에 활용된다.

조사비용, 시간, 노력 등을 고려할 때 표본조사가 전수조사보다 더 바람직한 경우가 많다. 전수조사에 비해 표본조사가 가지는 장점을 알아보자.

첫째, 조사대상이 적어지게 되기 때문에 조사관리, 자료분석 등의 면에서 비용이 절감된다. 둘째, 국회의원 선거나 대통령 선거에서 특정 정당 후보의 지지율 조사와 같이 대부분의 조사는 조사 기간이 정해져 있으므로 이런 경우 신속한 조사는 필수적이다. 셋째, 더 많은 항목을 조사할 수 있다. 일반적으로 표본의 크기가 클수록 더 정확한 조사를 할 수 있다고 한다. 그러나 표본의 크기가 커지면 비표본오차가 증가하여 조사가 부실해질 수도 있다. 넷째, 제품수명검사, 파괴검사, 에이즈환자검사 등은 표본조사로만 할 수 있기 때문에 전수조사는 현실적으로 불가능하다.

이렇게 표본조사가 많은 장점을 갖고 있지만 그렇다고 모든 경우에 좋다는 것은 아니다. 표본조사는 일부분이 전체를 대표하기 때문에 표본이 모집단을 잘 대표할 수 있어야 한다는 전제 조건이 있어야 한다. 전수조사나 표본조사는 모두 장점과 단점이 있지만 적당한 보완 장치가 있는 경우에는 표본조사가 더 유용하다.

7.2 표본조사의 단계

표본조사를 할 때 모집단을 잘 대표 할 수 있는 방법으로 표본을 추출해야 한다. 그 방법을 이론적으로 연구하는 통계학 분야가 표본조사론이다. 표본조사론이란 조사

[그림 7.2] 표본추출은 어떻게 할까?

연구의 환경에 따라 어떤 조사방법으로 조사해서 최소의 노력과 비용으로 최대의 정보를 얻을까를 취급하는 통계학의 한 분야이다. 대략 요약하면 다음과 같다.

7.2.1 표본조사의 계획수립

목적이 정해지면 비용과 시간 등을 고려하여 방법을 결정해 계획을 수립한다. 이를 위해 관련정보를 수집한다. 표본조사 과정에 예상치 못한 오류가 발생할 수 있으므로 모든 경우를 신중하게 고려하여 계획을 수립해야 한다. 다음과 같은 실제 예를 보자.

필명이 Student인 고셋(W. S. Gosset: 1876~1937)은 t분포를 유도한 통계학에서 소표본 이론의 선구자였다. 그는 1930년 저온 살균한 파스퇴르(pasteurized) 우유와 일반우유의 효능을 검사하기 위해 영국 중부지방에서 10,000명의 학생에게는 우유를 주지 않고, 각각 5,000명의 학생에게는 일반우유와 파스퇴르 우유를 매일 약 430 mL씩 마시게 한 후 우유의 효능을 비교하는 대규모 조사를 실시하였다. 어떤 우유를 어느 학생에게 줄 것인가는 학생을 랜덤하게 배정하기 위해 제비뽑기나 알파벳순으로 택하였다. 또한 영양이 과도하게 좋거나 불량한 학생은 제외시켜 달라고 학교 당국에 부탁했다. 그러나 조사결과는 우유를 마시지 않은 그룹이 마신 그룹보다 몸무게와 키가 앞섰다. 이유는 학교를 랜덤하게 선택하지 않았고 결정적인 오류는 담임교사가 급식과정에서 학생을 바꾸어 버렸기 때문이었다. 처음에 영양상태가 좋은 학생이 우유를 급식 받게 배치되어 있었는데 교사가 조사 도중에 임의로 우유급식에 배치되지 않은 영양 상태가 좋지 못한 학생과 바꾼 것이었다. 또 담임교사가 영양상태가 나쁜 학생에게 파스퇴르 우유를 더 배식하였다. 이는 교사의 학생에 대한 사랑을 미처 생각하지 못한 결과였다. 후에 고셋은 유전적인 차이를 통제하기 위해 "쌍둥이 50쌍만 잘 조사했어도 더 좋은 결과를 얻을 수 있었을 것" 이라고 했다. 즉 표본조사는 예측하지 못한 변수에 의해 비표본오차가 발생할 수 있으므로 첫 단계부터 신중하게 계획을 세워야 한다.

7.2.2 표본추출틀 작성

표본조사는 모집단이 명확히 정의되어야 한다. 조사의 목적에 일치하는 모집단을 **목표모집단**(target population)이라 하고 표본추출틀을 생각하여 현실적으로 정의된 모집단을 **조사모집단**(survey population)이라 한다. 예를 들어, 광주광역시에 거주하는 전문직업인의 의식구조를 조사한다면 목표모집단은 광주광역시 거주 전문직업인이다. 전문인 단체의 주소를 이용해서 조사를 한다고 하면 전문인단체의 주소록이 조사모집단이 된다.

목표모집단이 정의된 후 조사 가능한 **표본추출틀**(sampling frame)을 작성한다. 예를 들면 어느 대학 통계학과 학생 중에서 50명을 추출하는 경우 통계학과 재학생들의 명부를 이용한다면 통계학과 재학생 명부가 표본추출틀이 된다. 표본추출틀이 있어야 필요한 수의 표본을 무작위로 추출할 수 있다. 대규모 여론조사에서는 유권자명부 혹은 전화번호부가 표본추출틀이 될 수 있고 특정 정당의 당원들에 대한 여론조사는 정당명부가 표본추출틀이 된다. 전화번호부를 표본추출틀로 사용하는 경우 전화번호부는 표본추출틀이지 모집단이 아니다. 따라서 표본추출틀과 모집단이 반드시 일치하지는 않는다. 표본조사 시 표본추출틀이 모집단을 잘 대표해야 정확한 조사를 할 수 있지만 현실적으로는 표본추출틀을 작성하기가 힘들거나 불가능한 경우가 있다.

7.2.3 표본의 크기 결정

일반적으로 확률표본인 경우 대표본이 소표본보다 더 높은 정확도를 갖지만 표본의 크기는 비용과 시간에 비례해서 늘어나므로 적절한 표본의 크기를 선택해야 한다. 표본크기는 신뢰계수, 표준편차, 허용오차에 기반하여 결정한다.

30여 년 전 어느 대학교수가 고등학생의 체력을 위해 약 1만 6천 명의 체력 검사 항목을 조사하려고 했다. 조사방법으로 학과 학생들에게 방학 때 고향에 가서 1인당 100여 명 학생의 100 m 달리기, 턱걸이, 팔굽혀펴기 등 일곱 가지 체력을 검사해오라고 했다.

결론적으로 연구자는 많은 돈과 시간을 들여 자료를 분석했으나 결과가 상식과 완전히 상반되어 쓸모가 없었다. 나중에 그 이유를 알고 봤더니 고향에 간 학생들은 교수님이 시키는 일이라 안 할 수는 없어서 처음 4~5명은 잘 조사했으나 나머지는 조사할 대상 학생도 별로 없고 조사에 응해 주지도 않고 또 귀찮아서 나머지는 집에서 상상으로 작성했다. 거의 대부분의 자료는 엉터리 자료인 것이다.

정확한 조사가 문제이지 표본의 수를 늘린다고 해서 더 정확한 조사를 한다고는 할 수 없다. 표본 크기의 결정은 신뢰계수, 표준편차, 허용오차로 한다.

7.2.4 표본추출

모집단에서 표본을 추출하는 방법을 표본추출법이라 한다. 통계학에서 제시하는 표본추출법은 확률표집과 비확률표집이 있고 표본추출의 기본원리는 **무작위추출**(random sampling)이다. 무작위추출이란 모집단 내의 모든 개체가 선택될 확률이 동일하도록 만들어 주는 방법이기 때문에 표본추출시 무작위추출은 필수적이다. 통계학에서는 일정한 규칙이 없이 배열된 **난수**(random number)를 이용하여 무작위추출한다.

7.2.5 표본조사실행

실제조사의 자료 수집방법으로 개별면접, 전화조사, 우편조사, 직접관찰 등이 있다.

개별면접은 교육받은 조사자가 조사대상원과 직접 만나 조사한다. 이 방법의 장점은 무응답이 적은 반면 비용과 시간이 많이 소요된다. 전화조사는 준비된 표본추출틀에서 전화번호를 무작위추출한 후 전화해서 조사하는 방법으로 여론조사에 자주 사용된다. 일반적으로 응답자가 오랜 통화나 복잡한 질문은 싫어하는 경향이 있어 간단하고 적은 수의 질문이 적당하기 때문에 조사비용이 적게 든다는 것이 장점이다. 우편조사와 전화조사는 조사비용이 적게 들고 넓은 지역 조사가 용이하지만 응답률이 30% 이하로 매우 저조하고 대리자가 응답할 수 있다는 단점이 있다.

직접관찰이란 대로변에서 조사하는 교통량조사나 생산지의 농축산물 조사와 같이 교육받은 조사자가 현장에 가서 집계하는 방법으로 시간과 비용의 제한이 따른다.

대규모조사는 실제조사 전에 미리 40~50명 정도의 사전조사가 필요하다. 사전조사를 하면 조사상의 문제점을 발견하게 된다. 예를 들면 긴 설문 시간, 조사자의 질문방법이나 태도, 거짓답변의 대처 방법, 문항 단어의 정확성과 명료성, 응답자가 특정 문항에 거부감을 느꼈는지 등을 사전조사를 통해 어느 정도 파악할 수 있다. 이를 토대로 설문문항과 조사방법 등을 개선할 수 있다.

수집된 자료는 분석에 앞서 조사나 표기과정에서 잘못된 자료가 있다면 이를 교정해야 한다. 자료의 값이 특별히 크거나 작다고 생각되는 자료를 특이값 혹은 이상치라 한다. 특이값이라 판정된 자료는 조사과정의 어느 부분에서 왜, 어떻게 생성된 값인가를 잘 검토해 보아야 한다.

7.3 확률표본추출법과 비확률표본추출법

표본추출법은 표본추출틀 내의 개체가 뽑힐 확률이 알려진 확률표본추출법과 각 개체가 뽑힐 확률이 알려지지 않은 비확률표본추출법으로 나눌 수 있다. 확률표집에는 단순임의추출법, 계통추출법, 층화추출법, 집락추출법 등이 사용되고 비확률추출법으로는 길거리 조사법, 유의추출법, 눈덩이추출법, 할당추출법 등이 있다. 이를 그림으로 나타내면 [그림 7.3]과 같다.

7.3.1 확률표본추출법

모집단 내의 각 개체가 뽑힐 확률을 알고 있는 경우의 추출법으로 다음과 같은 방법이 있다.

(1) 단순임의추출법

단순임의추출법 혹은 **단순무작위추출법**(simple random sampling)은 다른 확률추출법의 가장 기초가 되는 방법이다. 이 방법은 모집단 내 N개의 개체에 1, 2, …, N까지의 번호를 부여하여 표본추출틀을 구성한다. 다음으로 표본추출틀에서 n개 번호를 무작위로 뽑는 방법이다. 즉 n개 표본이 뽑힐 확률이 모두 동일하게 되도록 하는 방법이다. 이때 무작위로 뽑는 방법은 난수표(table of random number)를 이용하든가, 컴퓨터를 이용하여 난수(random number)를 만들어 사용할 수 있다. 둥근 원판에 넓이가 동일하도록 n개로 나누고 각 나눈 부분에 1, 2,

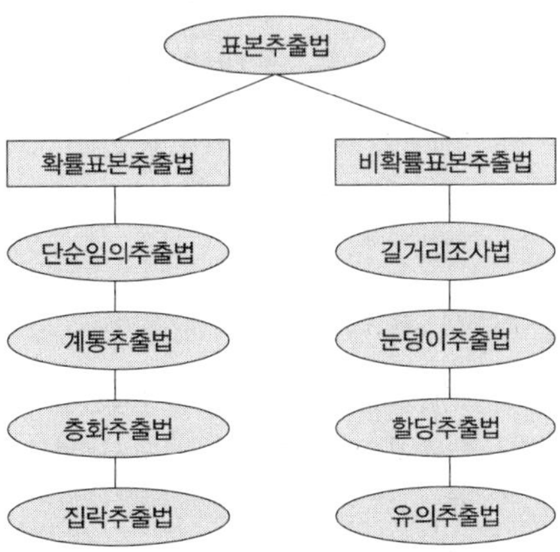

[그림 7.3] 표본추출법

…, n의 일련번호를 부여한 후 화살을 쏘아 번호를 추출하는 방법이나, 로또 복권 추첨과 같이 n개의 탁구공에 일련번호를 부여한 다음 잘 섞은 후 뽑는 방법 등이 단순임의추출법의 예이다.

단순임의추출법은 추출된 표본이 모집단을 잘 대표하는 방법이기는 하지만 표본추출틀의 작성이 실제로 어려운 경우, 추출단위가 넓은 지역에 퍼져 있는 경우는 비용이 많이 들어 현실적으로 사용하기가 불가능하다. 예를 들어 어느 도시의 40만 가구 중에서 1,000가구를 단순임의추출법으로 추출할 경우 표본추출틀 작성은 현실적으로 어렵고 40만 가구에 번호를 부여하기도 사실상 곤란하다.

(2) 계통추출법

계통추출법(systematic random sampling)은 표본추출틀에서 일정한 간격으로 표본을 뽑는 방법이다. 예를 들면 전교생이 500명인 초등학교에서 50명을 계통추출하는 경우를 생각해 보자. 먼저 500명에게 1에서 500의 번호를 부여한 다음, 10명씩 50등분한, 50개의 그룹으로 나눈 후 50개 그룹에서 각 1명씩 50명을 뽑는 방법이다. 첫째로 1부터 10 사이의 난수 하나를 추출한다. 뽑힌 난수가 3이라면 3에다 간격 10씩 더한 번호, 즉 3, 13, 23, 33, 43, …, 493번을 뽑는 것이다.

계통추출법은 사용이 편리하지만 집단이 주기성을 갖는 경우는 곤란하다. 예를 들어 슈퍼마켓의 판매량을 매주 토요일마다 조사한다면 정확하지 않다. 토요일은 판매량이 많기 때문에 판매량 추정치가 과다히 계산될 것이기 때문이다. 따라서 표본추출틀의 주기성 유무 조사가 선행되어야 한다. 농산물 생산량 추정 시 이 방법을 사용한다. 예를 들어 올해 콩 생산량을 미리 추정하고자 한다면 이미 가로와 세로로 적당한 크기 구역으로 분할된 농지로 가서 지역 내의 몇 개 구역을 추출해서 뽑힌 구역은 전수조사한 다음, 조사된 생산량에 구역수를 곱하면 특정지역 콩 생산량을 얻을 수 있다. 조사구역 내에서 토지의 비옥도는 가로, 세로에 따라 다를 수 있으므로 단순무작위추출을 하면 특정 비옥도로 집중될 가능성이 있다. 따라서 이 경우 계통추출하면 가로 세로로 각 구역이 골고루 뽑힐 수 있기 때문에 효과적인 방법이다.

투표장의 출구에서 투표를 끝내고 나온 투표자에게 그 결과를 조사하는 대통령이나 국회의원 선거의 출구조사에서 조사원이 투표장에서 나오는 투표자를 일일이 세면서 매 n번째 투표자의 투표내용을 조사하는 출구조사법도 계통추출법이다.

[그림 7.4] 출구조사 모습

(3) 층화추출법

층화추출법(stratified random sampling)은 모집단을 2개 이상의 동질적인 층(stratum)으로 나누고 각 층에서 단순임의추출법으로 표본을 추출하는 방법을 말한다. 예를 들어 소비지출 성향을 조사할 때 소득계층을 상, 중, 하와 같이 3단계의 계층으로 나누고 각 소득계층에서는 단순무작위추출하는 방식이다.

층화추출법은 표본이 모든 층에 분포되어 있으므로 단순임의추출법에 비해 비교적 정확한 결과를 내고 각 층별로 추정도 가능하다.

(4) 집락추출법

집락추출법(cluster sampling)이란 동일한 조사단위를 묶어서 집락(cluster)을 만들고 그중에서 단순무작위추출로 일부를 뽑아 조사하는 방법이다. 특정 아파트 단지를 조사할 때 모집단은 아파트 단지의 가구이다. 아파트의 동을 집락으로 나누고 동(집락)을 단순무작위추출하여 뽑힌 동에 속하는 가구는 모두 조사하는 방법이다. 집락추출법은 모집단의 목록이 제한되어 비용과 시간을 절감할 수 있다.

만일 뽑힌 동의 라인을 다시 집락으로 사용하는 경우는 동 라인을 몇 개 무작위로 뽑아 다시 이차집락으로 택한 후 같은 라인을 사용하는 모든 주민을 조사하는 이단집락추출법(two-stage cluster sampling)이 사용된다. 집락추출법은 모집단의 목록을 만들기 어려운 경우나 전국규모의 조사일 때 조사지역이 제한되어 비용과 시간을 절감할 수 있다.

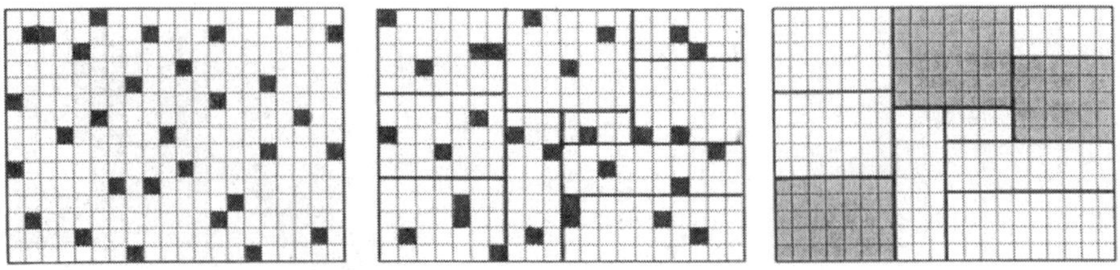

[그림 7.5] 확률표본추출법들의 비교

7.3.2 비확률추출법

비확률추출법은 특정한 모집단의 개체가 뽑히게 될 확률을 연구자가 알지 못하는 경우이다. 비확률추출법은 무작위추출이 아니기 때문에 표본이 모집단을 대표할 수 없다. 따라서 표본자체에 대한 결과로만 해석해야지 전체 모집단으로 확대 해석하기에는 무리가 있다.

비확률추출법으로는 길거리조사법, 눈덩이추출법, 할당추출법, 유의추출법과 같은 방법들이 있다.

(1) 길거리조사법

길거리조사법은 쉽고 편리하게 표본추출하는 방법 중 하나이다. 예를 들어 영국의 주요 정당은 보수당과 노동당이다. 보수당 지지자들은 노동당에 비해 조사에 비협조적이라고 알려져 있다. 1992년 선거예측은 길거리조사로 시행되었는데 조사 결과로는 노동당이 승리할 것으로 조사되었으나 실제로는 보수당이 승리하였다. 이유는 보수당 지지자들은 조사에 비협조적이라는 사실이 간과되었기 때문이었다.

(2) 눈덩이추출법

눈덩이추출법은 조사자가 간편하게 조사하는 방법이다. 처음 조사자가 아는 몇 명에게 조사를 부탁하고 아는 몇 명은 다시 지인에게 부탁하고 해서 기하급수적으로 조사자가 늘어나는 다단계 조사와 같은 방법이다. 예를 들어 어느 도시의 유치원 교사를 조사한다고 할 때 처음 조사자와 친한 몇 명에게 부탁하고 그 친구들은 친구의 친구들에게 부탁하는 방법이다.

(3) 할당추출법

할당추출법이란 모집단을 조사목적에 관련된 특성을 기초로 하여 모집단 내 특성치의 개체수별로 할당하여 조사하는 방법이다. 예를 들면 남학생과 여학생의 비율이 60%와 40%인 모 대학교에서 100명을 추출하고자 할 때 모집단의 비율에 따라 남학생 60명, 여학생 40명을 추출하는 방법이다. 이는 엄밀히 말하면 무작위추출이라고 보기 어렵다.

(4) 유의추출법

유의추출법이란 조사자가 판단하여 표본을 뽑는 것이다. 예를 들면 소비자물가 조사 시 생선을 조사한다고 하자. 생선은 시장 가판대에서 소량 파는 곳이 있는가 하면 큰 마트에서 대규모로 파는 다양한 판매처가 있다. 이 경우 다 조사하는 것이 아니라 큰 마트 몇 군데만 정해서 조사하는 방법이다.

7.4 표본오차와 비표본오차

표본조사의 목적은 표본으로 얻은 자료에 적절한 통계적 방법을 사용해서 연구목적에 적합한 모집단의 특성치를 얻는 것이다. 표본추출과정이나 예상치 못한 이유 등으로 모수와 표본의 추정값 사이에는 오차가 발생할 수 있다. 오차는 크게 표본오차와 비표본오차로 나눈다.

7.4.1 표본오차

표본오차란 표본이 모집단을 잘 대표하지 못해 생기는 오차로 전수조사인 경우는 표본오차가 없다. 따라서 표본의 수가 증가하면 표본오차는 표본의 크기에 비례하여 어느 정도까지는 줄어든다. 그래서 대부분의 통계분석의 경우 허용 표본오차를 정하고 이에 대응하는 표본크기를 결정한다. 그렇다고 표본의 크기는 모집단의 크기에 항상 비례하지 아니한다. 2012년도 대선 유권자수는 약 4,000만 명이었다. 2012년도 대선 유권자 선호도 조사 시 한국갤럽을 포함해 각종 신문사나 방송국의 조사에서는 대략 1,100~1,600명 정도를 조사하였다. 우리나라보다 30배 정도 많은 인구 15억인 중국의 조사에서 같은 표본오차로 조사할 경우도 1,100~1,200명 정도 조사하면 된다. 통계학 이론에 의하면 모집단의 크기가 표본크기에 비하여 충분히 큰 경우 동일한 정밀도를 갖기 위한 표본의 크기는 모집단의 크기에 의존하지 않는다.

7.4.2 비표본오차

자료의 수집이나 처리과정에서 발생하는 오차를 비표본오차라 한다. 일반적으로 비표본오차는 표본조사보다 전수조사일 때 더 크다. 비표본오차의 예를 들어보자. 모 대학교수가 프로운동선수의 의식구조를 조사하기 위해 감독과 기타 아는 사람들에게 부탁하여 어렵게 프로운동선수 전부에게 설문조사를 하였다. 하지만 결과는 상식과 완전히 다르게 나왔다. 그 이유는 운동선수들이 설문조사하는 것이 귀찮아서 선배는 후배 선수에게 시켰고 후배 선수는 아무렇게나 답을 해서 이상한 결과가 나온 것이었다. 이와 같이 비표본오차는 생각하지도 못한 곳에서 나올 수 있고 그 결과로 결론이 다르게 나올 수 있으므로 조사설계단계에서 잘 살펴야 된다.

비표본오차의 발생 원인을 조사단계별로 살펴보면 첫째, 부적절한 표본추출틀의 사용, 조사원의 훈련부족, 예상치 못한 오차 등이 조사설계단계에서 나타난다. 둘째, 자료수집단계에서는 잘못된 응답, 무응답, 자료기입 착오, 조사 시 명확하지 못한 질문, 조사원의 부정확한 발음 등으로 인한 오차가 여기에 속한다. 셋째, 자료분석단계에서는 부적절한 통계기법 사용과 잘못된 코딩(기입) 등이 여기에 속한다.

비표본오차는 발생 원인을 규명하여 오차를 감소시킬 수 있다. 비표본오차의 주된 원인은 무응답과 응답거부이다. 또 조사원이 조사항목에 대해 완전히 이해 못하거나 응답자가 잘못 이해하거나 하는 경우에도 잘못된 답을 야기할 수 있다. 따라서 무응답으로 답한 사람이 많은 조사는 모집단 내의 특정대상이 제외되기 때문에 분석결과를 왜곡시킬 수 있다.

연습문제

1 대통령 선거에 관련하여 지지도를 전화조사로 하고자 할 때 비표본오차는 어떤 것들이 있는지 설명하여라.

2 특정 대학교의 학생의식 조사를 설문으로 하고자 한다. 사용할 수 있는 확률표집 방법과 비확률표집 방법을 설명하여라.

3 대학생의 의식구조를 설문조사하려 한다. 조사방법과 표본오차와 비표본오차를 말해보아라.

4 사전조사의 필요성에 대해서 설명하여라.

5 어느 교수의 통계학 과목 수강학생은 30명이라고 한다. 이 중에서 8명을 무작위로 뽑을려고 할 때 뽑는 방법을 설명하여라.

참고문헌

1. 김재광 (2008), 표본조사론, 자유아카데미.
2. 성내경 (2005), 표본조사방법론, 자유아카데미.
3. 신민웅, 신동윤 (2012), 표본조사방법론, 교우사.
4. 심정욱, 배종성, 조완현, 손영숙, 정영해, 박정수, 백장선 (2001), 생활정보와 통계, 월산.
5. 이해용, 이필영 (2003), 표본조사입문, 교우사.
6. 한근식 (2000), 조사연구방법론, 경문사.

제 8 장

통계적 추론

8.1 통계적 추론

현대 분류학의 아버지라고 하는 스웨덴의 식물학자 린네(C. Linne, 1707~1778)가 현재 인류를 호모사피엔스(Homo sapiens)라 했듯이, 인간은 이성적인 사고능력을 가지고 있어 미지의 세계에 대한 끊임없는 도전과 탐구에 의해 현대문명을 일구어 왔다. 새로운 지식을 발견하는 방법으로 수리과학(mathematical science) 분야에서는 주로 연역적 추론(deductive inference)을 이용하며, 경험과학(empirical science) 분야에서는 귀납적 추론(inductive inference)을 이용한다.

8.1.1 연역적 추론

연역적 추론은 이미 명확히 알고 있는 참인 명제를 전제로 하여 논리적으로 타당한 새로운 명제를 결론으로 이끌어내는 추론 방법으로 일반적인 사실이나 원리로부터 개별적이고 특수한 사실이나 원리를 이끌어낸다.

이와 같은 연역적 추론 방법은 결론의 내용이 이미 전제의 내용에 포함되어 있다는 점에서 진리 보존적(truth-preserving) 성격을 지니지만, 전제의 내용에 포함하지 않는 새로운 지식을 확장하지는 못한다.

8.1.2 귀납적 추론

일반적인 사실이나 보편적인 원리로부터 개별적이고 특수한 사실이나 원리를 이끌어내는 연역적 추론 방법과는 반대로 귀납적 추론은 실험이나 관찰을 통해서 얻은 개별적이고 특수한 사실이나 원리를 발견하여 일반적인 사실이나 보편적인 원리에 도달하는 추리방법을 말한다. 예를 들어, 다음 명제가 참임을 증명하는 방법을 고려하자.

명제: 모든 자연수 n에 대하여, $1+2+\ \cdots\ +n=\dfrac{n(n+1)}{2}$ 이 성립한다.

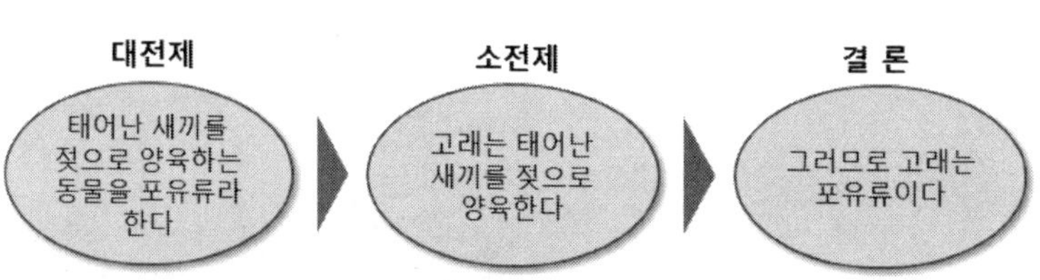

[그림 8.1] 연역적 추론 방법

만일 n이 1이면 $1(1+1)/2=1$이므로 이 명제는 참이다. 또한 n이 2인 경우에도 이 명제는 참이고, n이 3인 경우에도 이 명제는 참이다. 따라서 모든 자연수 n에 대해서 이 명제가 참이라고 주장할 수 있다. 수학적 귀납법의 형태는 먼저 첫 번째 명제가 참임을 증명하고, 다음으로 명제 중에서 어떤 하나가 참이면 언제나 그 다음 명제도 참임을 증명하는 방법으로 무한개의 명제를 모두 증명하는 방법이다.

연역적 추론은 전제로부터 결론을 도출하는 것이므로 일정한 명제를 출발점으로 한다. 그러나 연역법의 출발점이 되는 최초의 명제는 연역법에 의해 도출되지 않는다. 이러한 출발점은 결국 인간의 다양한 경험이나 실험을 통해 얻은 결과를 일반화하는 귀납적 추론 과정을 통해서 형성된다. 따라서 학문 연구가 순전히 연역적 형태로만 이루어질 수는 없으며, 개별적인 관찰이나 실험 등을 통하여 일반적인 원리나 이론으로 정립해 나아갈 수도 있다. 즉 연역적 추론과 귀납적 추론은 상호 대립적 관계라기보다는 상호 보완적 관계이다.

8.1.3 통계적 추론

통계적 추론은 어느 특정한 실험이나 관찰을 통해서 얻은 특수한 결론을 다른 유사한 모든 실험에서도 나타나는 결론으로 추론하는 이른바 '귀납적 비약'을 통해 이루어진다. 예를 들어, 어느 공장에서 생산되는 전구의 평균수명을 알기를 원한다고 하자. 이 의문에 대한 가장 확실한 답을 얻기 위해서는 공장에서 생산한 모든 전구의 수명을 관찰하는 방법이 있다. 그러나 이와 같은 전수조사(completed survey) 방법은 모든 전구를 실험에 이용하여야 하므로 과도한 비용이나 시간이 요구되어 바람직한 방법이고 볼 수 없다. 다른 방법으로, 공장에서 생산되는 전구 중에서 일부를 표본(sample)으로 추출하여 추출된 전구에 대해서만 실험을 실시하는 표본조사(sample survey) 방법을 고려하자. 즉 귀납적 방법으로 일부의 전구수명에 관한 정보를 이용하여 전체 전구의 수명을 추론하게 된다. 이와 같은 귀납법으로 얻어진 결론은 필연적인 것이 아니라 어느 정도 개연성을 지닌 명제나 가설이라는 단점이 있다. 예를 들어, 바다에 사는 동물 중에서 어류만을 표본으로 추출하여 고래도 어류라고 판정하는 오류를 범할 수 있으며, 자사의 제품이 우수하다는 주장을 위해서 생산되는 제품 중에서 의도적으로 수명이 긴 전구만을 표본으로 추출할 수 있는 개연성이 있다.

확률적 실험에서 연구의 대상이 되는 모든 개체들의 집합을 모집단(population)이라 하고, 수치적 자료로 측정하는 모집단 내의 개체들을 확률변수로 취급하여

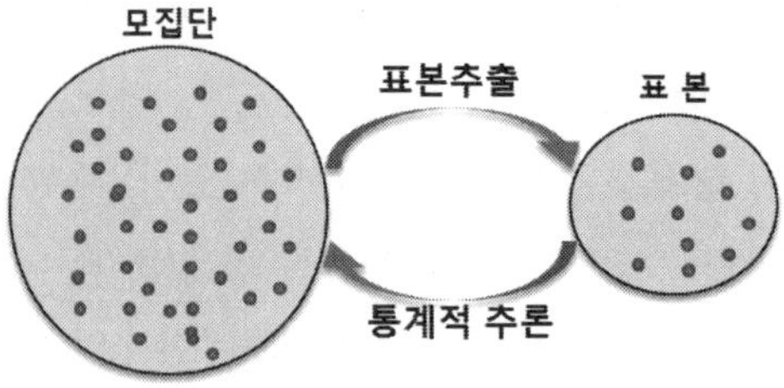

[그림 8.2] 통계적 추론

확률분포에 의해 확률적 특성을 설명한다. 이와 같이 모집단의 확률분포는 수치적 자료의 확률적 특성에 따라 이항분포나 또는 정규분포로 특정할 수 있지만, 확률분포의 형태를 결정하는 모수(parameter)는 알려져 있지 않다. 따라서 통계적 추론은 특정한 모집단의 확률분포에 대한 모수를 통계적 방법으로 추론한다는 것을 의미하며, 통계적 추론은 알려져 있지 않은 모수의 값이 얼마인지를 추정(estimation)하는 방법과 모수에 대한 새로운 주장을 검정(testing)하는 방법으로 구분한다.

통계적 추론에서는 시간과 비용 등을 감안하여 모집단 내 일부의 개체를 표본으로 이용하여 모집단의 모수를 추론하는 귀납적 추론방법만을 고려한다.

7장 표본조사에서는 귀납적 방법으로 얻어진 결론에 대한 단점을 보완하기 위한 수단으로 모집단으로부터 표본을 추출하는 다양한 방법들을 살펴보았다. 이와 같은 모집단의 특성에 따른 표본추출의 중요성을 강조하기 위해 과거 미국 대통령 선거에서 여론조사 사례를 소개한다.

예제 8.1 **미국 대통령 선거 여론조사**: 1920년부터 1932년까지 무려 4번의 미국 대선 결과를 정확히 예측함으로써 큰 명성을 누리던 '리터러리 다이제스트(Literary Digest)'라는 잡지사에서 1936년 미국 대통령 선거 당시 여론조사를 실시한 결과 공화당 후보인 랜든(Alfred M. Randon)이 민주당 루즈벨트(Franklin D. Roosevelt)를 압도적으로 승리할 것으로 예측하였으나, 실제로는 루즈벨트가 지지율 61%로 승리하였다. 이 잡지사에서는 전화번호부와 자동차등록부를 대상으로 1,000만 명을 표본추출(응답률 약 1/4)하였는데, 비록 현대인에게는 전화기와 자동차가 필수품이지만 대공황이었던 1936년 당시에

는 전화기와 자동차가 부유층의 전유물이었다. 따라서 이와 같은 표본추출 방법은 미국 전체 유권자 모집단을 충분히 대표하지 못하고 전통적으로 공화당 지지 성향이 강한 부유층에게 유리한 추출방법으로 잘못된 예측이 필연적일 수밖에 없었다. 결국 리터러리 다이제스트는 예측오류로 인해 폐간하게 되었으며, 아무리 많은 표본이더라도 모집단의 대표성이 없다면 결국 정확한 결과를 얻을 수 없다는 중요한 사례를 남겼다.

반면에 1935년에 갤럽(G.Gallup, 앞쪽 사진)이 설립한 갤럽폴(Gallup Poll)에서는 비례할당법(quota sampling)에 의한 소수표본조사라는 근대식 조사방법으로 민주당의 루즈벨트 대통령의 재선을 정확히 예측해냈다. 이와 같은 성공을 통해 갤럽폴은 여론조사에 대한 본격적인 신뢰를 얻게 되었으며, 1940년과 1944년의 대통령 선거는 물론 다른 여러 선거에서도 정확하게 예측하였다. 그러나 1948년 미국 대통령 선거에서 갤럽폴을 포함한 모든 여론조사기관에서 공화당 후보인 듀이(T. Dewey)가 현직 대통령 트루만(H. Truman)에게 승리할 것으로 예측했지만, 결과는 트루만이 재선에 성공하였다. 이 경우에서도 역시 표본추출 방법상의 문제가 가장 큰 원인이었다. 당시 미국에서는 10년마다 인구조사를 실시하였으며, 2차 세계대전 직후에 급격한 농촌에서 도시로 인구이동이 있었으나, 1940년에 실시한 인구조사 자료를 기반으로 비례할당법에 의한 표본추출은 이러한 현상을 반영하지 못하였다. 결국 표본이 모집단에 대한 대표성을 만족하지 못하여 잘못된 예측결과를 낳게 되었다.

8.2 통계적 추정

어느 공장에서 생산되는 제품을 미리 정한 품질관리 기준에 따라 정품과 불량품으로 구분하며, 이 제품은 불량률이 p인 베르누이분포 $B(1,p)$를 따른다고 하자. 이때 불량률 p는 알려져 있지 않는 미지의 모수이다. 또한 우리나라 성인 남성들의 신장의 분포가 정규분포 $N(\mu,\sigma^2)$를 따를 때 정규분포를 결정하는 평균 μ와 분산 σ^2은 알려져 있지 않는 미지의 모수이다.

8.2.1 구간추정

미지의 모수인 모비율 p와 모평균 μ의 신뢰구간추정에 대해 살펴보자.

(1) 모비율의 구간추정

어느 공장에서 생산되는 제품의 불량률 p를 추정하기 위해 생산된 제품 중에서 공정한 방법으로 추출한 n개의 표본을 $X_1, X_2, \cdots, X_n$ 이라 하고, 추출된 표본은 품질관리 기준에 따라 다음과 같이 정품과 불량품으로 구분한다.

$$X_i = \begin{cases} 1, & \text{만일 불량품인 경우,} \\ 0, & \text{만일 정품인 경우.} \end{cases}$$

그러면 n개의 표본에서 불량품의 수를 $\sum_{i=1}^{n} X_i$로 나타낼 수 있으므로 n개의 표본 중에서 불량품의 비율, 즉 표본의 불량률 $\hat{p}$은 모집단의 불량률 p에 대한 추정량이다.

$$\hat{p} = \frac{1}{n}\sum_{i=1}^{n} X_i$$

모비율 p에 대한 95% 신뢰수준을 갖는 신뢰구간(confidence interval)은 다음과 같이 주어진다.

$$\left[\hat{p} - 1.96\sqrt{\frac{\hat{p}(1-\hat{p})}{n}},\ \hat{p} + 1.96\sqrt{\frac{\hat{p}(1-\hat{p})}{n}}\right]$$

예제 8.2 선거에서 특정 후보의 지지율을 알아보는 여론조사를 생각하자. 전체 유권자에서 112명을 임의적으로 추출하여 59명이 후보를 지지하였다면 이 후보자의 표본 득표율은 0.527이어서 당선될 가능성이 높은 것으로 판단할 수 있다.

$$\hat{p} = \frac{59}{112} = 0.527$$

신뢰수준 95%에서 득표율 p에 대한 신뢰구간은 다음과 같다.

$$\left[0.527 - 1.96 \times \sqrt{\frac{0.527(1-0.527)}{112}},\ 0.527 + 1.96 \times \sqrt{\frac{0.527(1-0.527)}{112}}\right]$$

$$= [0.435, 0.619]$$

이 후보자는 당선 가능성이 많은 편이지만 득표율이 50% 미만일 가능성도 동시에 존재하여 안심할 수 없는 상황이다.

만일 1,500명을 조사하여 791명이 이 후보자를 지지하는 것으로 나타났다면, 표본 득표율이 0.527로 동일하다.

$$\hat{p} = \frac{791}{1,500} = 0.527$$

표본의 수의 증가에 따라 신뢰수준 95%에서 득표율 p에 대한 신뢰구간은 다음과 같다.

$$\left[0.527 - 1.96 \times \sqrt{\frac{0.527(1-0.527)}{1,500}}\ ,\ 0.527 + 1.96 \times \sqrt{\frac{0.527(1-0.527)}{1,500}}\right]$$
$$= [0.502, 0.552]$$

이 경우는 신뢰구간이 득표율 50% 미만인 경우를 포함하지 않으므로 이 후보자는 당선이 확정적인 것으로 예상할 수 있다. ○

(2) 모평균의 구간추정

제품을 단지 정품과 불량품으로 구별하는 단순한 방법과는 달리 제품의 수명을 조사하는 실험을 고려하자. 어느 공장에서 생산되는 제품의 평균수명을 μ라 하고 분산을 σ^2라 하자. 만일 생산된 제품 중에서 공정한 방법으로 추출한 n개의 표본을 $X_1, X_2, \cdots, X_n$ 이라 하면, 모평균 μ의 추정량은 표본평균 $\overline{X}$이고 모분산 σ^2의 추정량은 표본분산 S^2이다.

$$\overline{X} = \frac{1}{n}\sum_{i=1}^{n} X_i\ ,\ \ S^2 = \frac{1}{n-1}\sum_{i=1}^{n}(X_i - \overline{X})^2$$

모평균 μ에 대한 95% 신뢰수준을 갖는 신뢰구간은 다음과 같이 주어진다.

$$\left[\overline{X} - 1.96\frac{S}{\sqrt{n}}\ ,\ \overline{X} + 1.96\frac{S}{\sqrt{n}}\right]$$

예제 8.3 정규분포 $N(5, 4.8^2)$을 따르는 모집단으로부터 컴퓨터 모의실험을 통해 16개의 표본을 추출하여 모평균 μ에 대한 표본평균 $\overline{X}$와 신뢰수준 95%에서 신뢰구간을 알아보는 실험을 고려하자. 다음 그림은 16개의 표본을 추출하는 모의실험을 15회 반복하여 각각의 표본평균 $\overline{X}$은 실선의 중앙에 값으로 나타내었으며, 모평균 μ에 대한 신뢰구간은 실선으로 표현하였다.

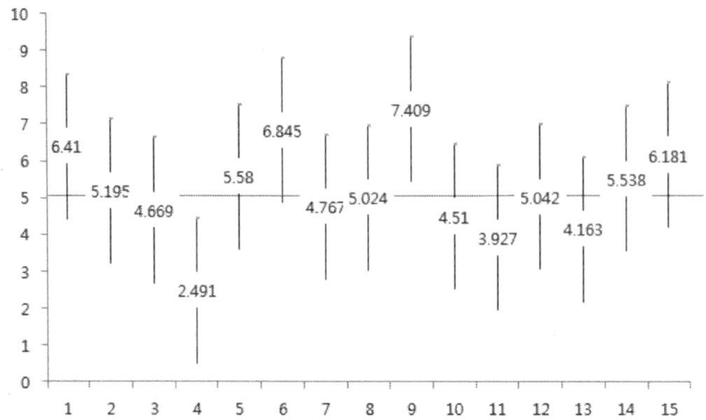

[그림 8.3] 반복 모의실험에 의한 모평균 μ의 표본평균 및 신뢰구간

8회와 12회 모의실험에서 모평균 μ의 표본평균 추정치는 각각 5.024와 5.042로 모평균 5와 거의 유사한 값을 나타낸다. 그러나 4회와 9회 모의실험의 표본평균 추정치는 모평균 5와는 큰 차이가 있는 2.491과 7.409가 나타내며, 또한 신뢰구간은 각각 [0.139, 4.843]과 [5.057, 9.761]으로써 모평균 5를 포함하지도 않는다.

$$\left[2.491-1.96\frac{4.8}{\sqrt{16}},\ 2.491+1.96\frac{4.8}{\sqrt{16}}\right]=[0.139, 4.843],$$

$$\left[7.409-1.96\frac{4.8}{\sqrt{16}},\ 7.409+1.96\frac{4.8}{\sqrt{16}}\right]=[5.057, 9.761].$$

이와 같이 정규분포 $N(5, 4.8^2)$로부터 16개의 표본을 정상적으로 추출한 경우에도 표본의 수가 작아 추정치의 분산이 증가하게 되어 모평균 5와 큰 차이를 나타내는 추정치를 산출할 수 있다.

8.3 통계적 가설검정

어느 전구회사에서 전구의 품질을 개선하기 위하여 새로운 기술을 도입하였다. 새로운 기술에 의하여 불량률이 낮아졌는지 또는 전구의 수명이 길어졌는지를 검정하고자 한다. 불량률과 같은 모비율을 검정하는 방법과 평균수명과 같은 모평균을 검정하는 방법을 알아보기로 하자. 일반적으로 통계적 가설검정 절차는 다음과 같이 3단계로 구분한다.

첫째, 통계적 가설의 설정
둘째, 검정통계량과 유의확률의 계산
셋째, 귀무가설의 채택여부 결정

(1) 통계적 가설의 설정

새로운 기술을 도입하가나 새로운 연구를 통해서 우리가 알고 있는 기존주장과 대립하는 주장이 있다고 하자. 예를 들어, 현행 기술에 의한 제품의 불량률은 5%로 알려져 있으나 새로운 기술에 의하면 불량률이 4%로 감소한다는 주장이 대립하거나, 또는 현행 기술에 의한 제품의 평균수명이 5년으로 알려져 있으나 새로운 기술에 의하면 평균수명은 6년으로 증가한다는 주장이 대립하는 경우가 있다. 통계적 가설검정에서는 우리가 사실로 믿는 기존의 주장을 **귀무가설**(null hypothesis)이라 하고 보통 H_0로 나타내며, 기존 주장과 대립되는 새로운 주장을 **대립가설**(alternative hypothesis)이라 하고 H_1으로 나타낸다.

현행 기술에 의한 "제품의 불량률은 5%이다", 또는 "제품의 평균수명이 5년이다"와 같이 귀무가설은 특정한 하나의 값으로 주어진다. 특정한 불량률을 p_0라 하고, 또한 특정한 평균수명을 μ_0라 하면, 귀무가설 H_0는 다음과 같이 표현한다.

$$H_0 : p = p_0 \quad \text{또는} \quad H_0 : \mu = \mu_0$$

그러나 대립가설 H_1은 주장하는 의미에 따라 다양하게 표현한다. 예를 들어, "현행 제품의 불량률 p_0에 비해 새로운 기술에 의한 불량률은 낮아진다"라는 대립가설은 다음과 같이 표현하고

$$H_1 : p < p_o$$

"현행 제품의 제품의 평균수명 μ_0에 비해 새로운 기술에 의한 평균수명이 증가한다"라는 대립가설은 다음과 같이 표현한다.

$$H_1 : \mu > \mu_o$$

(2) 검정통계량과 유의확률의 계산

통계적 가설검정에서 **유의확률** 또는 p–값($p-value$)은 귀무가설을 지지하는 증거가 얼마나 강력한 것인가를 확률로 나타낸 것이다. 통계적 가설검정은 유의확률에 기초하여 검정을 수행한다. 귀무가설이 사실이란 가정하에서 관측된 자료가 나타날 확률이 아주 작다면 대립가설이 옳다는 증거이다. 유의확률을 어떻게 계산하는지 모비율의 검정과 모평균의 검정문제에서 간단히 알아보자. 먼저 모비율을 검정할 때 유의확률은 다음과 같이 계산한다.

첫째, 기존 생산기술에 의한 불량률이 p_0로 알려져 있다. 새로운 생산기술을 도입하면 불량률이 감소한다는 가설은 다음과 같이 설정된다.

$$H_0 : p = p_0 \quad \text{vs} \quad H_1 : p < p_0$$

둘째, 이때 새로운 생산기술을 도입하여 제품을 생산하고 표본으로부터 불량률을 계산하였더니 p^*로 주어졌다고 하자. 이 경우에 유의확률은 다음과 같이 주어진다.

$$p-\text{값} = P(\hat{p} \leq p^* \mid H_0 : p = p_0)$$

모평균을 검정할 때 유의확률은 다음과 같이 계산한다.

첫째, 기존 생산기술에 의한 제품의 평균수명은 μ_0로 알려져 있다. 새로운 생산기술을 도입하면 제품의 평균수명이 증가한다는 가설은 다음과 같이 설정된다.

$$H_0 : \mu = \mu_0 \quad \text{vs} \quad H_1 : \mu > \mu_0$$

둘째, 이때 새로운 생산기술을 도입하여 제품을 생산하고 표본으로부터 평균수명을 계산하였더니 $\overline{x}$로 주어졌다고 하자. 이 경우에 유의확률은 다음과 같이 주어진다.

$$p-\text{값} = P(\overline{X} \geq \overline{x} \mid H_0 : \mu = \mu_0)$$

(3) 귀무가설의 채택여부의 결정

우리는 귀무가설의 채택여부를 결정할 때 위에서 계산된 유의확률이 얼마나 작을 때 귀무가설을 기각할 것인가를 결정해 주는 기준이 필요하다. 보통 통계적 가

[표 8.1] 통계적 가설검정에서의 오류 형태

		실제	
		H_0가 참	H_0가 거짓
의사결정	H_0 채택	옳은 결정	제2종 오류
	H_0 기각	제1종 오류	옳은 결정

설검정에서는 계산된 유의확률과 주어진 확률값과 크기를 비교하여 검정을 수행한다. 이때 주어진 확률값을 **유의수준**(significance level)이라 부르며 α로 표시한다.

통계적 가설검정에는 제1종 오류와 제2종 오류가 있다. 제1종 오류는 귀무가설이 참일 때 의사결정을 잘못하여 기각하는 오류를 말하고, 반면에 제2종 오류는 귀무가설이 거짓일 때 의사결정을 잘못하여 채택하는 오류를 말한다. 이를 표 8.1로 요약할 수 있다.

이런 오류들이 통계적 가설검정에서 왜 일어나는가? 하는 것에 대한 근본적인 이유는 가설검정을 실시할 때 귀무가설은 모집단의 모수에 대한 가정이고 이를 기각할 것인가 채택할 것인가 하는 의사결정은 모집단으로부터 추출된 표본에 기반을 두어 이루어지기 때문에 항상 잘못을 범할 가능성이 존재한다. 따라서 이러한 오류를 최소로 하는 것이 바람직하지만 가설검정의 특성상 두 가지 오류의 가능성을 동시에 줄일 수는 없는 문제점이 존재한다. 그러므로 제1종 오류의 확률을 미리 정해놓고 이 범위 안에서 제2종 오류의 확률을 최소로 하는 검정방법을 사용한다. 이때 우리가 정한 제1종 오류의 확률을 유의수준이라 하고 이 값을 α로 표시하며 일반적으로 가장 많이 사용되는 유의수준은 5%와 1%이다.

유의수준을 $\alpha = 5\%$로 정하였을 때 자료로부터 얻어진 유의확률이 5%보다 크다면 귀무가설을 채택하고 이 값보다 작다면 귀무가설을 기각한다. 이때 귀무가설이 5% 유의수준에서 **유의적**(significant at 5%)이라고 말한다. 그리고 귀무가설이 5%에서 기각되는 경우에는 추가적으로 유의수준을 $\alpha = 1\%$ 까지 줄여서 유의확률이 유의수준보다 작으면 귀무가설을 기각하면서 귀무가설이 1% 유의수준에서 **매우 유의적**(very significant at 1%)이라고 말한다.

예제 8.4 어느 테니스 선수는 시합에서 첫 번째 서비스 실패 확률 p가 40%이다. 이 선수는 실패확률을 줄이기 위한 레슨을 받았다. 유의수준 $\alpha = 5\%$ 에서 레슨의 효과가 있는지를 검정하기 위해 다음과 같은 가설을 설정하였다.

$$H_0: p = 0.40 \quad \text{vs} \quad H_1: p < 0.40$$

레슨을 받은 이후 서비스 횟수 30번 중에서 첫 번째 서비스가 실패한 횟수는 7번으로 실패비율이 0.233으로 나타났다. 귀무가설 H_0가 참이라는 가정하에서 첫 번째 서비스 실패비율 0.233에 대한 유의확률($p-$값)은

$$p-\text{값} = P\left(\hat{p} < 0.233 \mid H_0: p_0 = 0.4\right) = 0.0307$$

으로서 유의수준 0.05보다 작다. 따라서 서비스 실패 비율 0.233은 레슨효과가 있다는 대립가설 H_1을 지지하는 증거가 된다. ○

예제 8.5 새로 개발된 엔진을 장착한 자동차 30대의 시험운전을 하였다. 이 자동차의 휘발유 1 L당 평균주행거리는 16 km이었으나, 새로운 엔진개발에 의해 주행거리를 개선하였다고 주장한다. 이 주장에 대한 가설은 다음과 같다.

$$H_0: \mu = 16\text{ km} \quad \text{vs} \quad H_1: \mu > 16\text{ km}$$

새로 개발된 엔진을 장착한 자동차 30대의 평균 주행거리가 16.5 km, 그리고 분산은 1.5^2 km로 나타났다. 이에 대한 유의확률($p-$값)은

$$p-\text{값} = P\left(\overline{X} > 16.5 \mid H_0: \mu_0 = 16\right) = 0.034$$

로서 유의수준 0.05보다 작다. 즉 자동차 30대의 평균주행거리 16.5 km는 대립가설 H_1을 지지하는 증거가 된다. ○

연습문제

1 어느 회사에서 생산하는 제품 80개를 조사하였더니 불량품의 개수가 15개였다.

(1) 불량률 p에 대한 추정량을 구하여라.

(2) 신뢰수준 95%에서 불량률 p에 대한 신뢰구간을 구하여라.

2 어느 조사기관에서 성인 100명을 대상으로 하루 TV 시청시간을 조사한 결과 평균은 $\overline{x} = 2.1$ 시간, 표준편차는 $s = 1$시간이었다.

(1) 신뢰수준 95%에서 하루 TV 평균 시청시간에 대한 신뢰구간을 구하여라.

(2) 하루 TV 평균 시청시간이 2시간 이상이라는 주장에 대해 귀무가설과 대립가설을 설정하여라.

(3) (2)에서 설정된 가설이 옳을 때 $p-$값이 0.1587이다. 유의수준 5%에서 검정을 실시하고 그 결과를 해석하여라.

3 어느 골프선수의 점수는 평균이 90타로 알려져 있다. 코치에게 일정기간 교육을 받은 이후에 평균타수가 향상되었는지를 알아보고자 한다. 교육 이후 36개 대회에서 평균점수는 $\overline{x} = 88.95$, 표준편차는 $s = 3$으로 나타났다.

(1) 신뢰수준 95%에서 이 선수의 평균타수에 대한 신뢰구간을 구하여라.

(2) 코치의 교육효과를 검정하기 위한 귀무가설과 대립가설을 설정하여라.

(3) (2)에서 설정된 가설이 옳을 때 $p-$값이 0.0179이다. 유의수준 5%에서 검정을 실시하고 그 결과를 해석하여라.

4 한국의 포도주 수입량은 2001년 2,310만 달러에서 2002년 2,939만 달러, 그리고 2004년에는 4,578만 달러로 크게 늘어났으며, 또한 소비량도 매년 20% 이상 꾸준히 증가하는 추세를 보이고 있다. 2006년 한국인 1인 포도주 소비량은 0.86 L였으며, 2007년에는 1.04 L까지 증가하였다. 이는 건강에 대한 관심이 높아지면서 포도주를 찾는 소비자가 늘고, 포도주 생산국과의 교역이 증가하면서 저렴한 수입 포도주가 시중에 대량 유통되고 있기 때문이다. 어느 사례연구에서는 남녀 250명을 대상으로 조사를 실시하여, 전체 48%가 한해 한 병의 포도주를 마시고 22%가 5병 이상을 소비하는 것으로 나타났다(유기선외 3인, 2011, “국내 소비자 포도주 선호도 조사 결과 및 고품질 발효를 위한 미생물 제어 기술 개발 사례”, 식품과학과 산업)

(1) 신뢰수준 95%에서 한 해 한 병의 포도주를 마시는 한국 성인 비율에 대한 신뢰구간을 구하여라.

(2) 한 해 5병 이상 포도주를 마시는 성인의 비율이 20%를 넘는다는 주장을 검정하기 위한 귀무가설과 대립가설을 설정하여라.

(3) (2)에서 설정된 가설이 옳을 때 $p-$값이 0.2643이다. 유의수준 5%에서 검정을 실시하고 그 결과를 해석하여라.

참고문헌

1. 배종성, 조완현, 손영숙, 박정수, 백장선, 나명환, 박은식, 김민수 (2010), SPSS를 이용한 통계학, 경문사.

2. 백장선, 손영숙 공역 (2006), Hogg and Tannis의 수리통계학(제7판), 자유아카데미.

제 9 장

상관과 회귀

9.1 상관분석

일상생활에서 우리는 '서로 다른 두 대상 사이에 어떤 관계가 있는가?'에 대한 궁금증을 가질 때가 있다. 예를 들어, 광고를 보다가 '광고비가 많다면 판매량도 많을까?', 혹은 '무더운 날씨와 전력소비량이 관련이 있을까'와 같은 것들이다.

두 변수의 관계를 알아보는 첫 단계로 도표 상에 관측값을 찍어서 그림으로 그려보는 것을 생각할 수 있는데, 이런 그림을 **산점도**(scatter plot)라고 한다. [그림 9.1]은 여러 경우의 산점도를 그려본 것으로 이 그림을 통해 두 변수의 관련성을 시각적으로 파악할 수 있다.

시각화를 통해 두 변수의 관련성을 살펴본 다음, 상관분석을 실시할 수 있다. **상관분석**(correlation analysis)은 두 변수의 선형관련성을 측정하기 위한 것으로, 두 변수의 상관계수를 산출하여 선형적 관계를 분석하는 방법이다. 상관계수는 두 변수가 얼마만큼 선형적 관련이 있는가를 나타내며, r로 표기한다. 일반적으로 피어슨(Pearson)의 **상관계수**[17)]를 이용하며, 수학적 정의는 다음과 같다.

피어슨의 상관계수

$$r = \frac{\sum_{i=1}^{n}(x_i - \overline{x})(y_i - \overline{y})}{\sqrt{\sum_{i=1}^{n}(x_i - \overline{x})^2}\sqrt{\sum_{i=1}^{n}(y_i - \overline{y})^2}}$$

, $\overline{x}$와 $\overline{y}$는 각각 x와 y의 평균

상관계수 r의 범위는 $-1 \le r \le 1$ 이며, r이 0에 가까울수록 선형상관관계가 없음을 의미하고 ± 1에 가까울수록 강한 선형상관관계가 존재함을 의미한다. 또한 상관계수가 음수이면 '음의 상관관계'라고 하며, 양수이면 '양의 상관관계'라고 한다. '양의 상관관계'는 변수 X가 큰 값을 가질 때 변수 Y도 큰 값을 갖는 경향이 있다는 것이고, '음의 상관관계'는 변수 X와 Y 중 하나의 값이 커지면 다른 값은 작아지는 경향이 있다는 것을 의미한다.

(a)와 (b)는 상관계수가 1 또는 −1에 가까운 경우, (c)와 (d)는 두 변수가 약한 선형관계가 있음을, 그리고 (e)와 (f)는 두 변수의 선형적 관계가 거의 없는 경우를 나타낸다. (a), (b)에서 알 수 있듯이 점들이 어떤 직선에 밀집되어 있을수록

17) 만약 표본의 크기가 작고 정규분포가 의심스러운 경우에 스피어만(Spearman)의 순위상관계수를 사용하기도 한다.

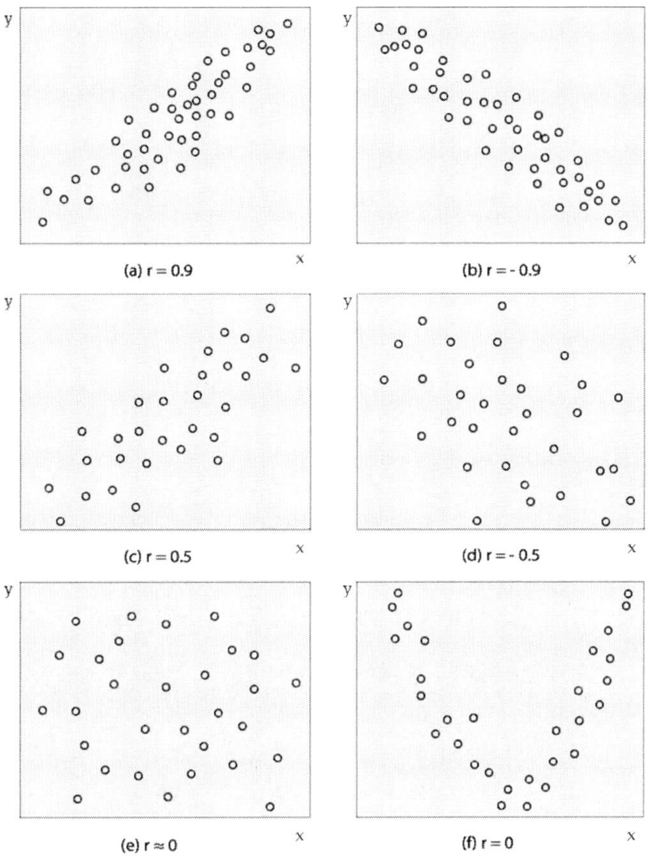

[그림 9.1] 여러 가지 경우의 산점도와 상관계수

상관계수 값은 −1과 1에 가깝게 나타난다. (e)는 상관계수가 0에 가까운 경우로 두 변수가 서로 무관함을 의미하는 것처럼 보이기도 한다. 하지만 (f)에서 보듯이 두 변수 간의 선형적 관련성은 없기 때문에 상관계수가 0이나 이차 곡선적 관련성이 존재한다.

다음 예로 상관분석을 적용해 보자.

예제 9.1 보통 7월 말 포도나무에 포도가 열리기 시작하는데, [표 9.1]에 제시된 자료는 어느 농장의 포도송이의 개수와 포도수확량을 연도별로 정리한 것이다. 포도송이 개수를 x라 하고 포도수확량을 y라고 하자. 포도송이 개수가 많다면 수확량 또한 많을까? 관계가 있다면 얼마 만큼일까? x와 y의 산점도를 그린 [그림 9.2]로부터 포도송이 개수와 포도수확량이 양의 상관관계가 있을 것으로 짐작된다. 이를 확인하기 위해 앞에서 정의한 상관계수를 구해 보도록 하자.

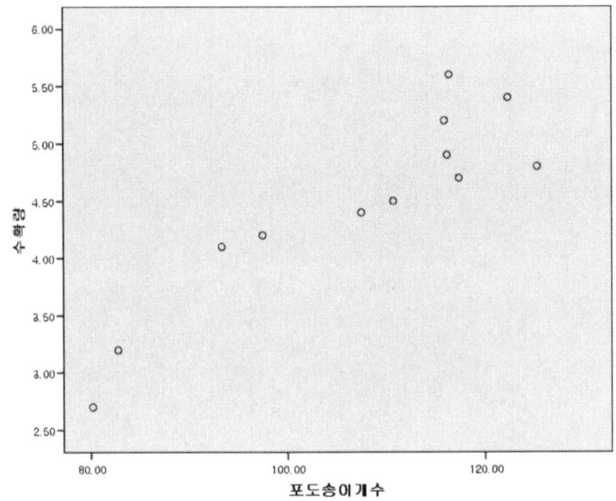

[그림 9.2] 포도송이 개수와 수확량의 산점도

[표 9.1] 포도송이 개수와 수확량 자료(단위: 톤/acre)

연도	포도송이 개수(x)	수확량(y)	연도	포도송이 개수(x)	수확량(y)
1971	116.37	5.6	1978	125.24	4.8
1973	82.77	3.2	1979	116.15	4.9
1974	110.68	4.5	1980	117.36	4.7
1975	97.50	4.2	1981	93.31	4.1
1976	115.88	5.2	1982	107.46	4.4
1977	80.19	2.7	1983	122.30	5.4

(출처: Casellar and Berger(1990), 1972년은 태풍피해로 자료가 없음)

먼저 포도송이 개수 x의 평균 $\overline{x}$와 수확량 y의 평균 $\overline{y}$를 구해 보자.

포도송이 개수 x의 평균: $\overline{x}=107.1$, 포도수확량 y의 평균: $\overline{y}=4.48$.

따라서 표본상관계수 r은 다음과 같다.

$$r=\frac{\sum_{i=1}^{n}(x_i-\overline{x})(y_i-\overline{y})}{\sqrt{\sum_{i=1}^{n}(x_i-\overline{x})^2}\sqrt{\sum_{i=1}^{n}(y_i-\overline{y})^2}}=\frac{129.56}{\sqrt{2521.66}\sqrt{7.98}}=0.913.$$

r값이 양수 0.913으로 1에 가깝기 때문에 포도송이 개수와 포도수확량에는 강한 양의 상관관계가 존재한다. 따라서 우리는 포도송이수가 증가하면, 포도수확량도

어느 정도 증가할 것으로 예측된다. ○

예제 9.2 [표 9.2]는 조선시대 왕의 출생, 사망, 재위기간, 퇴임연도에 관한 자료로, 왕의 즉위 나이와 재위기간을 정리한 것이다. 즉위 나이를 x라 하고 재위기간을 y라고 하자. 조선 왕의 즉위 나이와 재위기간에 어떤 관계가 있을까? 이를 알아보기 위해 산점도를 그린 결과가 [그림 9.3]이다. 그래프를 보면 즉위 나이는 재위기간과 음의 상관관계가 있는 것으로 보인다. 따라서 실제 상관계수를 구해 보자. [표 9.3]은 즉위 나이와 재위기간에 관한 기술통계값이다.

[표 9.2] 조선시대 왕의 출생, 사망, 즉위, 퇴임에 관한 자료

순서	대왕	출생	사망	즉위	퇴임	즉위 나이(x)	재위기간(y)
1	태조	1335	1408	1392	1398	58	6
2	정종	1357	1419	1398	1400	42	2
3	태종	1369	1422	1400	1418	32	18
4	세종	1397	1450	1418	1450	22	32
5	문종	1414	1452	1450	1452	37	2
6	단종	1441	1457	1452	1455	12	3
7	세조	1417	1468	1455	1468	39	13
8	예종	1441	1469	1468	1469	28	1
9	성종	1457	1494	1469	1494	13	25
10	연산군	1476	1506	1494	1506	19	12
11	중종	1488	1511	1506	1544	19	38
12	인종	1515	1545	1544	1545	30	1
13	명종	1534	1567	1545	1567	12	22
14	선조	1552	1608	1567	1608	16	41
15	광해군	1575	1641	1608	1623	34	15
16	인조	1595	1649	1623	1649	29	26
17	효종	1619	1659	1649	1659	31	10
18	현종	1641	1674	1659	1674	19	15
19	숙종	1661	1720	1674	1720	14	46
20	경종	1688	1724	1720	1724	33	4
21	영조	1694	1776	1724	1776	31	52
22	정조	1752	1800	1776	1800	25	24
23	순조	1790	1834	1800	1834	11	34
24	헌종	1827	1849	1834	1849	8	15
25	철종	1831	1863	1849	1863	19	14
26	고종	1852	1919	1863	1907	12	44
27	순종	1874	1926	1907	1910	34	3

(출처: 통계적 사고(남궁평 외 2인, 박영사, 2008))

[표 9.3] 기술통계값

	평균	표준 편차	사분위수			사분위 범위
			1사분위수	2사분위수	3사분위수	
즉위 나이	25.15 ($\overline{x}$)	11.775	14	25	33	19
재위기간	19.19 ($\overline{y}$)	15.107	4	15	32	28

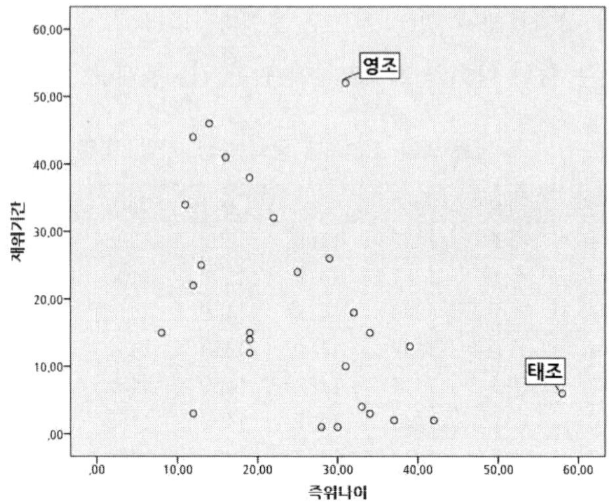

[그림 9.3] 즉위 나이와 재위기간의 산점도

여기서 분석 대상이 되는 변수는 $x_i = i$ 대왕의 '즉위 나이'와 $y_i = i$ 대왕의 '재위기간', $(i = 1, 2, \cdots, 27)$이다. 표본상관계수는 다음과 같다.

$$r = \frac{\sum_{i=1}^{n}(x_i - 25.15)(y_i - 19.19)}{\sqrt{\sum_{i=1}^{n}(x_i - 25.15)^2}\sqrt{\sum_{i=1}^{n}(y_i - 19.19)^2}} = \frac{-2207.741}{\sqrt{3605.407}\sqrt{6172.074}}$$

$$= -0.468.$$

따라서 상관계수 r이 -0.468로 음의 상관관계가 있음을 확인할 수 있다. 이는 즉위 나이가 많을수록 재위기간은 짧을 것이라고 예측할 수 있다. 물론 모두가 다 그런 것은 아니다. 21대 영조[18]는 30대에 즉위하였으며, 다른 왕조의 평균 재위기간에 비해 긴 것을 알 수 있다. 만약 영조를 제외한 경우의 상관계수값을 구해 보면

18) 영조의 경우 이상값(outlier)을 의심해 볼 수 있다. 이상값은 (1사분위수-1.5*사분위범위)~(3사분위수+1.5*사분위범위) 바깥에 위치한 관측값으로 평균에서 많이 벗어나 있는 자료이다.

상관계수 r은 -0.567로 상관의 강도 값이 더 커진다.

9.2 회귀분석

브라질에 비가 내려 커피전문점 스타벅스 사의 주가가 올랐다면 브라질의 강우량과 스타벅스 주가라는 두 변수에 상관관계가 강하다는 것을 파악할 수 있다. 이를 이용해 브라질의 강우량이 증가할 때 스타벅스의 주가상승을 예측할 수 있을 것이다. 마찬가지로 아이스크림 판매수와 기온이 상관관계가 강하다면, 기온으로 아이스크림 판매수를 예측할 수 있다.

다른 예로, 어느 농부가 새로 경작하게 된 논에 비료를 뿌리려고 한다. 그런데, 어느 정도의 비료 양이 필요할지를 예측할 수 있다면 적당량의 비료를 구입할 수 있다. 만약 농부가 자기가 경작했던 논의 넓이와 그때 사용된 비료의 양을 알고 있다면 이를 바탕으로 새로 경작할 논에 필요한 비료 양을 예측할 수 있다.

또 기계의 온도와 제품의 수명이 연관성이 있다고 생각한다면 이 변수의 함수관계를 밝힘으로 제품 수명향상에 도움을 받을 수도 있다. 이처럼 변수의 함수적 관계를 규명하는 통계적 분석방법을 **회귀분석**(regression analysis)이라 한다.

비료의 양이나 제품의 수명처럼 서로 관계있는 변수 중 다른 변수의 영향을 받는 변수를 **종속변수**(dependent variable) 또는 **반응변수**(response variable)라고 부른다. 그리고 논의 넓이와 기계의 온도와 같이 종속변수에 영향을 주는 변수를 **독립변수**(independent variable) 또는 **설명변수**(explanatory variable)라 한다.

회귀(regression)라는 용어는 영국의 우생학자 프란시스 갈톤(F. Galton)이 처음으로 사용했다고 한다. 그는 아버지와 아들 키의 관계에 대한 연구 결과, 아버지의 키가 크면 아들의 키도 평균 키보다는 크지만 아버지의 키보다는 작고, 반대로 아버지 키가 작으면 아들 키는 평균 키보다는 작으나 아버지의 키보다는 커서, 결국 아들 키는 평균 키로 돌아가려는 경향이 있다는 것이다. 이러한 유래에서 통계학변수들의 어떤 함수관계를 **회귀식**(regression equation)으로 표현할 수 있다. [그림 9.4]는 아버지 키와 아들 키 사이의 산점도이다. 아래 회귀식에서 ϵ은 오차항으로 이에 대한 설명은 9.2.1절에서 소개된다.

$$\text{아들의 키}(y) = \text{절편}(\beta_0) + \text{기울기}(\beta_1) \times \text{아버지의 키}(x) + \epsilon.$$

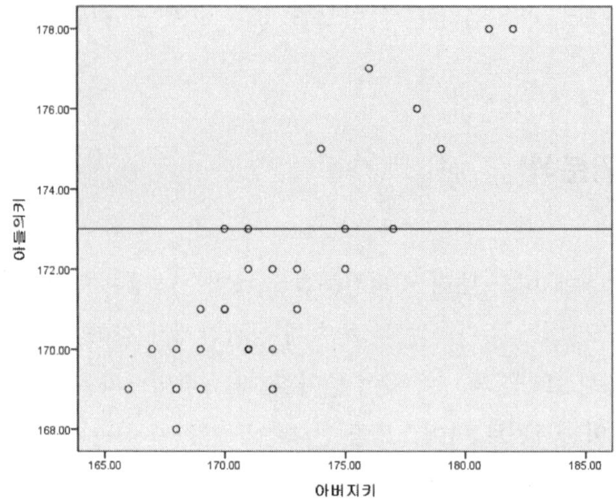

[그림 9.4] 아버지 키와 아들 키에 대한 산점도

9.2.1 단순회귀모형

포도송이수를 설명변수 x, 수확량을 반응변수 y로 한 산점도 [그림 9.2]에서 우리는 포도송이수가 증가하면 수확량도 대체로 증가한다는 것을 알 수 있었다. 어느 정도의 오차를 가정한다면, 포도송이(x)와 수확량(y) 사이에 선형관계($y=\beta_0+\beta_1 x$)가 있다고 볼 수 있다.

설명변수 x와 반응변수 y와 간에 선형적 함수관계가 있다고 가정할 때

$$y_i=\beta_0+\beta_1 x_i+\epsilon_i, \qquad i=1,\cdots,n, \tag{9.1}$$

과 같은 회귀모형을 고려할 수 있다.

여기서 n은 관찰값 쌍의 개수이며, y_i는 i번째 반응변수 관측값을 의미하며, β_0와 β_1은 회귀직선 모형의 회귀계수를, x_i는 i번째 주어진 설명변수 값을 의미한다. 또한, 오차항 ϵ_i는 표본에서 나타나는 관측값(y_i)과 회귀직선($\beta_0+\beta_1 x_i$)과의 차이값으로, 정규분포를 따르며 서로 독립적이라고 가정한다.

모형 (9.1)을 **단순회귀모형**(simple regression model)이라고 하는데 '단순'은 설명변수가 1개라는 것을 의미한다.[19)]

19) 반응변수를 설명하는 설명변수가 두 개 이상인 경우에는 동시에 여러 개의 설명변수를 고려한 선형회귀모형을 '다중(multiple)'회귀모형이라 한다.

단순회귀모형

$y_i = \beta_0 + \beta_1 x_i + \epsilon_i,\ i = 1, \cdots, n,$

여기서

x_i : 설명변수(독립변수)

y_i : 반응변수(종속변수)

$\beta_0,\ \beta_1$: 회귀계수

$\epsilon_1, \epsilon_2, \cdots, \epsilon_n$: $N(0, \sigma^2)$을 따르는 서로 독립인 오차항

9.2.2 회귀계수의 추정

단순회귀모형으로 회귀계수 β_0와 β_1을 추정하는 방법을 생각해 보자. n개의 관찰값의 쌍 $(x_1, y_1), (x_2, y_2), \cdots, (x_n, y_n)$에 대해 회귀계수 β_0와 β_1을 추정하는 방법으로 흔히 **최소제곱법**(method of least squares)이 사용된다. 최소제곱법으로 구한 추정량을 **최소제곱추정량**(least square estimator)이라고 한다. 단순회귀모형에서 최소제곱추정량 b_0와 b_1은 다음의 수식으로 구할 수 있다.

$$b_0 = \bar{y} - b_1 \bar{x},\ b_1 = \frac{\sum_{i=1}^{n} (x_i - \bar{x})(y_i - \bar{y})}{\sum_{i=1}^{n} (x_i - \bar{x})^2}.$$

이때 추정된 회귀식은 $\hat{y} = b_0 + b_1 x$이다. 회귀계수 $b_0,\ b_1$은 추정된 회귀식의 절편과 기울기를 의미한다. 독립변수의 값이 0이면 종속변수는 절편 b_0만큼 관측값에서 떨어진 회귀선을 고려할 수 있으며, 독립변수의 값이 1단위 증가할 때 종속변수의 값이 기울기 b_1만큼 늘어날 것으로 예상할 수 있다.

예제 9.3 [표 9.1]의 포도송이수(x)와 포도수확량(y)의 자료에 대한 추정된 회귀직선식은 다음과 같다.

$$\hat{y} = b_0 + b_1 x = -1.028 + 0.051x.$$

절편 $b_0 = -1.028$에서 포도송이수(x)가 0이면 포도수확량(y)은 1.028만큼 관측

값에서 떨어진 회귀선을 생각할 수 있다. 또한 기울기 $b_1 = 0.051$ 이므로 포도송이 수(x)가 1개 증가할 때 포도수확량(y)은 0.051 단위 증가한다고 해석할 수 있다. [그림 9.5]는 최소제곱법으로 추정된 회귀직선이 있는 산점도로 자료를 잘 설명하고 있다.

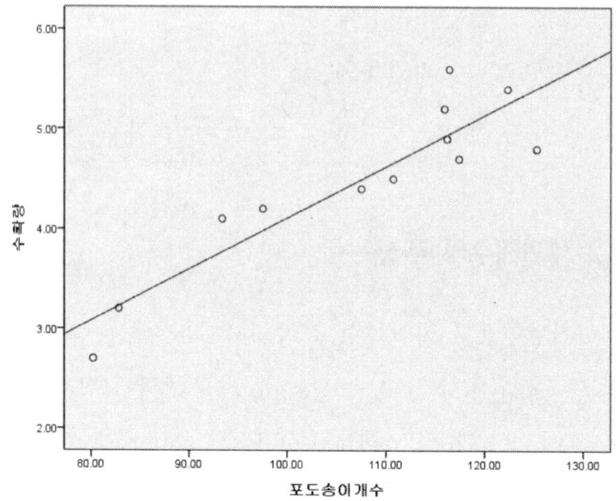

[그림 9.5] 최소제곱법으로 추정한 회귀직선이 있는 산점도

예제 9.4 공장에서 제품을 만들 때 온도 관리는 대단히 중요하다. 근소한 온도 차이로 제품의 불량이 나기도 한다. [표 9.4]는 어떤 공장에서의 온도와 불량률 측정 자료이다. 원인변수로 온도(x)에 따라 불량률(y)이 어떻게 달라지는지 알아보고자 한다. 이를 알아보기 위해 산점도를 그려본 결과가 [그림 9.6]이다. 그래프를 보면 온도와 불량률 사이에 양의 상관관계가 있는 것으로 보인다.

[표 9.4] 어떤 공장에서의 온도 °C(x)와 불량률 %(y)의 측정자료

x	y	x	y	x	y
19	17	18	20	15	16
21	17	19	17	17	19
25	20	12	13	20	19
18	18	14	18	22	19
16	15	20	17	19	16
16	17	22	23	19	18
24	18	26	23	16	21
18	19	21	20	24	21
20	18	24	23	22	20
19	19	23	16	14	23
22	19	17	16		

(출처: 생활 속의 통계분석(전야창홍 외 1, 북스힐, 2002))

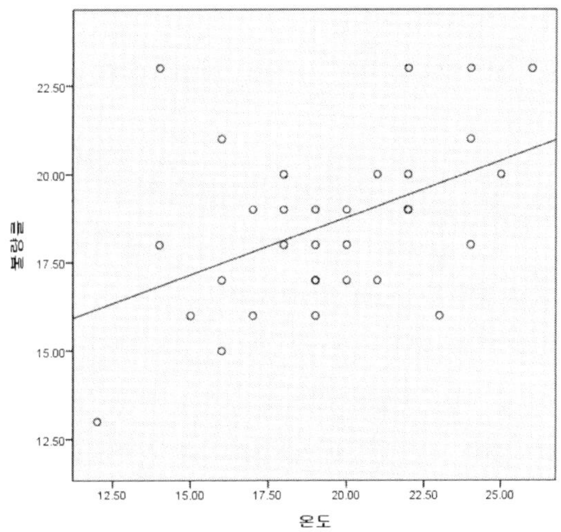

[그림 9.6] 온도와 불량률 간의 산점도

추정된 회귀식은 다음과 같다.

$$\hat{y} = b_0 + b_1 x = 12.30 + 0.324x.$$

추정된 회귀식을 통해 온도(x)가 0°C이면 불량률(y)은 평균 12.30 정도일 것으로 추정할 수 있으며, 온도(x)가 1°C 증가함에 따라 불량률(y)는 0.324배 만큼 증가할 것으로 예측할 수 있다. ◯

예제 9.5 다음은 어느 대학교 신입생의 고등학교 내신성적과 수능성적, 대학 입학 후 성적에 대한 산점도와 추정된 회귀식이다. 고등학교 내신성적과 수능성적은 1에서 9등급으로 구분하고 1등급 학생의 성적이 가장 좋고 등급이 낮아지면 성적이 떨어짐을 의미한다. 또한, 대학성적은 4.5점을 만점으로 하였다.

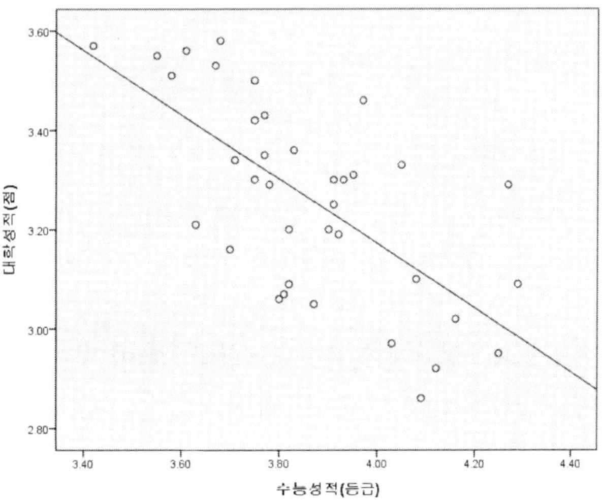

[그림 9.7] 수능성적과 대학성적 간의 산점도

산점도를 그려본 결과, [그림 9.7]과 같이 수능성적과 대학성적 간의 음의 상관관계가 있는 것으로 보인다. 추정된 회귀직선의 식은 아래와 같다.

$$\hat{y} = 5.766 - 0.649x,$$

여기서 x=내신성적, y=대학성적이다. 회귀식을 통해 수능성적이 1등급 증가하는 경우에 대학성적은 0.649만큼 낮아질 것으로 예측할 수 있다. 이는 다시 말하면 수능성적이 1등급에서 2등급으로 되면 대학성적은 0.649만큼 낮아질 것이다.

마찬가지로 내신성적과 대학성적의 관계를 알아보기 산점도를 그려본 결과, [그림 9.8]과 같이 내신성적과 대학성적에 음의 상관관계가 있는 것으로 보인다. 추정된 내신성적과 대학성적 간의 회귀선은 다음의 식으로 표현할 수 있다.

$$\hat{y} = 4.198 - 0.245x,$$

여기서 x = 내신성적, y = 대학성적이다. 이 회귀선을 통해 내신 성적이 1등급 증가하는 경우에 대학성적은 0.245만큼 낮아질 것으로 예측할 수 있다. 예를 들어 내신성적이 1등급에서 2등급으로 떨어지면 대학성적은 0.245만큼 낮아질 것이다.

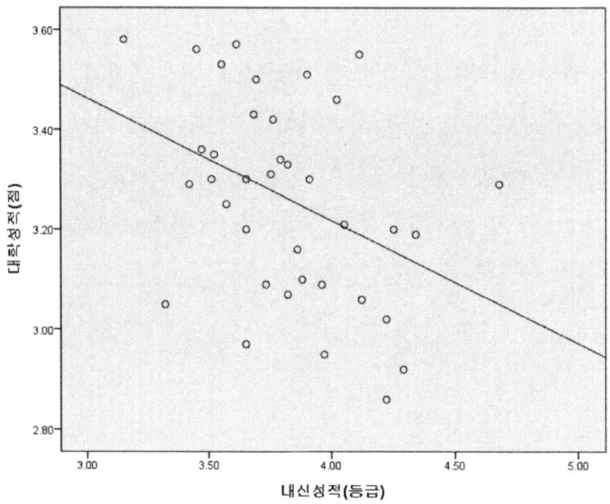

[그림 9.8] 내신성적과 대학성적 간의 산점도

예제 9.6 자영이는 통조림 제조공장에서 가열시간(단위: 분)에 따른 박테리아의 수가 어떻게 변하는가를 실험하여 [표 9.5]의 결과를 얻었다. 실험 후 남아있는 박테리아 수를 종속변수 y로 놓고, 독립변수 x는 분 단위로 측정한 가열시간을 의미한다. 박테리아수(y)와 가열시간(x) 간의 어떤 관련이 있는지 확인하기 위하여 단순회귀분석을 하면, 추정된 회귀식은 다음과 같다.

[표 9.5] 박테리아수와 가열시간 데이터

가열시간(분: x)	1	2	3	4	5	6	7	8	9	10
박테리아수(y)	170	106	92	80	69	47	45	30	28	18

(출처: 선형회귀분석(염준근, 자유아카데미, 2005))

$$\hat{y} = 146.867 - 14.248 \times x.$$

가열시간이 1분 지남에 따라 박테리아수는 14.248만큼 감소한다고 할 수 있다. 만약, 11분이 지난 후 남아있는 박테리아수가 어느 정도인지 예측하고 싶다면 위의 추정된 회귀식에 대입하여 구할 수 있다. 11분 후 이론적 박테리아수가 146.867-14.248×11=-9.861으로 처음 170마리에서 -9.861마리로 감소함을 알 수 있다. 즉, 가열시간을 11분 이상으로 할 경우 모든 박테리아가 사라짐을 알 수 있다.

박테리아 수가 50 이하를 최대 허용 박테리아수라고 가정한다면, 최소 몇 분까지 가열하면 안전할까? 역시 추정된 회귀식에 대입하면 박테리아수를 50으로 하는 가열시간은 (50−146.867)/(−14.248)=6.79로 계산할 수 있다. 따라서 6.79분 이상 가열하면 허용 가능한 박테리아수를 이하로 만족할 수 있다. 이와 같이 회귀식을 추정하여 박테리아 수에 따른 가열시간을 계산해 최적한 결과 값의 조건을 찾을 수도 있다. [그림 9.9]는 추정된 회귀직선이 포함된 산점도로 추정된 회귀모형 자료에 적합함을 확인할 수 있다.

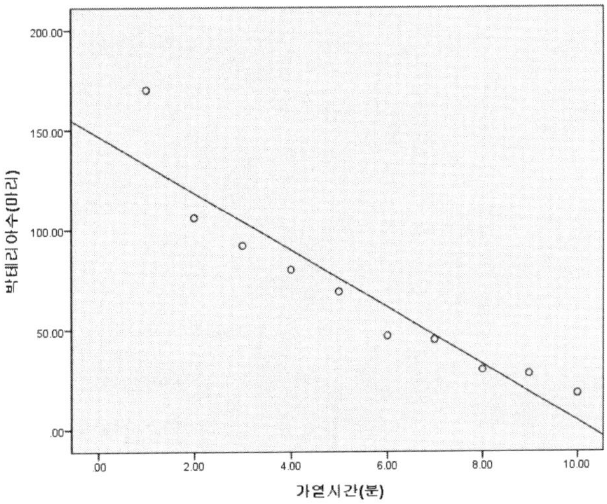

[그림 9.9] 가열시간과 박테리아수 간의 산점도

예제 9.7 다음에 제시된 [표 9.6]은 미국 한 대학교 학생 40명의 뇌 크기(단위: cc)와 몸무게(단위: kg)자료를 이용해 회귀분석을 실시한 결과표이다. 뇌의 크기가 한 단위 증가할 때 몸무게는 어떻게 변하는지 생각해 보자.

[표 9.6] 회귀분석 결과표

모형	비표준화 계수		t	유의확률
	B	표준오차		
절편	−18.464	12.898	−1.432	0.169
뇌 크기	0.075	0.013	5.617	0.000

추정된 회귀식 $\hat{y} = b_0 + b_1 x$ 에서, 상수항인 b_0와 b_1은 각각 비표준화 계수의 절편과 뇌 크기 항목의 모수추정 결과(B)를 이용하면 된다. 따라서 회귀직선의 식은 아래와 같다.

$$\hat{y} = -18.464 + 0.075x.$$

또한 회귀직선식을 통해 뇌의 크기가 1 cc 증가하는 경우 몸무게는 약 0.075 kg씩 증가하게 됨을 알 수 있다. [그림 9.10]은 뇌 크기와 몸무게의 관계를 보는 산점도로 이를 통해 뇌 크기와 몸무게의 양의 상관관계를 확인할 수 있다. ○

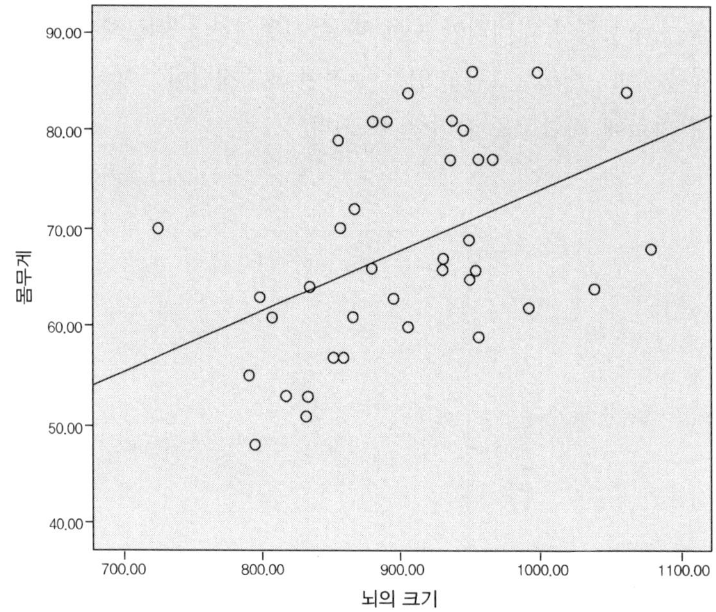

[그림 9.10] 뇌 크기와 몸무게의 산점도

1 미국 플로리다 연안을 따라 얕은 물에는 해우(海牛, 바다소과의 동물)가 살고 있다. 많은 해우가 매년 모터보트에 치여 죽거나 상처를 입는다. 다음 표는 1977년부터 1990년까지 등록된 모터보트의 수(단위: 1,000)와 죽은 해우의 수이다. (참조: Moore and McCabe의 Intro. to the Practice of Statistics, 1993)

연도	보트수	죽은 해우수
1977	447	13
1978	460	21
1979	481	24
1980	498	16
1981	513	24
1982	512	20
1983	526	15
1984	559	34
1985	585	33
1986	614	33
1987	645	39
1988	675	43
1989	711	50
1990	719	47

(1) 다음 그림은 보트와 죽은 해우수의 산점도이다. 두 변수의 관계가 직선형이 타당한가 말하고 상관계수값이 음수인지 양수인지 설명하여라.

(2) 다음 표는 보트와 죽은 해우수를 이용하여 회귀분석을 실시한 결과이다. 이 결과를 바탕으로 회귀직선을 구하고, 회귀계수값에 대해 설명하여라.

모형	비표준화계수		t	유의확률
	B	표준오차		
절편	−41.430	7.412	−5.589	0.000
보트 수	0.125	0.013	9.678	0.000

2 어떤 경제학자가 조사한 8가구의 1년간 수입총액(단위: 100만 원)과 식료품지출액(단위: 10만 원)은 다음 표와 같다.

연간수입총액(단위: 100만 원)x	30	36	27	20	16	24	19	25
식료품지출액(단위: 10만 원)y	55	60	42	40	37	26	39	43

(1) 다음 표는 연간수입총액과 식료품지출액을 이용하여 회귀분석을 실시한 결과이다. 이 결과를 바탕으로 회귀직선을 구하고, 회귀계수값에 대해 설명하여라.

모형	비표준화계수		t	유의확률
	B	표준오차		
절편	12.8625	11.3923	1.129	0.302
연간수입총액	0.121	0.045	2.701	0.036

(2) 연간수입총액이 2,200만 원인 사람의 예상 식료품 지출액을 구하여라.

3 연령과 최대심장박동수와의 관계를 알아보기 위하여 10명을 조사한 결과는 다음과 같다.

연령(x)	10	20	20	25	30	30	30	40	45	50
최대심장박동수(y)	210	200	195	195	190	180	185	180	170	165

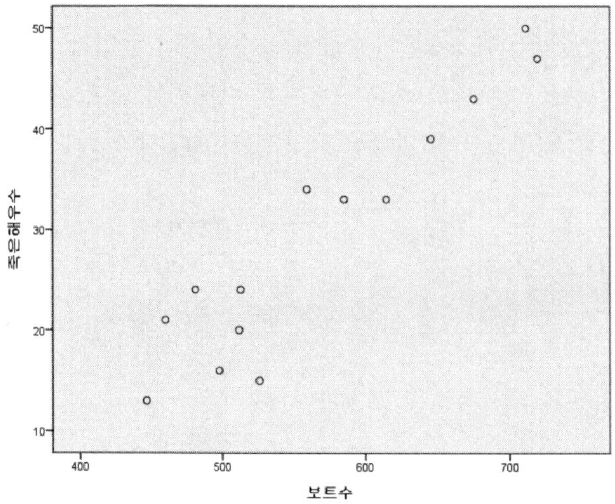

다음 표는 연령과 심장박동수를 이용하여 회귀분석을 실시한 결과이다. 이 결과를 바탕으로 회귀직선을 구하고, 회귀계수값에 대해 설명하여라.

모형	비표준화계수		t	유의확률
	B	표준오차		
절편	219.778	3.071	71.560	0.000
연령	−1.093	0.095	−11.445	0.000

4 석주네 집은 겨울철에 액화천연가스(LNG)를 이용하여 난방을 한다. 난방에 필요한 가스의 양은 밖의 온도에 좌우되어 날씨가 추울수록 가스소비량이 증가한다. 석주는 밖의 온도로부터 가스소비량을 예측하기 위하여 난방시즌인 10월부터 이듬해 6월까지 월평균 온도와 가스소비량을 조사하였다. 실내 적정온도를 25°C로 보고, 적정온도와 밖의 온도의 차는 가스로 가열해야 할 온도이므로, 독립변수 x는 25°C에서 월평균 온도를 뺀 값이고, 종속변수 y는 월별 하루 평균 가스소비량(단위: kg)으로 하고 다음과 같은 표를 얻었다.

월별	10	11	12	1	2	3	4	5	6
x	15.6	26.8	37.8	36.4	35.5	18.6	15.3	7.9	0.0
y	5.2	6.1	8.7	8.5	8.8	4.9	4.5	2.5	1.1

(1) 다음 표는 온도와 가스소비량 자료를 이용하여 회귀분석을 실시한 결과이다. 이 결과를 바탕으로 회귀직선을 구하고, 회귀계수값에 대해 설명하여라.

모형	비표준화계수		t	유의확률
	B	표준오차		
절편	1.232	0.2862	4.038	0.004
25°C−월평균온도	0.202	0.011	17.663	0.000

(2) 2월의 평균기온이 영하 15°C라고 할 때 독립변수 x값은 얼마인가?

(3) x값이 40°C일 때 예측 가스소비량은 얼마인가?

(4) 집에 단열장치를 한 후 x=40°C, y=8.7kg 이었다면 감소된 가스소비량은 하루에 얼마 정도인가?

5 어떤 소아과 의사가 순이의 키를 기록한 결과는 다음과 같다.

나이(개월수)	36	48	51	54	57	60
키(cm)	86	90	91	93	94	95

(1) 다음 표는 나이에 따른 순이의 키를 이용하여 회귀분석을 실시한 결과이다. 이 결과를 바탕으로 회귀직선을 구하고, 회귀계수값에 대해 설명하여라.

모형	비표준화계수		t	유의확률
	B	표준오차		
절편	71.950	1.053	68.3308	0.000
나이	0.383	0.020	18.779	0.000

(2) 회귀직선에 의하면 순이는 월평균 몇 cm씩 자라는가?

(3) 정상적인 소녀는 48개월에서 60개월 사이에 평균 6 cm씩 자란다고 할 때 기울기는 얼마인가?

(4) 순이는 정상적인 소녀보다 빨리 자라는가, 늦게 자라는가?

(5) 순이가 40개월일 때와 65개월일 때의 예상되는 키는 얼마인가?

참고문헌

1. 남궁평, 박종선, 허문열 (2008), 통계적 사고, 박영사.
2. 박성현 (2011), 통계의 매력, 자유아카데미.
3. 배종성, 조완현, 손영숙, 박정수, 백장선, 나명환, 박은식, 김민수 (2010), SPSS를 이용한 통계학, 경문사.
4. 염중근 (2005), 선형회귀분석, 자유아카데미.
5. 전야창홍, 삼국창 (2002), 생활속의 통계분석, 북스힐.
6. 최제호 (2007), 통계의 미학, 동아시아.

제 10 장

여론조사

10.1 여론조사 방법

여론조사는 통계조사방법의 한 가지로, 특정한 표본으로 모집단 전체의 의견을 조사하여 국민 여론을 파악하는 도구로 쓰인다. 여론조사의 개척자인 갤럽(Gallup, 1901~1984)은 여론조사가 민주주의를 실현하는 하나의 도구로 국민들의 의견을 정치에 반영하고 특히 선거를 통해 국민의 대표를 뽑는 과정에서 여론을 파악하는 데 큰 역할을 한다고 하였다. 일련의 질문으로 모집단의 의견을 비율이나 신뢰구간으로 결과를 도출한다. 사회의 여론을 효과적으로 표시하기 위해서 많은 방법들이 연구되어 왔다. 여론조사에는 선거여론조사, 정책에 대한 조사, 소비자 선호도 조사, 시청률 조사 등이 있다.

예제 10.1 **선거여론조사** 여론조사 전문기관 리얼미터의 2012년 12월 10일~11일에 실시된 제18대 대통령선거 여론조사 결과 문재인 민주통합당 대선 후보는 상승세를 이어가고 있는 반면 박근혜 새누리당 후보는 급락해 두 후보 간 격차가 오차범위 내인 1~2%p로 좁혀진 것으로 나타났다. 구체적으로 '박근혜 대 문재인' 양자대결 구도에서 박근혜 후보는 전일 대비 1.7%p 급락한 48.3%를 기록, 1.5%p 상승한 문재인 후보 47.1%와의 격차가 오차범위 내인 1.2%p로 좁혀졌다. 이번 조사는 전국 유권자 2,000명을 대상으로(총 통화시도 1만 5,109명) 유선전화 및 휴대전화 RDD[20] 자동응답 방식으로 조사했으며 표본오차는 95% 신뢰수준에 ±2.2%p이다. ○

예제 10.2 **정책여론조사** 후쿠시마에서 원자력 사고가 발생한 후 원자력 발전소에 대한 경각심이 증가하고 있다. 지난 3월 〈강원일보〉 등 강원지역 언론사 5곳이 동해·삼척 주민 500명을 상대로 공동 여론조사를 벌여 27일 발표한 결과를 보면, 삼척시 근덕면 원전 건설에 대해 동해·삼척 주민 52.2%가 '안전성 등에 대한 우려로 유치에 반대한다'고 답했다. '지역발전에 도움이 된다'며 찬성한다는 의견은 31.6%였다. ○

예제 10.3 **소비자 선호도 조사** 가수 이승기가 3월 한국CM전략연구소의 선호도 조사에서 소비자가 가장 좋아하는 광고 모델 1위로 뽑혔다. 2위는 밴쿠버 동계올림픽에서 금메달을 딴 '피겨여왕' 김연아가 뒤를 이었다. 지난 2월 한국CM전략연구소가 1,200명(전국)을 방문 조사해 실시한 선호도 조사에서는 김연아가 1위를 차지했지만,

20) RDD(Random digit dialing)는 무작위로 전화번호를 생성해서 표본추출하는 방법이다. 누락된 전화번호까지 포함시켜 표본 추출하는 장점이 있다.

한 달 만에 이승기가 김연아를 누르고 당당히 1위가 됐다(마이데일리 2010년 5월 10일). ○

예제 10.4 **시청률 조사** 광고주는 광고시간을 구매할 때 방송사에서 제시하는 광고비에 대한 타당성과 효과를 검증하고 싶어 한다. 시청률 조사를 통해서 TV 평균 시청 시간, 주 시청 시간대, 또 일별, 주별, 월별, 년별 시청자들의 시청 흐름뿐만 아니라, 인접효과, 충실도, 도달률, 빈도분석, 채널이동, 특정 장르, 프로그램을 많이 시청하는 사람과 그렇지 않는 사람의 시청형태 비교, 광고효율 분석, 중복시청, 타겟별 시청률, 뉴스 항목별 시청률 등을 알 수 있다. TV 수상기에 '피플미터(peoplemeter)'라는 시청률 측정 장치를 부착해 자동으로 누가 어떤 채널의 방송을 보고 있는지 기록한다. TNS 미디어코리아는 3,000가구를 선정하여 초 단위까지의 시청률을 일일 단위로 365일 휴무 없이 조사한다. ○

공직선거법 108조에 따르면 선거여론조사를 보도할 때 조사 의뢰자, 조사기관, 피조사자의 선정방법, 표본의 크기, 조사지역, 일시, 방법, 표본오차율, 응답률, 및 질문내용을 여론조사 보도 시 공개해야 한다. 이 절에서는 여론조사를 분석하는 비율에 대한 추정과 표본 선정 방법을 살펴보고자 한다.

10.1.1 신뢰수준과 오차한계

예제 10.1에서 설명한 2,000명을 대상으로 한 선거여론조사에서 4,050만 명 유권자의 여론을 대변하고, 예제 10.2에서 설명한 동해·삼척 주민 500명을 대상으로 한 원자력 발전소 유치 조사에서 시민 10만 여 명의 여론을 대변한다고 하는 근거는 무엇인가?

표본은 모집단에 대한 대표성을 가져야 한다. 이것은 각 표본값이 모집단 원소의 속성을 대표한다는 것을 의미한다. 찬성에 대한 모집단비율이 p인 N개의 원소를 갖는 모집단에서 n개의 표본을 추출했을 때 찬성의 수를 X라고 하면 표본의 찬성비율, 즉 표본비율 $\hat{p}$와 표본비율에 대한 분산은 다음과 같다.[21]

---

21) 일반적으로 여론조사는 비복원추출이고, 비복원추출의 표본비율에 대한 표준편차는 $s.d.(\hat{p}) = \sqrt{\frac{N-n}{N-1} \cdot \frac{p(1-p)}{n}}$ 이지만 모집단의 크기 N이 큰 경우 $\frac{N-n}{N-1} \approx 1$이므로 복원추출의 표본비율에 대한 표준편차 $s.d.(\hat{p}) = \sqrt{\frac{p(1-p)}{n}}$ 을 사용하였다.

$$\hat{p} = \frac{X}{n},\ s.d.(\hat{p}) = \sqrt{\frac{p(1-p)}{n}}$$

또한 모집단비율 p는 미지의 모수이므로 표본비율 $\hat{p}$의 표준오차[22)]는 다음과 같다.

$$s.e.(\hat{p}) = \sqrt{\frac{\hat{p}(1-\hat{p})}{n}}$$

예제 10.5 예제 10.2의 동해·삼척 주민의 원전 유치에 대한 반대는 261명으로 모집단비율에 대한 표본추정량과 표본추정량의 표준오차는 다음과 같다.

$$\hat{p} = \frac{261}{500} = 0.522,\ s.e.(\hat{p}) = \sqrt{\frac{0.522(1-0.522)}{500}} = 0.022339$$

또 표본의 크기가 충분히 크다면 정규분포로 근사시켜 모집단비율 p의 $(1-\alpha)\times 100\%$ 신뢰구간은 다음과 같다.

$$\hat{p} \pm z_{\alpha/2}\sqrt{\frac{\hat{p}(1-\hat{p})}{n}}$$

여기서 $z_{\alpha/2}$는 주어진 유의수준 α와 표준정규분포를 갖는 확률변수 Z에 대하여 $P(Z \geq z_{\alpha/2}) = \alpha/2$를 만족하는 값을 나타낸다.

이때 신뢰수준(confidence level)이란 동일한 모집단에서 여론조사를 여러 번 실시하여 다양한 표본이 랜덤하게 추출되었을 때 추출된 표본은 신뢰구간을 갖게 된다. 이 신뢰구간은 모집단비율을 포함할 수도, 포함하지 않을 수도 있다. 신뢰수준은 모든 가능한 표본에서 모집단비율을 포함하는 비율을 나타낸다. 즉 95% 신뢰수준은 동일한 모집단에서 모든 가능한 표본을 추출하고 각 표본에서 신뢰구간을 구했을 때 이 신뢰구간 중에서 95%가 모집단비율을 포함하고 있을 것이라는 뜻이다.

여론조사를 위한 표본추출은 필연적으로 표본오차를 수반하게 된다. 표본오차는 표본에서 얻어지는 값과 모집단 값 사이의 차이다. 2012년 12월 제18대 대통령 선거에서 우리나라 대통령 선거의 선거인 수는 4,050만 명 정도인데 2,000명의 표본으로 전체 선거인 수의 지지율을 정확하게 추측하는 것은 불가능한 일이다.

22) 추정량의 표준편차를 표준오차라고 한다.

전수조사를 실시하지 않는 한 아무리 표본의 수를 늘린다 해도 지지율을 정확하게 추측할 수는 없다. 그러나 표본조사가 확률표본에 의해 실시되었다면 표본조사에 따른 표본오차를 확률적으로 계산할 수 있다. 또한 오차한계는 모집단비율과 표본비율 사이에서 기대되는 최대 차이를 나타내며 신뢰수준과 표본의 크기에 의해서 그 값이 결정된다.

특히 모비율과 표본비율과의 편차 $z_{\alpha/2}\sqrt{\frac{\hat{p}(1-\hat{p})}{n}}$ 를 오차한계라고 한다. $\alpha=0.05$ 인 경우, 즉 신뢰수준이 95%인 경우 $Z_{\alpha/2}$는 1.96이 되고, 이때의 오차한계는 $1.96\sqrt{\frac{\hat{p}(1-\hat{p})}{n}}$ 이 된다.

예제 10.6 예제 10.2의 동해·삼척 주민의 원전 유치반대에 대한 95% 신뢰수준에 대한 오차한계와 신뢰구간은 다음과 같다.

오차한계: $1.96\sqrt{\frac{0.522(1-0.522)}{500}}=0.043784$

신뢰구간: $(0.522-0.43784,\ 0.522+0.43784)=(0.478216,\ 0.565784)$

이 결과에서 동해·삼척 주민의 원전 유치에 대한 반대비율은 모집단비율을 확실하게는 알 수 없지만 95% 신뢰구간은 47.8%에서 56.6%이고 그때 오차한계는 4.4%임을 알 수 있다. ○

오차한계 $z_{\alpha/2}\sqrt{\frac{\hat{p}(1-\hat{p})}{n}}$ 을 줄이기 위해서는 동일한 신뢰수준에서는 표본의 크기 n을 늘려야 한다. 일반적으로 사용하는 95% 신뢰수준에서는 $z_{\alpha/2}=1.96$ 이고 이때 오차한계 $1.96\sqrt{\frac{\hat{p}(1-\hat{p})}{n}}$ 의 최댓값은 $\hat{p}=0.5$ 일 때 $1.96\sqrt{\frac{0.5(1-0.5)}{n}}$ $=\frac{1.96}{2}\frac{1}{\sqrt{n}}$ 이고 이를 최대오차한계라고 한다. 또한 간편하게 근삿값인 $1/\sqrt{n}$ 을 사용하기도 한다. [표 10.1]은 표본의 크기에 따른 최대오차한계를 나타낸다. 오차한계를 줄이기 위해서는 표본의 크기를 늘리는 것이 최상이지만 표본의 크기를 늘리면 그에 따른 비용이 발생하므로 최적점을 찾는 것이 중요하다.

예제 10.7 예제 10.1의 표본의 크기 2,000에 대한 95% 신뢰수준에서 최대오차한계와 예제

10.2의 표본의 크기 500에 대한 95% 신뢰수준에서 최대오차한계는 다음과 같다.

표본의 크기가 2,000인 경우: $\frac{1.96}{2}\frac{1}{\sqrt{2,000}} = 0.022,$

표본의 크기가 500인 경우: $\frac{1.96}{2}\frac{1}{\sqrt{500}} = 0.044.$ ○

[표 10.1] 95% 신뢰수준에서 표본의 크기에 따른 최대오차한계

표본의 크기	100	200	300	400	500	800	1,000	1,500	2,000	3,000
최대오차한계	9.8	6.9	5.8	5.0	4.4	3.5	3.1	2.5	2.2	1.8

예제 10.8 [표 10.2]는 2012년 제18대 대통령 선거 후보에 대한 여론조사 공표금지기간 전 마지막 여론조사 내용이다. 각 여론조사 기관마다 다양한 형태의 표본의 크기, 표본추출방법, 응답률[23]과 최대오차한계를 설명하고 있다. 각 조사기관은 표에 있

[표 10.2] 제18대 대통령 선거의 여론조사 공표금지기간 전 마지막 여론조사 결과

<table>
<tr><th>조사기관</th><th>대선 후보 지지도</th><th>표본의 크기 및 기타사항</th><th colspan="3">권역별 지지도(JTBC)</th></tr>
<tr><td rowspan="3">코리아리서치
(문화일보)</td><td rowspan="3">박근혜 42.8%
문재인 41.9%
이정희 0.8%</td><td rowspan="3">1,000명
유선 50%와
무선 50%의 RDD
응답률 20%
최대오차한계 ±3.1%</td><td>권역</td><td>박근혜</td><td>문재인</td></tr>
<tr><td>서울</td><td>47.7</td><td>48.8</td></tr>
<tr><td>인천/경기</td><td>42.8</td><td>52.3</td></tr>
<tr><td>리서치 앤 리서치
(동아일보)</td><td>박근혜 45.3%
문재인 41.4%
이정희 1.3%</td><td>1,000명
유선와 무선의 RDD
최대오차한계 ±3.1%</td><td>대전/충청</td><td>52.2</td><td>41.9</td></tr>
<tr><td rowspan="3">리얼미터
(JTBC)</td><td rowspan="3">박근혜 47.8%
문재인 45.6%
이정희 1.6%</td><td rowspan="3">2,000명
유선 70%와
무선 30%의 RDD
응답률 13.2%
(콜 시도 15,109회)
최대오차한계 ±2.2%</td><td>강원</td><td>67.5</td><td>26.6</td></tr>
<tr><td>부산/울산/경남</td><td>58.7</td><td>37.4</td></tr>
<tr><td>대구/경북</td><td>73.3</td><td>22.9</td></tr>
<tr><td rowspan="2">모노리서치</td><td rowspan="2">박근혜 47.4%
문재인 45.1%
이정희 2.2%</td><td rowspan="2">1,077명
유선 100%의 RDD
최대오차한계 ±2.98%</td><td>광주/전북/전남</td><td>14.1</td><td>80.3</td></tr>
<tr><td>제주</td><td>50.0</td><td>35.0</td></tr>
</table>

23) 응답률은 응답한 대상의 수를 표본추출된 조사대상의 수로 나눈 것을 의미한다. 낮은 응답률은 표본의 편의를 증가시키는 요인이 된다.

는 조사 결과와 덧붙여 성별, 지역별과 세대별 차이를 동일한 최대오차한계로 설명하고 있다. 광역별로 지역을 분류한 한 조사기관은 전국을 8개 권역으로 나누어 지역별 지지도를 분석하였다. 전체 표본의 크기가 1,000명이라 해도 인구비례로 표본의 크기를 할당하는 여론조사 방법으로는 각 권역별 표본의 크기는 가장 큰 단위가 인천/경기 권역으로 285명이고 제주의 경우는 10명에 불과하다. 따라서 권역별 지지율에 대한 최대오차한계는 인천/경기 ±5.8%, 제주 ±31.0% 등으로 표기하여야 한다. ○

10.1.2 표본선정 방법

표본선정 방법은 여론조사의 응답자를 선정하는 방법으로 확률표본(probability sampling)과 비확률표본(non-probability sampling)으로 분류된다. 확률표본은 무작위(random)로 이루어진 표본을 의미한다. 무작위 표본추출은 정해진 모집단의 각 구성원이 표본에 선정될 확률이 동일하고 표본선정이 독립적으로 이루어져야 한다. 그리고 조사자, 응답자 또는 표본선정 과정에 참여하는 사람의 주관적인 의지가 개입되지 않는 것을 전제로 함은 당연하다.

조사자 또는 응답자의 의지에 의해 표본추출 결과가 달라지는 경우 의도적 표본추출이 된다. 10.1.1절에서 설명한 오차한계 및 신뢰구간은 확률표본에 의해서만 추론할 수 있고 비확률표본의 경우는 표본의 대표성을 담보할 수 없으므로 조사결과는 모집단의 추론에 사용될 수 없다. 따라서 조사에 참여한 표본에 한정된 결과로 해석해야 한다. 비확률표본의 예는 다음과 같다.

(1) 의도적 표본

조사 목적에 맞추어 특정한 표본을 얻는 방법을 말하는 것으로 조사자가 임의로 설정한 집단에서 표본을 취하는 방법이다. 예를 들면 '전문가 집단'이라는 용어처럼 규정되는 집단의 구성이 모호하고 추상적으로 정의되는 경우 등이 이에 속한다. 전문가라 하여 변호사, 의사, 교수 등으로 구성되는 경우 조사자가 임의로 표본의 크기를 할당하고 조사자와 친분이 있거나 조사하기 쉬운 사람을 표본으로 선택할 수 있다. 또는 친분 있는 사람으로 시작하여 다른 사람을 소개받는 식으로 할당된 표본의 크기를 채우는 소위 눈덩이(snowball) 표본을 얻는 경우 등이 의도적 표본으로 비확률표본의 한 예이다.

(2) 자발적 표본

때때로 자발적 표본(voluntary sample)이 편의를 발생시킨다. 표본이 스스로 지원한 응답자인 경우, 즉 어떤 사안에 대해 참여하기를 원하는 청취자 전화를 받는 라디오 프로그램을 예로 들 수 있다. 이 경우 응답자는 개인의 성향을 나타내는 표본인 경우가 많다. 자원자가 조사 주제에 관심이 많거나, 직접적인 이해 당사자인 경우 등으로 전체 모집단과는 다른 형태를 취하는 경우가 이에 해당한다. 조사에 답하는 사람의 의지가 표본추출에 개입된 경우로 모집단을 대표할 수 없다. 프로야구 올스타 선정, 세계 7대 자연유산 선정, 슈퍼스타 K의 사전투표 등 인터넷에서 행해지는 각종 여론조사들도 이에 해당한다.

(3) 편의적 또는 우연적 표본

쉽게 접촉할 수 있는 사람들에게서 표본을 얻는 경우이다. 도서관 앞에서 만나는 사람에게 설문지를 배부하고 회수하는 경우 등 아무런 기준없이 응답자를 선택하는 것이 이에 해당한다. 모집단의 구성원이 학교 구성원 전체인 조사에서 도서관 앞에서 만나는 사람은 모집단 전체와 다른 의견을 갖고 있을 수 있기 때문이다. 특정한 신문(보수나 진보로 대변되는)의 구독자를 대상으로 무작위 표본을 선정하는 경우라도 특정한 신문을 구독하는 사람들이 모집단으로 한정될 때는 확률표본이지만 사람들 전체를 모집단으로 규정하는 경우에는 비확률표본이라 할 수 있다.

(4) 할당표본

모집단의 구성원 분포에 따라 미리 할당된 비율대로 표본을 선정하는 방법이다. 학교에서 여론조사를 하는 경우 성별, 학년별 비율에 따라 표본의 크기를 배정하고 조사자가 할당된 인원을 임의로 채우는 경우이다. 조사자가 만나기 쉬운 사람, 또는 조사에 참여하고자 하는 의도가 있는 사람 등 조사자가 마음대로 인원을 채우는 것이므로 모집단을 대표할 수 없게 된다. 확률적 비례표본은 모집단 비율에 따라 집단별 표본 크기를 정하고 각 집단에서 정해진 표본 크기만큼 확률적으로 추출하는 확률표본이다. 할당표본은 표본추출이 확률적인지 않다는 점에서 확률적 비례표본과 차이가 있다.

10.2 부정확의 요인

10.2.1 무응답 편의

표본의 크기를 크게 하면 표본오차가 작아져서 정확한 추정값을 얻을 수 있다. 그러나 표본설계가 아무리 잘 계획되어도 전화조사, 우편조사 또는 면접조사에서 응답율이 낮으면 쓸모없는 결과를 얻게 되는 오류를 범하게 된다. 분석을 위한 충분한 자료를 확보하기 위해 조사자는 10% 정도 표본크기를 증가시키고, 또한 무응답에 대비해 표본크기를 30% 정도 증가시키는 것이 일반적이어서 많은 표본조사에서 요구되는 신뢰도 또는 정확도에 비해 표본크기가 커지게 된다. 그러나 표본크기가 커진다고 해서 무응답 등으로 비롯되는 잠재적인 편의는 줄일 수 없다. 이렇게 표본으로 추출되었지만 관찰값이 되지 못하는 무응답은 부재, 거절, 응답 불가능, 소재불명 등과 같은 원인에 의해서 발생한다.

부재는 여론조사 시점에서 선택된 표본이 외출 중이거나 또는 다른 이유 등으로 접촉하지 못하는 상황이다. 거절은 선택된 표본이 응답하기를 거절하는 경우이다. 거절 이유는 무관심, 사적영역에 대한 침해 등의 여러 가지 요인이 있을 수 있다. 거절의 경우도 질문지의 일부에 대해서만 응답하는 부분적인 거절이 있을 수 있고 응답자가 다음 시도에 응답하는 일시적인 거절의 경우도 존재한다. 응답 불가능의 경우는 체력적으로 아주 약하거나 한정치산 상태에 있는 경우를 말한다. 마지막으로 표본조사의 표집틀에는 있으나 이사하면서 주소를 남겨두지 않은 상태나 사망 등으로 표본조사를 더 이상 진행시키지 못하는 소재불명의 경우이다.

무응답에 의한 결과는 다양한 형태로 나타난다. 무응답이 증가할수록 잠재적인 편의는 증가한다. 이는 표본으로 얻어진 결과가 모집단을 대변하지 않을 가능성이 많아지는 것을 의미한다. 무응답 처리와 반응 편의 추정하는 방법은 다음과 같다. 첫째, 자료를 폐기한다. 조사자가 타당하지 않다고 생각되는 자료는 폐기되어야 한다. 실제의 경우에서 자료를 폐기하는 경우는 극히 드물다. 오히려 적극 사용하는 경우가 훨씬 빈번한 것이 현실이다. 둘째, 응답자를 일반화시킨다. 어떤 응답자라도 특정화시키지 않는 것이 오차의 영향을 줄이는 지름길이다. 중요한 사람의 의견이라 하여 중요하게 생각하지 않는다. 셋째, 무응답자에게는 계속적으로 접촉을 시도한다. 무응답자가 응답하지 않는 원인을 아는 것이 편의의 존재 및 원인을 이해하는 데 도움을 준다. 편의의 존재가 없다고 최종적으로 확인이 되면 모집단에 대한 일반화가 적절함이 설명된다. 접촉이 불가능한 무응답자는 계속해서 응답 편의를 양산하는 원인이 된다. 넷째, 응답자와 무응답자 간의 요인을 비교한다. 성별, 나이, 직업 등 가능한 많은 요소로 두 집단의 구성인자를 비교하여 어떤 요인에 의해 무응답이 증가하는지를 파악한다. 차이의 존재는 편의의 요인이 되고 자료 해석에 도움을 준다. 다섯째, 초기 응답과 후기 응답을 비교한다. 초기 응답자는 2~3차례 시도 후에 응답한 경우보다 사안에 대해 적극적이다.

무응답의 편의의 범주에는 미포함의 경우가 있다. KT 전화번호부는 전체 가구의 50% 정도밖에 등록되어 있지 않은데 KT 전화번호부를 기준으로 표본을 추출한다면 모집단의 일부 원소들이 부적절하게 표본에 포함되지 않는 경우가 발생한다. 미포함의 고전적인 예는 1936년 제38대 미국 대통령 선거에서 Landon 후보가 Roosevelt 후보를 꺾고 승리할 것으로 예측한 Literary Digest 조사를 들 수 있다. 당시 여론조사 표본에서 민주당 지지 성향을 지닌 저소득층 유권자가 포함되지 않아 결과가 잘못 예측되었다. 당시 여론조사는 전화번호부와 차량등록 목록에서 표본을 선택하는 방법을 사용했는데, 1936년에 미국에서 자동차와 전화를 가진 사람들은 대체로 부유층이었다. 이처럼 누락된 표본틀을 사용할 경우 미포함 문제가 종종 발생한다.

10.2.2 응답 편의

응답 편의는 측정 과정의 문제로 발생하는 편의이다. 다음은 응답 편의의 몇 가지 예이다.

(1) 주요 질문

다른 응답에 비해 특정 응답을 과도하게 유도하는 단어가 질문에 사용될 수 있다. 예를 들어, 만족도 조사에서 응답자는 어떠한 부분에 대해 만족, 불만족, 매우 불만족 중에서 답하도록 요구받을 수 있다. 만족에 해당하는 선택은 한 가지이고, 불만족에 해당하는 선택이 두 가지를 제시한 경우, 설문 조사가 불만족 응답을 얻기 위한 쪽으로 편의된 것이다.

(2) 사회 정의

대부분의 사람은 스스로의 바람직한 면을 나타내고 싶어 한다. 따라서 사람들은 조사과정에서 특히 비밀 보장이 되지 않는 경우라면 좋지 않은 성향이나 불법적인 행동은 인정하기를 꺼린다. 대신 응답자는 사회 정의에 준하는 응답을 하려는 편의를 가지게 된다.

10.2.3 질문 형태

질문 순서 역시 중요하다. 대통령 국정지지도 조사를 예로 들면 현 정부가 잘못한 일을 먼저 물어본 다음 지지도를 묻는 경우와, 잘한 일을 물어보고 지지도를 묻는 경우는 지지도가 달리 나올 수 있다. 언론이 질문순서와 같은 정보 대신 단순 결과만 전달하는 것은 불완전한 정보이며 온전한 여론조사 보도라고 할 수 없다.

10.3 출구조사 표본의 크기 결정

지상파 방송 3사가 70억 원의 예산을 투입해 공동으로 벌인 제19대 총선 출구조사는 예년과 마찬가지로 결과를 제대로 예측하지 못했다. 의석수는 지역구·비례대표 합산 새누리당 153석, 민주통합당 127석으로 나타났다. KBS의 예측 결과는 두 당 모두 131~147석, MBC는 새누리당 130~153석, 민주당 128~148석, SBS의 경우 새누리당 126~151석, 민주당 128~150석이었다. 각각 20석 정도의 '여유치'를 두고도 예측치 범위에 간신히 들어가거나 아예 벗어난 것이다. 총선 출구조사는 조사 표본이 상대적으로 적은 상태에서 지역구별 당선자를 예측해야 하는 한계 때문에 정확도가 대선 또는 광역지자체선거에 비해 상대적으로 떨어지는 경향을 보였다(조선일보 2012년 4월 13일).

대통령 선거의 경우는 전국이 단일 모집단이기 때문에 출구조사를 정확하게 예측했지만 국회의원 선거는 처음 실시된 15대부터 19대까지 예측범위가 무의미하거나 예측범위를 벗어나는 결과를 나타냈다. 정확한 출구조사를 위해서 어느 정도의 표본 크기가 필요할까?

동일한 모집단에서 실시하는 여론조사의 신뢰성은 얼마나 많은 표본을 얻었는가에 달려 있다. 어떤 여론조사의 모집단 찬성비율이 55%라고 한다면, 즉 모집단에 대한 참값은 $p=0.55$이다. 미지의 값인 모집단비율 p를 추정하기 위해 표본의 크기가 100인 단순임의표본으로 표본비율 $\hat{p}$를 추정하는 시행을 여러 번 실시한다면 첫 번째는 $\hat{p}=\frac{54}{100}=0.54$, 두 번째는 $\hat{p}=\frac{50}{100}=0.50$, 세 번째는 $\hat{p}=\frac{57}{100}=0.57$ 등으로 그때마다 표본비율이 다양하게 얻어질 것이다.

[그림 10.1]은 표본 크기가 100인 단순임의표본을 10,000번 실시한 표본비율 $\hat{p}$의 히스토그램이다. 가로축은 표본비율 $\hat{p}$의 값이고, 세로축은 10,000개의 표본이 각 그룹에 속한 수를 나타낸다. 표본비율은 다양한 값을 가지고 있지만 모집단의 참값을 중심으로 분포하고 있음을 알 수 있다. 그러나 후보자가 두 명인 선거 여론조사를 가정한다면 참값이 55%인, 즉 55:45인 상황에서 50% 이하의 표본비율은 당선자를 그릇되게 예측하는 결과를 갖게 된다. 표본의 수가 100인 경우인 [그림 10.1]에서 0.5 이하인 표본비율의 수는 1,372번으로 13.72% 만큼 그릇된 예측을 하게 된다.

반면 [그림 10.2]는 동일한 모집단에서 크기 1,000개의 단순임의표본을 10,000번 추출한 결과이다. 표본의 크기가 100개인 경우보다 중심으로 집중되어 산포가 작은 분포를 한다. 표본크기가 100인 표본의 표본비율들의 평균이 0.5494, 표준편차가 0.05인데 비교하여 표본크기가 1,000인 경우는 표본비율들의 평균이 0.5499, 표준편차가 0.0158로 평균은 중심인 0.55와 차이 없으나 표준편차는 현저하게 작아짐을 알 수 있다. 또한 표본비율이 0.5 이하인 횟수도 8번으로 선거 여론조사에서 당선자를 99.92%만큼 정확하게 예측할 수 있음을 알 수 있다. 표본크기가 100인 경우 자료의 95%가 0.45와 0.65 사이에 표본비율이 분포되어 있는 반면, 표본크기가 1,000인 경우는 0.519와 0.581 사이에 분포되어 있다. 따라서 표본크기가 크면 산포가 작아진다.

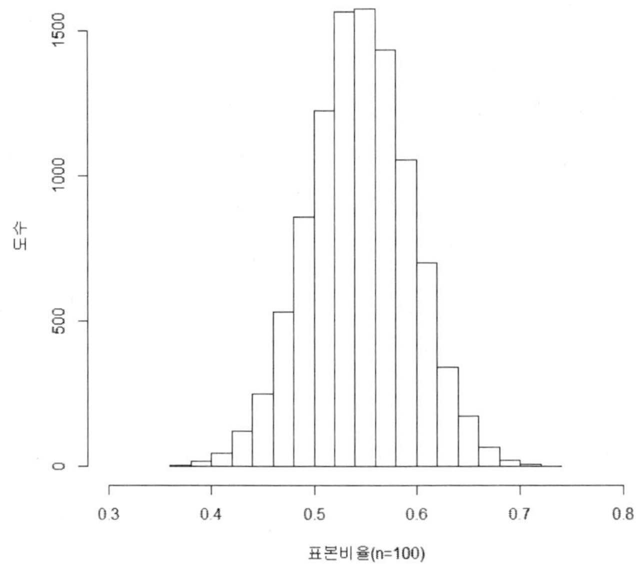

[그림 10.1] 55:45 상황에서 표본 크기가 100인 표본의 표본비율 히스토그램

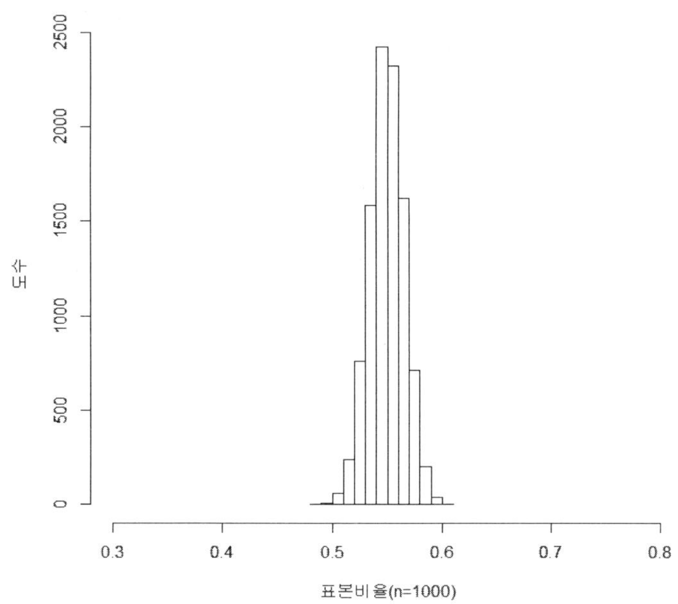

[그림 10.2] 55:45 상황에서 표본 크기가 1000인 표본의 표본비율 히스토그램

출구조사에 대한 모의실험으로 후보자간 지지율의 차이와 표본 크기의 관계를 살펴보자. [표 10.3]과 [그림 10.3]은 모집단비율과 표본의 크기에 따른 당선자 예측 정도를 100,000번 모의실험한 결과이다. 51:49의 박빙의 상황에서는 95% 당선 예측을 하기 위해서는 7,000개 이상의 표본이 필요함을 알 수 있다. 52:48의 상황에서는 2,000개, 53:47의 상황에서는 1,000개, 54:46의 상황에서는 500개의 자료가 95% 당선 예측을 하기 위해서 필요하다. 반면에 55:45의 상황에서는 95% 당선 예측을 하기위해서 단지 300개의 표본이 필요할 뿐이다. 국회의원 선거 출구조사 결과 예측이 빗나가는 경우가 발생할 때 다른 요인들도 존재하겠지만 표본조사의 오차한계 개념으로만 생각하여도 어쩌면 당연한 결과다.

출구조사는 보통 지역구당 표본의 크기가 500개의 표본으로 결과를 예측하지만 이 표본으로 95% 당선 예측이 가능한 경우는 54:46 이상으로 지지율의 차이가 있는 경우일 뿐이다. 8% 포인트 미만의 차이를 갖는 소위 박빙이라고 할 수 있는 지역구에서는 표본의 크기가 500인 표본으로는 95% 미만의 당선 예측만이 가능하고 이런 이유에서 출구조사의 결과와 개표결과가 달라질 수 있다.

[표 10.3] 모집단비율에 따른 표본비율이 당선 예측을 옳게 하는 비율

		표본의 크기					
		300	500	800	1000	2000	7000
모집단비율	0.51	0.61400	0.65770	0.70149	0.72600	0.80982	**0.95237**
	0.52	0.73909	0.80511	0.86371	0.89130	**0.96073**	0.99961
	0.53	0.83879	0.90355	**0.95226**	**0.96983**	0.99588	1.0000
	0.54	0.90611	**0.96003**	0.98657	0.99394	0.99983	1.0000
	0.55	**0.95255**	0.98640	0.99741	0.99912	0.99999	1.0000

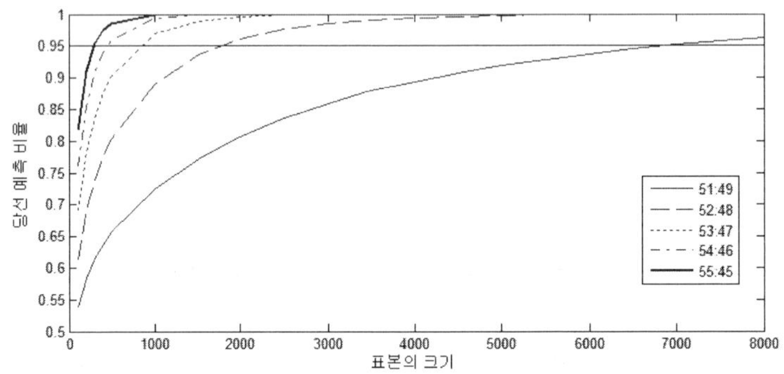

[그림 10.3] 모집단비율에 대한 표본의 크기 변화에 따른 당선 예측비율

연습문제

1 여론조사에 관한 기사를 제시하고 표본의 크기, 유의수준, 최대 허용오차 등을 검토하여라.

2 여론조사 기사에서 오류의 부분을 찾아내어 정정하고 원인을 분석하여라.

3 시청률 조사의 표본선정 방법을 조사하고 조사과정 방법을 설명하여라.

4 다양한 신문기사의 여론조사에서 표본선정 방법을 조사하고 자신의 의견을 기술하여라.

5 실제 시행되는 출구조사 방법을 상세하게 기술하여라.

참고문헌

1. 강흥수 (2009), 여론조사, 과학인가 예술인가?, 리북.
2. 허명회 (2006), 통계적 사고, 교우사.
3. Herbert B. Asher (2007), Polling and the Public. What Every Citizen Should Know, CQ Press.

제 11 장

인구통계

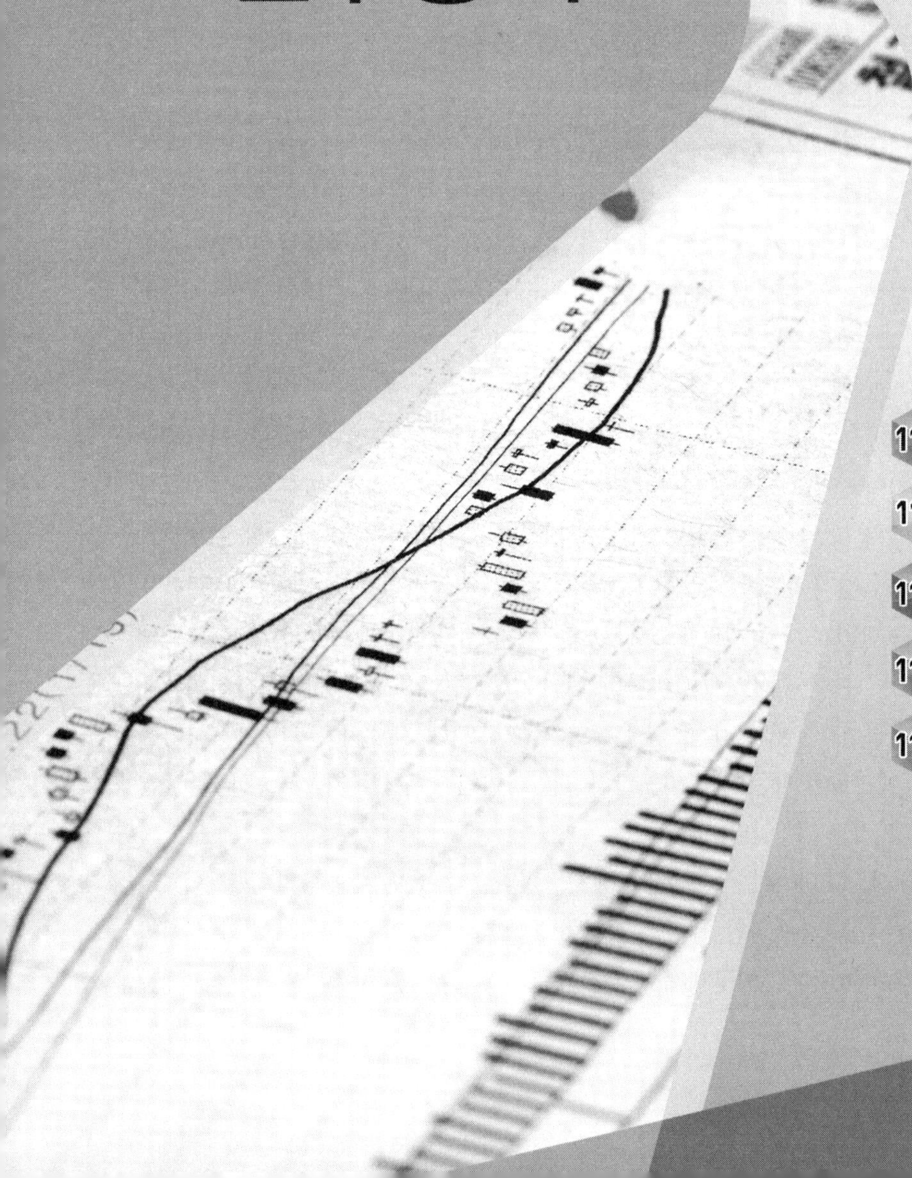

11.1 인구통계

인구(population, 人口)란 한 나라 또는 일정 지역 안에 사는 사람의 총수를 말한다. 인구통계(demographics)는 인구를 통계적으로 파악하고 그 결과를 수량으로 나타낸 것이다. 인구로 인간 사회의 구조와 변동의 동향을 알 수 있으므로 인구통계는 한 지역, 한 나라를 알기 위한 중요한 기초 자료이다. 인구통계에는 인구정태통계와 인구동태통계가 있다. 인구정태통계(人口靜態統計)란 어느 특정한 시점에서 파악한 자연적(성별, 연령별), 사회적(국적별, 가족관계별, 학력별), 경제적(직업별, 사업별) 상태에 관한 인구 크기 및 구조의 통계이다. 이는 인구주택총조사(인구센서스)에 의해 구해지고 있다. 이것은 가장 기본적인 인구자료이기 때문에 국가가 인구센서스를 정기적으로 실시하고 있다. 인구동태통계(人口動胎統計)는 인구의 정태상태 즉, 인구의 크기나 구조를 달라지게 하는 요인인 출생·사망·이동·결혼·이혼 등의 발생수를 일정기간 동안 조사한 통계이다. 이는 인구동향조사에 의해 구해지고 있다.

인구통계는 정부가 입안하는 각종 사회경제정책 수립의 초석이 된다. 예를 들면 인구통계에 기초하여 2012년에 우리나라의 국민연금 수급연령이 기존 60세에서 61세로 상향 조정되었다. 인구통계에 의하면 갈수록 저조한 출산률과 고령화로 인하여 국민연금의 수급연령은 계속 높아질 것이라고 예상된다. 도서관, 소방서, 파출소, 공립학교, 고속철도, 공항 등과 같은 공공시설을 만들 때도 인구통계를 기초로 한다.

공공부문뿐만 아니라 민간부문에서도 인구통계는 매우 유용하게 쓰인다. 예를 들면, 어느 지역의 연령대별 인구분포는 소비 행태도 연령대별 특성을 보여 주므로 마케팅에 활용할 수 있다. 어느 지역에 출마하는 정치인은 그 지역의 인구통계를 잘 활용하여 지역에 맞는 선거 전략을 세울 수 있다.

인구통계는 단기적인 경제지표보다는 장기적으로 영향력을 발휘하므로 투자에 활용될 수 있다. 예를 들면, 베이비붐(baby boom)세대가 성장해서 시장진입세대(15～35세)가 될 때 경제와 자산시장은 호황을 맞고, 그 세대가 은퇴할 때 불황을 맞을 것으로 예상되기 때문에 라이프스타일을 파악하여 주식투자, 부동산투자, 혹은 사업계획을 세울 수 있다.

인구정태통계를 대표하는 것은 인구센서스이다. 이 조사는 인구의 규모, 구조, 분포와 인구 · 사회 · 경제적인 특성을 파악하고 있다. 미국은 인구센서스의 실시가 헌법에 규정되어 있는데, 인구센서스의 결과를 토대로 주별 하원의원의 수나 대통

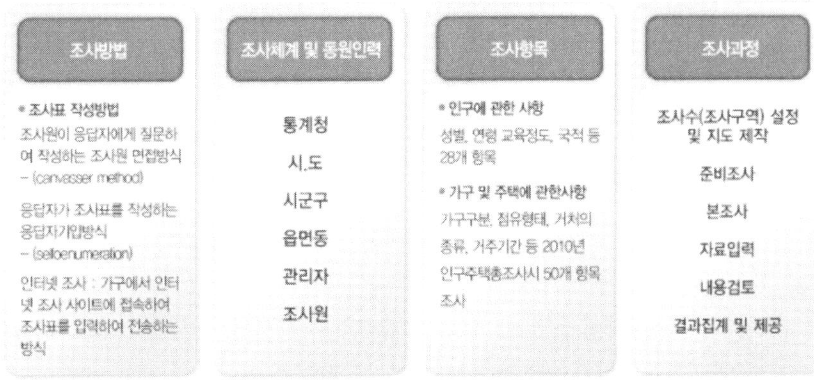

[그림 11.1] 2010년 인구주택총조사의 실시방법(출처: 통계청 국가통계포털)

령 선거인단의 수를 결정하도록 되어 있다. 우리나라는 삼국시대, 고려시대, 조선시대에 이르기까지 일종의 인구조사인 호구조사가 지속적으로 이루어져 왔다. 현대에 이르러서 1925년부터 현재까지 5년 간격으로 인구센서스를 하고 있다. 2010년에 실시된 『2010년 인구주택총조사』의 실시방법이 [그림 11.1]에 나타나 있다.

인구통계학(demography)은 인구의 규모, 분포, 출생, 사망, 결혼 등을 통계적으로 연구하는 학문이다. 인구통계학의 기원은 16세기 말 영국의 존 그랜트가 쓴 『사망률 기록문서에 관한 자연적 · 정치적 관찰』(1662)이다. 그랜트는 런던지역의 출생률, 사망률, 남녀의 성비를 분석하여 군복무 연령층의 남성수, 가임여성의 수, 총세대수, 인구수를 예측하였다. 19세기까지의 인구통계학 연구는 일반적으로 사망률이 강조되었으나 19세기 후반에 출생률이 급격히 감소하자 사망률과 함께 출생률도 본격적으로 연구되었다. 1928년에는 인구의 과학적인 연구를 위한 국제연합(International Union for the Scientific Study of Population)이 창립되었다.

대부분 나라의 인구통계는 지방 행정기관에서 작성하는 출생, 사망, 결혼, 그리고 인구이동 등에 관한 통계에 기초한다. 이러한 인구통계자료에 발전된 통계분석 기법을 적용하여 상당히 정확한 인구예측 결과를 얻고 있다.

11.2 인구피라미드

성별, 연령별, 결혼여부, 가구원수별, 학력별, 지역별, 종교별, 직업별, 산업별로 인구구조의 변동을 파악함으로써 인구변동으로 인한 경제 및 사회적 문제 등을 해결할 수 있다. 성별, 연령별 인구구조를 동시에 그래프에 나타낸 특수한 히스토그

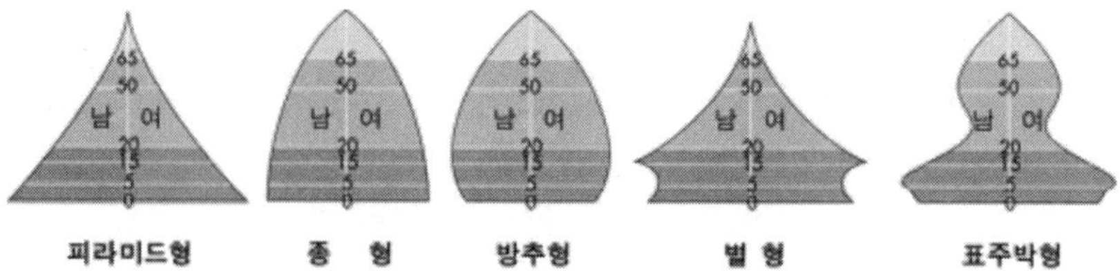

[그림 11.2] 인구피라미드의 유형

램이 인구피라미드이다. 각 연령층 인구의 크기를 막대그래프의 수평축에 나타내는데, 제일 낮은 연령집단을 제일 아래쪽에 위치하고, 그 위에 다음 연령 집단을 차례로 올린다. 또한 남성인구는 왼쪽에 여성인구는 오른쪽에 그린다. 과거에는 대부분 인구구조가 아래가 넓고 위가 좁은 피라미드 모양을 나타냈기 때문에 인구피라미드라고 불렀다.

인구피라미드 모양에 가장 큰 영향을 주는 요인은 출생률과 사망률이다. 출생과 사망에 따른 자연적 인구 증감의 특성을 나타내는 모양은 피라미드형, 종형, 방추형이고 인구이동과 같은 사회적 인구증감의 특성을 나타내는 모양은 별형, 표주박형이다. 피라미드의 대표적인 유형들이 [그림 11.2]에 나타나 있다.

인구피라미드는 연령을 크게 유소년층(0~14세), 청장년층(15~64세), 노년층(65세 이상)으로 구분한다. 피라미드형은 유소년층의 비율이 매우 크고 노년층의 인구 비율이 매우 작은 유형으로 고출생(高出生)과 고사망(高死亡)인 지역에서 보이는 인구구조로서 다산다사형(多産多死型)이라고도 하며 저개발 국가의 인구구조의 특징이다. 종형은 출생률이 낮아 유소년층의 인구 비율이 낮고 기대수명이 연장되어 노년층의 비율은 높은 소산소사형(小産小死型)이라고도 하며 흔히 선진국에서 보이는 인구구조이다. 이 구조의 특징은 경제활동인구인 청장년층의 비율이 상대적으로 높아 생산성이 높은 인구구조이나 노령인구문제가 발생한다. 종형에서 출생률이 더욱 낮아지면 인구가 감소하는 방추형이 된다. 방추형은 출생률이 사망률보다 낮아 인구 감소가 예상되는 지역의 인구피라미드 유형이다. 별형은 청장년층의 전입이 많은 도시나 신개발 지역에서 나타나는 인구구조인데, 경제활동인구인 청장년층이 상대적으로 많으며 이 층은 출산 연령층에 속하므로 유년층의 비율도 높은 편이다. 표주박형은 청장년층의 전출 인구가 많은 농촌에서 나타나는데 생산연령 인구에 비해서 노년 인구나 유소년 인구가 많다. 청장년층의 유출에 의한 출산력[24] 저하로 유년층의 비율이 낮다.

24) 출산력이란 출산수준을 의미하며 출산력을 측정하는 지표로는 조출생률(일반출생율), 연령별출산율, 합계출산율 등이 있다. 조출생률은 (연간 출생아수/당해 연도 연앙인구) × 1,000로 계산된다. 합계출산율은 각주 26) 참조.

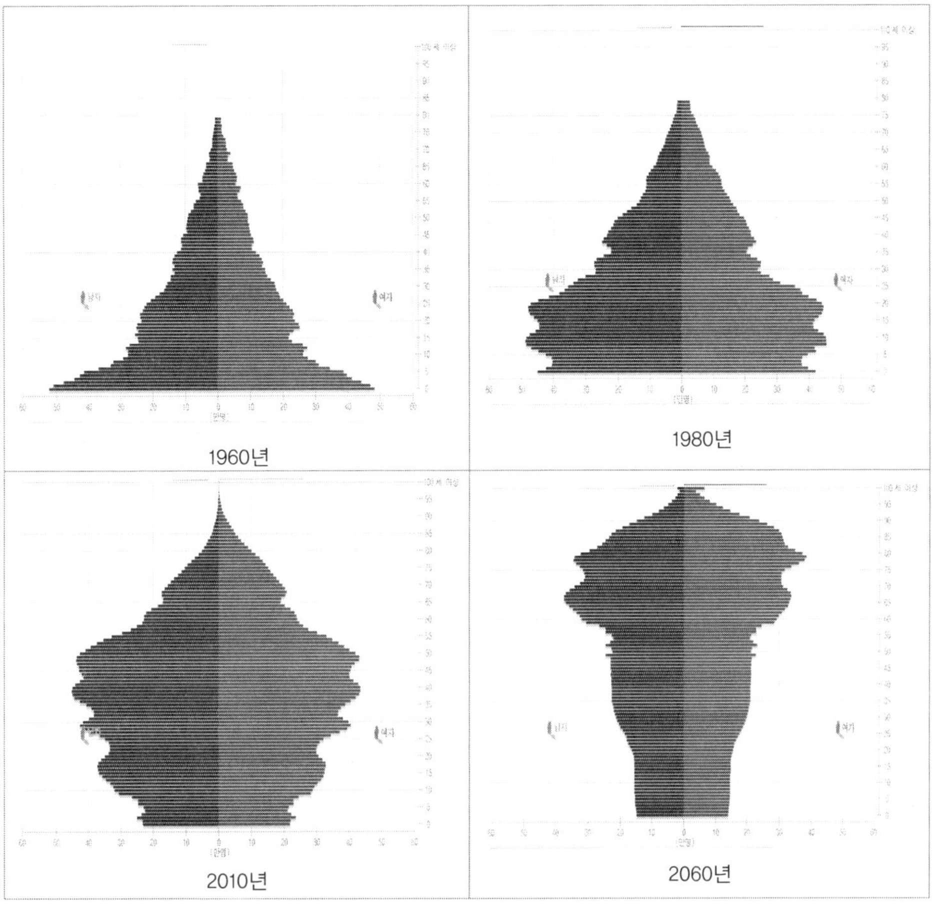

[그림 11.3] 우리나라의 인구피라미드의 변천(출처: 통계청, 국가통계포털)

[그림 11.3]에 나타난 우리나라의 인구피라미드 유형의 변천을 살펴보면, 1960년 무렵에는 높은 출생률과 높은 사망률로 인하여 인구가 증가하는 피라미드형이었지만, 2010년에는 낮은 출생률과 낮은 사망률로 인하여 인구가 정체하는 방추형의 유형을 보인다. 1980년대의 인구피라미드 유형은 피라미드형에서 방추형으로 변화하는 과도기적 유형을 보인다. 미래 2060년에는 윗부분이 넓은 역삼각형 항아리 구조로 변화할 것으로 예측된다.

[그림 11.4]는 2011년 11월 1일 현재 우리나라의 인구피라미드의 현황을 보여 주고 있다. 우리나라는 전통적으로 출산율과 사망률이 높은 피라미드형의 농경사회였다. 그러나 조선시대 말부터 서방세계의 의술 및 의약품이 들어온 이후 사망률은 감소하기 시작했으나 출산율은 여전히 높아 높은 인구증가를 겪는다. 우리나라의 혼란기였던 8.15 해방 전후기에 인구의 격감을 겪는다. 해방 이후 해외에 흩어

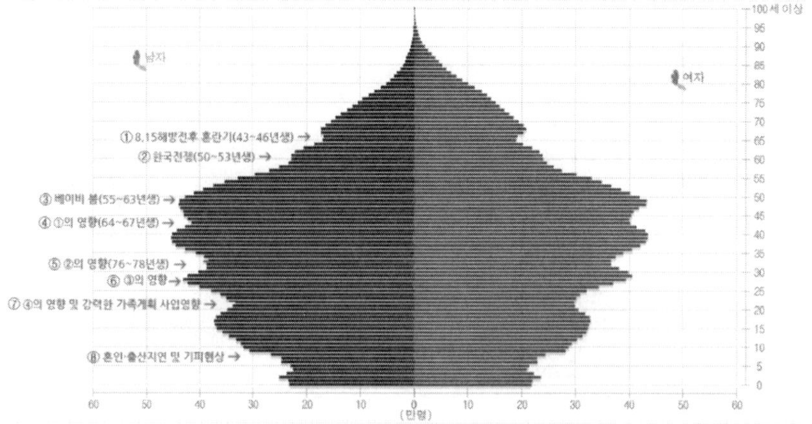

[그림 11.4] 2011년 11월 1일 우리나라의 인구피라미드(출처: 통계청, 국가통계포털)

져 있던 재외교포가 국내로 되돌아 와서 인구의 증가가 잠시 동안 있었으나 6.25 동란으로 약 100만 명의 사망자가 발생하여 다시 인구의 격감을 보여 준다.

전쟁의 공포에서 해방되는 1950년 중반부터 약 10년 동안 1천만 명이 출생하였다. 대략 1955~1963년 출생자를 우리나라의 베이비붐세대라 일컫는다. [그림 11.4]에서 8.15와 6.25의 인구격감 시기와 전쟁 후의 급증 시기를 거친 부모세대로부터 태어난 자녀세대는 부모세대의 인구증감의 영향을 그대로 받고 있음을 보여주고 있다. 특히 베이비붐세대의 자녀로 1979~1992년 출생아를 에코붐(echo boom)세대라고 부른다. 이는 대량출산으로 인구급증을 겪었던 베이비붐세대가 마치 메아리를 만들 듯이 또다시 대량출산으로 인구급증 세대인 에코세대를 만들었다는 의미이다.

1983년 당시에 우리나라는 인구 4,000만 명을 돌파하였고, 2000년에는 5,000만 명, 그리고 2060년에 6,000만 명이 될 것이라고 정부당국은 예측하였다. 미래에 인구폭발로 인한 경제 및 사회적인 삶의 질이 떨어질 거라고 예측한 정부 당국이 1960년대부터 시행해 온 산아제한 정책을 더욱 강력하게 시행하여 출산율은 현저히 떨어지게 된다. 그러나 정부의 예측은 맞지 않았다. 인구 5,000만은 2000년으로부터 무려 12년이 지난 2012년 6월에 달성되었고, 통계청의 『장래인구 추계: 2010-2060』에 의하면 2030년에 5,200여만 명의 정점을 거쳐 향후에는 인구감소의 추세로 갈 것으로 예측된다.

현재는 개인의 소득증가에 따른 생활수준 향상과 보건의료의 발전 및 의료보험제도 도입으로 사망률이 크게 감소하였다. 또한 영아 및 산모의 사망률이 크게 낮아지면서 평균수명은 큰 폭으로 늘어난 반면, 여성의 경제활동 확대, 혼인연령 상승, 교육비 부담, 주거난, 신용난, 보육문제, 취업난 등으로 인하여 출산율은 지속적으로 떨어지고 있으며 미래에도 이런 추세는 계속될 것이라고 전망된다.

11.3 기대수명

인구의 기대수명을 측정하기 위해 일반적으로 사용되는 방법은 연령별 사망률(age specific mortality rate)을 토대로 생명표(life table)를 만드는 것이다. 생명표는 현재의 사망 수준이 그대로 지속된다는 가정하에서, 어느 출생 집단의 남녀별, 연령별로 사망확률, 생존자수, 정지인구, 기대여명 등을 나타낸 통계표라고 할 수 있다. 여명은 남아있는 수명을 말하므로 연령이 x세인 생존자들의 평균 생존년수를 x세의 기대여명(life expectancy)이라고 한다. 특히 0세의 기대여명을 기대수명(life expectancy at birth)이라고 한다. 즉, 기대수명은 출생 시 기대여명을 의미하며, 출생한 아이들이 몇 해 동안 생존할 수 있는가를 나타내는 기대 생존년수를 의미한다.

우리나라는 1960년 인구센서스를 기초로 1964년에 최초로 생명표를 작성하였다. 통계청에서는 그동안 부정기적으로 작성하여 발표하던 생명표를 2004년부터는 매년 작성하여 발표하고 있다. 생명표는 한 나라 국민의 종합적인 사망수준을 나타내므로 국가의 연금, 보건, 의료정책 수립과 인구추계에 활용될 뿐만 아니라 보험회사에서 보험료율, 인명피해 보상비 산정에 활용된다. 또한 국가별 경제, 사회, 보건수준 및 국가경쟁력 비교평가에도 활용된다. 생명표의 작성방법은 통계청의 홈페이지를 참고하기 바란다.

생명표에는 각 연령별로 작성하는 완전생명표와 보통 5세 간격의 연령계급별로 작성되는 간이생명표가 있다. [표 11.1]의 2010년 간이생명표에 의하면 영아사망률의 경우 남아 1,000명 출생에 3.7명 수준이고, 여아는 2.7명 수준이다. 또한 2010년 출생아들의 기대수명은 여아가 84.1년으로 77.2년인 남아보다 약 7년을 더 살 수 있다. 2010년에 60~64세 연령층의 기대여명을 보면 여자가 26년이므로 남자의 21년에 비하여 5년을 더 살 수 있을 것으로 기대된다.

[그림 11.5]에는 1970~2060년의 기간 동안에 남녀별로 기대수명 추이가 증가 추세로 나타나 있다. 이렇게 1970년에 비하여 지속되는 기대수명 증가는 주로 영유아, 중년, 노년층의 질병 혹은 사고와 같은 사망위험 감소가 주요 원인이다. 지난 40년간 남녀 전체의 기대수명은 18세 이상 증가하였는데, 10년마다 평균 4.5세

씩 증가한 셈이다. 즉, 남자의 기대수명은 1970년 58.7세에서 2010년 77.2세까지 18.5세 증가하였으며, 같은 기간에 여자의 기대수명도 65.6세에서 84.1세로 18.5세 증가하였다. 여성의 기대여명은 어느 년도에서나 남성의 기대여명보다 더 길다. 그러나 기대수명의 남녀 간 격차는 줄어드는 경향으로 1970년 6.9세에서 1992년에 최대 8.2세까지 계속 증가 추세였으나 2010년 6.9세로 감소 추세를 보여 주고 있다. 이러한 감소 경향은 2060년에는 3.7세까지로 줄어들 것이라고 예상된다.

[그림 11.6]을 보면 기대수명은 전 세계적으로 증가 추세에 있음을 알 수 있다. 우리나라는 1980년대 이후 기대수명이 가파르게 상승하여 2010년에는 미국, 영국 등의 선진국과 비슷한 수준에 도달하였다. 2010년의 기대수명은 일본이 83.7세로 가장 높고 우리나라는 80.8세이다. 통계청의 예측에 의하면 2040년 우리나라의 기대수명은 86.0세로 일본의 기대수명 86.9세에 거의 근접한다.

[표 11.1] 우리나라 2010년 간이생명표

남자	사망확률	생존수	정지인구	기대여명	여자	사망확률	생존수	정지인구	기대여명
0	0.00370	100000	99683	77.20	0	0.00273	100000	99770	84.07
1-4	0.00090	99631	398313	76.48	1-4	0.00078	99727	398719	83.30
5-9	0.00065	99541	497540	72.55	5-9	0.00041	99649	498142	79.36
10-14	0.00073	99476	497221	67.60	10-14	0.00053	99608	497922	74.39
15-19	0.00189	99404	496601	62.64	15-19	0.00099	99555	497558	69.43
20-24	0.00285	99216	495409	57.76	20-24	0.00171	99457	496889	64.49
25-29	0.00376	98933	493763	52.92	25-29	0.00236	99287	495871	59.60
30-34	0.00457	98561	491716	48.11	30-34	0.00271	99053	494604	54.74
35-39	0.00637	98111	489087	43.31	35-39	0.00355	98784	493087	49.88
40-44	0.01081	97485	485010	38.58	40-44	0.00462	98434	491084	45.05
45-49	0.01715	96432	478321	33.97	45-49	0.00665	97978	488353	40.24
50-54	0.02581	94779	468126	29.51	50-54	0.00919	97327	484499	35.49
55-59	0.03748	92332	453512	25.23	55-59	0.01257	96432	479318	30.80
60-64	0.05393	88874	432963	21.10	60-64	0.01983	95221	471725	26.18
65-69	0.08421	84081	403990	17.16	65-69	0.03469	93332	459336	21.66
70-74	0.14091	77001	359621	13.49	70-74	0.06371	90095	437516	17.31
75-79	0.23146	66151	294357	10.26	75-79	0.12603	84355	397670	13.30
80-84	0.36736	50839	208115	7.57	80-84	0.23606	73724	327920	9.83
85-89	0.53137	32163	116158	5.49	85-89	0.39531	56320	226669	7.04
90-94	0.68851	15073	46319	4.01	90-94	0.57671	34056	118392	4.99
95-99	0.81159	4695	11996	3.00	95-99	0.73976	14416	41554	3.57
100+	1.00000	885	2072	2.34	100+	1.00000	3752	9967	2.66

(출처: 통계청, 2011, 장래인구추계 2010-2060)

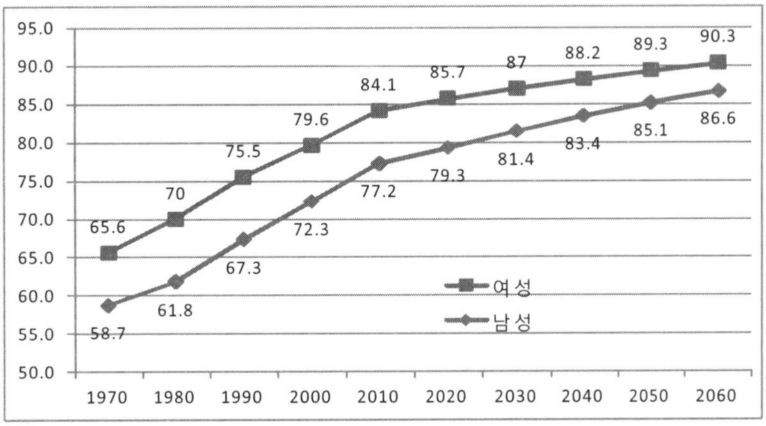

[그림 11.5] 성별 기대수명 추이(출처: 통계청, 2011, 장래인구추계: 2010-2060)

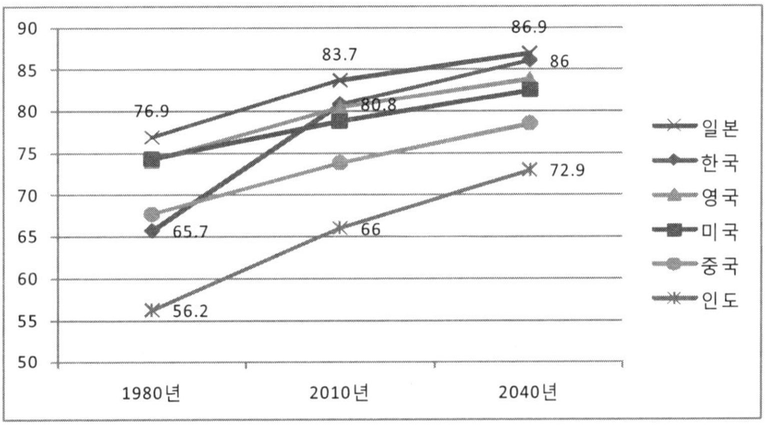

[그림 11.6] 주요 국가의 기대수명(출처: 통계청, 2011, 장래인구추계: 2010-2060)

11.4 인구추계

통계청은 통계법에 근거하여 『장래인구추계』를 작성하여 제공한다. 『장래인구추계』의 내용에는 인구센서스에 기초하여 인구를 증가 혹은 감소시키는 세 가지 요인인 출산, 사망, 국제이동의 추이 분석을 통하여 장래 연도별, 연령별, 성별로 총인구, 인구성장률, 출산율, 사망률, 기대여명, 부양비, 노령화지수 등의 인구추계[25)]가 들어 있다. 이런 자료를 만드는 목적은 연금 및 재정정책 등 국가 중장기

25) 인구주택총조사 결과를 기초로 인구변동요인(출생, 사망, 국제이동 등)을 반영하여 매년 7월 1일 현재로 추계한 인구・추계인구는 기준일이 7월 1일 연앙(年央)인구로, 과거인구에 대한 확정인구(population estimates)와 향후 인구변동(출생, 사망, 국제이동)을 고려하여 작성된 장래추계인구(population projections)로 구분한다.

경제 사회 발전에 기초자료 제공뿐만 아니라 인구통계를 활용한 다양한 주제별 추계의 기초자료를 국민에게 제공하는 데 있다. 『장래인구추계』는 1994년에 『추계인구』로 시작하였으며, 최근에는 2010년 인구센서스 결과를 기초로 2011년에 『장래인구 추계: 2010-2060』을 발표하였다. 『장래인구 추계: 2010-2060』에서 2010년까지의 추계는 확정치이며 그 이후의 추계는 예측된 추정치이다.

(1) 인구

[그림 11.7]에는 1960년대부터 2060년대까지 우리나라의 총인구와 성별 인구의 추이와 추계가 나타나 있다. 1967년 3천만 명을 넘어선 이후 1천만 명이 더 늘어나는 데 16년이 소요된 반면에, 1983년 4천만 명에서 2012년 6월 5천만 명까지 증가하는 데 29년이 소요되었다. 우리나라는 2010년 기준으로 합계출산율[26]은 대체출산율[27] 수준인 2.1명보다 더 낮다. 반면에 평균수명은 지속적으로 늘어나 2030년에 총인구는 정점을 이루고 그 이후로는 감소할 것으로 예측된다.

(2) 성비 및 출생성비

[그림 11.8]은 1960년대부터 2060년대까지 여성 인구 100명당 남성 인구의 성비와 1970년대부터 2010년대까지의 여아 출생 인구 100명당 남아 출생 인구의 출생성비의 추이를 보여 주고 있다. 성비와 출생성비의 계산식은 다음과 같다.

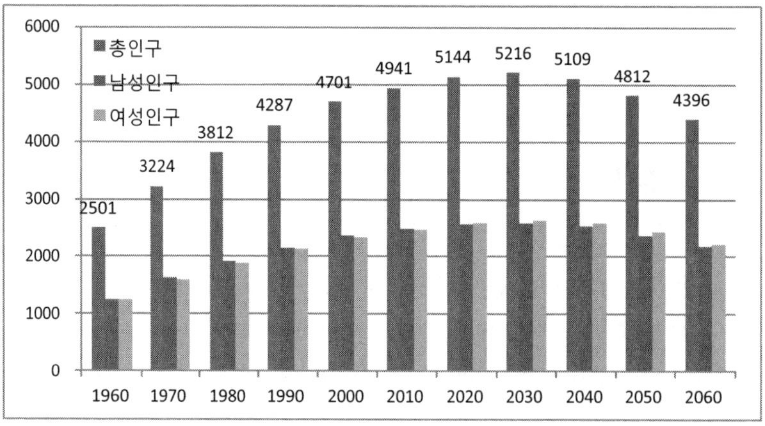

[그림 11.7] 인구추계(단위: 만 명) (출처: 통계청, 2011, 장래인구추계: 2010-2060)

26) 합계출산율은 출산력을 나타내는 대표적인 지표로서 여성 1명이 가임기간(15~49세까지) 동안 낳는 평균 출생아 수를 의미한다.

27) 장기적으로 현재 인구를 유지하는 데 필요한 출산력 수준을 의미한다.

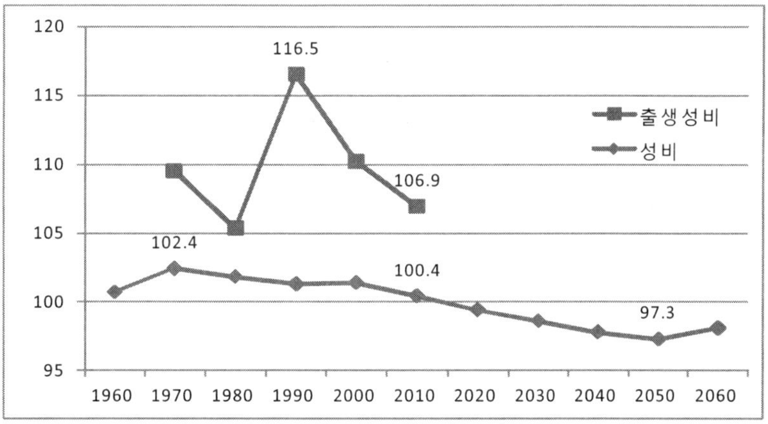

[그림 11.8] 성비 및 출생성비(출처: 통계청, 2011, 장래인구추계: 2010–2060)

$$성비 = \frac{남성인구}{여성인구} \times 100$$

$$출생성비 = \frac{남아출생수}{여아출생수} \times 100$$

우리나라는 아들이 부모를 봉양하고, 조상의 제사를 지내는 유교사상의 전통을 가지고 있어서 남아 출생을 선호해 왔다. 일반적으로 자연 상태의 정상 출생성비는 103~107이라고 한다. 그러나 1980년대 초음파진단으로 태아감별이 가능해짐에 따라 출생성비가 증가하기 시작하였다. 1990년대에는 출생성비가 최대 116.5를 기록하였으나 그 이후로 출생성비는 하락하는 추세로 2010년에는 정상 출생성비인 106.9에 진입하였다. 이는 여성의 교육 수준이 남성과 거의 같은 수준으로 높아졌고, 여성의 사회 진출도 꾸준히 증가하고, 부모세대가 노후에 자녀세대에 의존하려는 의식이 옅어지면서 점차적으로 남아 선호 의식이 사라지는 사회 환경에 기인한다.

성비는 상대적으로 급등락이 심한 출생성비에 비해서 완만한 추세이다. 이것은 남아출생이 높은 반면에 여성의 기대수명이 높아서 그 차이가 상쇄된 것으로 보인다. 1971년의 성비는 102.6의 최댓값을 기록한 후로 전반적으로 내리막 추세이다. 2015년에 남녀 동등한 인구수를 나타내는 성비 100과 2050년에는 최소 성비 97.3이라는 성비 역전까지 예상된다. 아들, 딸을 구별하지 않는 사회 환경과 더불어 여성의 높은 기대수명이 남녀 성비를 역전시킨 것으로 추측된다.

(3) 출산율

출산율은 미래의 인구규모 및 연령구조를 결정하는 중요 요인이다. [그림 11.9]는 우리나라 중위가정[28]의 합계출산율의 추이를 보여 준다. 1990년대까지 가파른 출산 하락의 원인은 정부의 강도 높은 산아제한 정책에 기인하였고, 1990년대 이후 낮은 출산율은 여성의 높아진 교육수준, 경제 및 사회활동, 초혼연령의 상승, 높은 미혼율, 그리고 아이를 갖기 어려운 여러 사회 환경에 기인한다. 1970년대 합계출산율은 4.54명이었으나 1983년에 처음으로 대체출산율인 2.1명 이하로 떨어진 이후에 지속적으로 하락추세를 보이다 2005년에 최저 출산율인 1.08명을 기록하였고 2010년 출산율은 1.23명이다. 이후 2030년에 1.41명까지 상승하였다가 이후 2060년까지 정체될 것으로 예상된다.

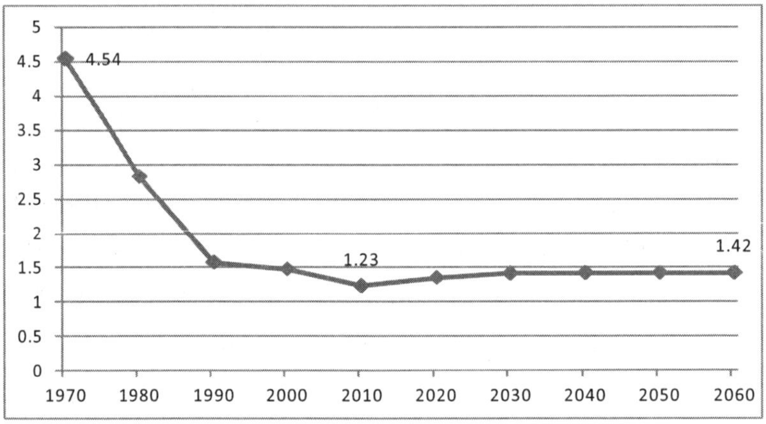

[그림 11.9] 합계출산율(출처: 통계청, 2011, 장래인구추계: 2010-2060)

(4) 미혼율

우리나라는 전반적으로 미혼율과 초혼 연령 및 평균 출산 연령이 상승하고 있는 추세이다. [그림 11.10]을 보면 연령별 미혼율의 추이를 보여 주고 있다. 20대 후반의 미혼율은 1990년 22.1%에서 2010년 69.3%로 5년마다 10% 이상씩 증가하고 있다. 한편, 평균 초혼 연령은 1990년 24.8세에서 2010년 28.9세로 5년마다 약 1세씩 증가하며, 평균 출산 연령도 1990년 27.1세에서 2010년 31.3세로 5년마다 약 1세씩 증가하는 추세이다.

28) 출산율, 사망률, 기대수명 등을 예측할 때 적용하는 인구성장의 가정 시나리오로는 저위가정, 중위가정, 고위가정이 있다. 이 중에서 저위가정은 낮은 출생률과 높은 사망률을 가정한 낮은 인구성장의 시나리오이며, 고위가정은 높은 출생률과 낮은 사망률을 가정한 높은 인구성장의 시나리오이다. 중위가정은 저위가정과 고위가정의 중간에 해당하는 인구성장 시나리오를 따른다. 통계청에서 발표하는 인구추계 자료는 대부분 중위가정하에서 추계된 자료이다.

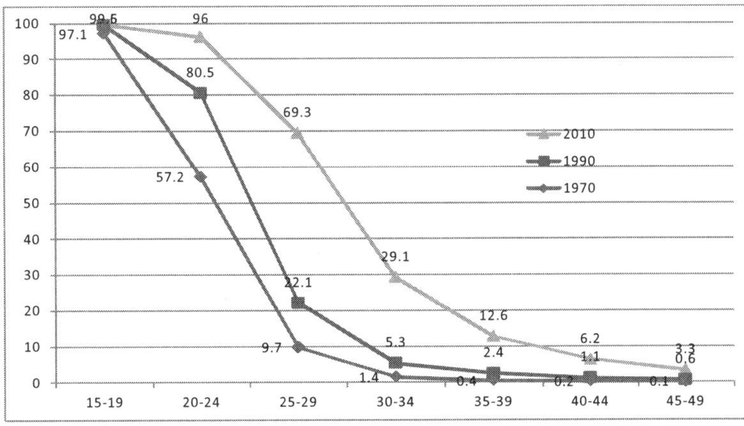

[그림 11.10] 연령별 미혼율(출처: 통계청, 2011, 장래인구추계: 2010-2060)

(5) 인구구성비

[그림 11.11]를 보면 우리나라는 전반적으로 고령인구(65세 이상)가 증가하고 경제활동의 주역인 생산가능인구(15~64세)는 2010년에 정점을 찍고 점차 감소하는 추세를 보여 주고 있다. 2060년에는 인구의 반인 생산가능인구(15~64세) 계층이 나머지 반인 유소년(0~14세) 및 고령인구(65세 이상) 계층을 부양할 것으로 예측된다.

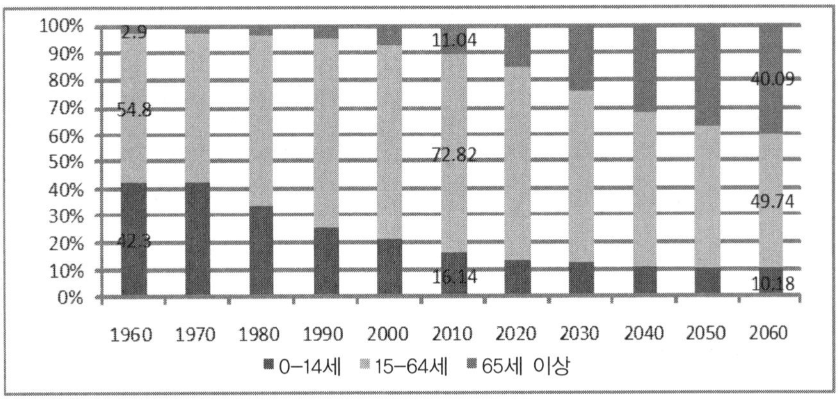

[그림 11.11] 연령계층별 인구구성비(출처: 통계청, 2011, 장래인구추계: 2010-2060)

(6) 부양비

유소년 부양비는 생산가능인구에 대한 유소년 인구의, 그리고 노년 부양비는 생산가능 인구에 대한 고령 인구의 비를 말한다.

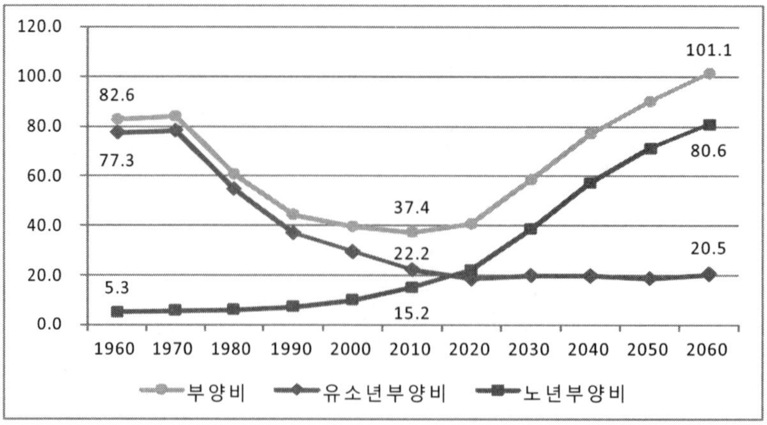

[그림 11.12] 부양비, 유소년부양비, 노년부양비(출처: 통계청, 2011, 장래인구추계: 2010-2060)

$$\text{유소년부양비} = \frac{\text{유소년인구}(0 \sim 14\text{세})}{\text{생산가능인구}(15 \sim 64\text{세})} \times 100$$

$$\text{노년부양비} = \frac{\text{고령인구}(65\text{세이상})}{\text{생산가능인구}(15 \sim 64\text{세})} \times 100$$

[그림 11.12]에서 유소년 부양비는 1970년부터 1990년대까지 가파르게 감소하다가 2010년 이후로는 20명 안팎의 수준을 유지할 것으로 예측된다. 반면에 노년부양비는 2010년에 15.2명에서 베이비부머 세대의 고령 연령층으로의 진입과 기대수명의 증가로 인하여 2060년에 80.6명으로 급증할 것으로 예측된다.

부양비는 유소년 부양비와 노년 부양비를 합한 것을 말한다. 부양비는 2010년에 37.4명을 최저 수준으로 한 후 2060년까지 101.1명까지 급증할 것으로 예측된다. 그러나 미래에는 생산가능 인구가 65세 이상으로 상향 조정될 것으로 예상되기 때문에 101.1명보다는 더 감소할 것이라고 희망을 가져본다.

(7) 노령화지수

유소년 인구 100명당 고령 인구를 의미하는 노령화 지수는 다음과 같다.

$$\text{노령화지수} = \frac{\text{고령인구}(65\text{세이상})}{\text{유소년인구}(0 \sim 14\text{세})} \times 100$$

[그림 11.13]에서 노령화 지수의 변화를 보면 2010년에 68.4명에서 2060년에 394명까지 급증할 것으로 예측된다. 노령화 지수가 높을수록 장래 세금을 내야 하

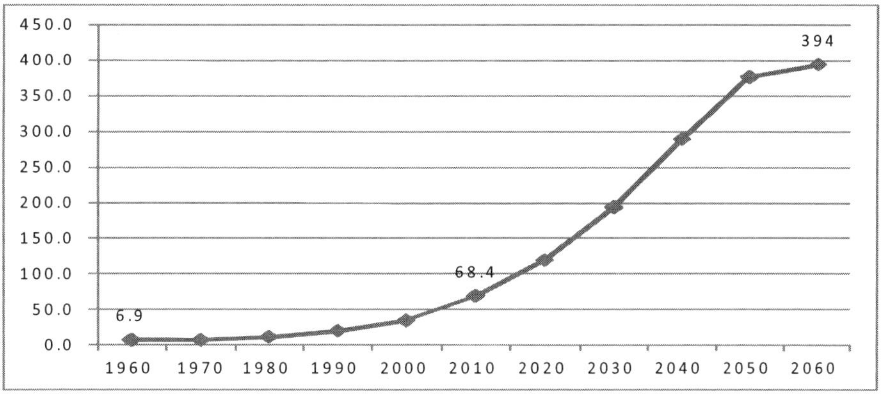

[그림 11.13] 노령화지수(출처: 통계청, 2011, 장래인구추계: 2010-2060)

는 노동력을 가진 세대보다는 공적 보살핌을 받아야 하는 노령세대가 더 많아짐으로서 나라 살림살이가 어려워진다. 이에 대한 해결 방안으로는 무엇보다도 노령화세대도 산업분야 전반에서 기여할 수 있는 일자리 나눔이 필요하다. 또한, 젊은 세대가 출산을 기피하지 않는 사회 환경을 개선해야 할 것이다.

11.5 인구통계의 활용

통계청이 히트상품 20여 개를 만들어낸 대표적인 기업을 조사한 결과 7개 기업이 국가통계를 활용한 것으로 나타났다. 이 중에서 인구센서스를 활용한 몇 가지 예를 보기로 하자.

두산주류(주)는 여성을 겨냥한 순한 소주 '처음처럼'을 만들어 성공하였다. 제품개발 배경은 우리나라 여성 경제활동 인구가 증가하고 있다는 인구센서스에 기초하여 남성 위주의 소주시장에 변화가 일어날 것을 예측한 마케팅의 결과였다. [그림 11.14]는 우리나라 여성의 경제활동 참가율이 증가 추세임을 보여 준다. 2010년 30대 여성들의 55%, 40대 여성들의 66%, 50대 여성들의 58%가 경제활동에 참가하고 있다. 2009년 여성가구주의 월평균 소득(185만 원)은 남성가구주 소득(344만 원)의 절반(54%) 정도에 불과하지만, [그림 11.15]에서 우리나라 여성 가구주의 비율은 2000년 18%에서 2010년 26%로 꾸준히 증가하는 추세이다. 또한 고학력 전문직 여성의 꾸준한 사회진출 증가로 2009년 종합소득금액 1억 원이 넘는 여성 고소득자는 2만 2,200명이다. 남성 11만 3,200명의 20%에 불과하지만, 2008년 대비 증가율 기준으로는 여성(9.9%)이 남성(5.6%)을 추월하였다. 이러한 인구통계에 근거하여 과거에 비하여 가정 내 여성이 구매결정권을 가지고 구매력 증대로 이어질 것으로 예측되므로 새로운 소비주체인 여성 소비자에게 효과 있는 마케팅 전략이 필요할 것이다.

CJ(주)가 전자레인지에 데우면 언제든지 먹을 수 있는 1인용 즉석밥 '햇반'을 출시한 배경은 당시 인구센서스에 우리나라 1인 가구가 85년 66만에서 96년 164만으로 2배 이상 급증한 추세를 반영한 것이다. [그림 11.16]을 보면 2010년 우리나라 전체 1인 가구의 비율은 일반 가구 중에서 23.9%를 차지하고 있다. 2010년 지역별로 1인 가구의 비율이 가장 높은 곳은 부산 중구의 38.64%이고 다음으로는 서울 관악구의 38.84%이다. 2010년 서울의 1인 가구는 24.4%로 4가구 중 1가구가 독신으로 살고 있는 셈이다. 통계청은 인구추계에서 2035년에 1인 가구의 비율을 34.3%로 예측하였다. 이러한 인구구조에 발맞추어 주택시장도 원룸형, 고시원

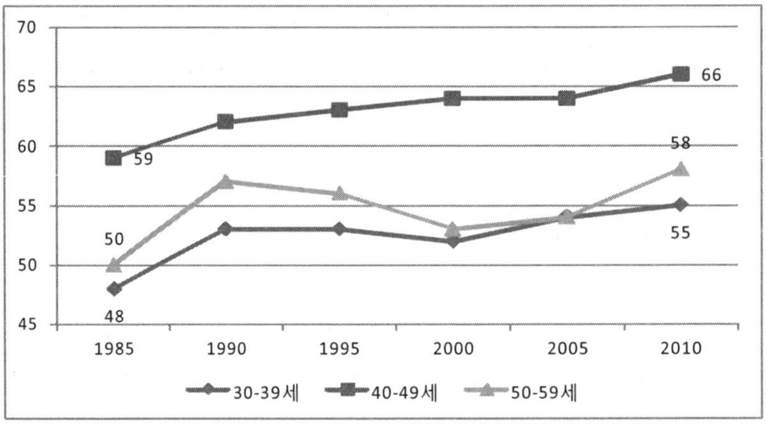

[그림 11.14] 우리나라 여성의 경제활동 참가율(출처: 통계청, 국가통계포털)

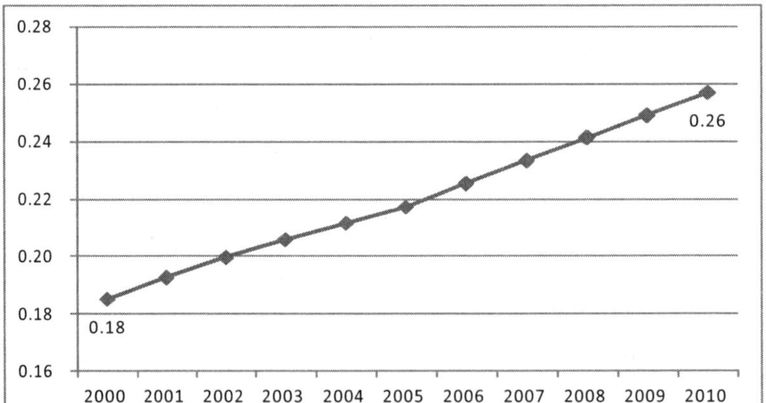

[그림 11.15] 우리나라 여성 가구주의 비율(출처: 통계청, 국가통계포털)

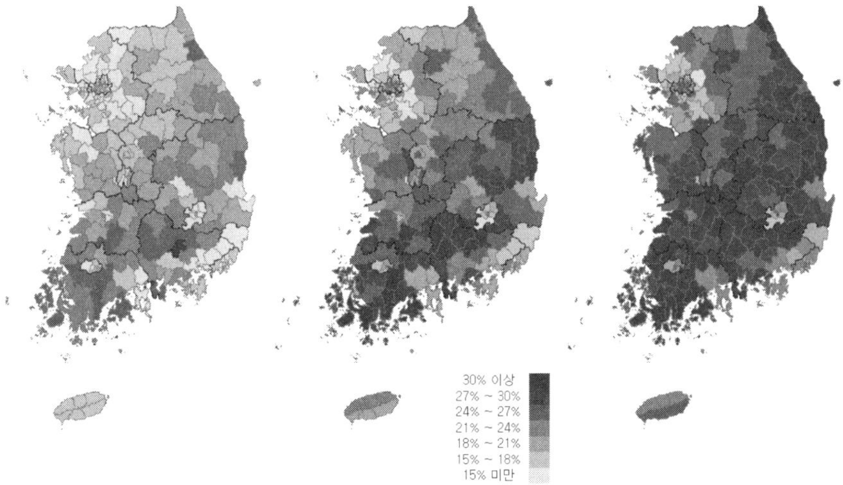

[그림 11.16] 우리나라 1인가구의 비율: 왼쪽(2000년), 가운데(2005년), 오른쪽(2010년)
(출처: 통계청, 국가통계포털)

형, 기숙사형, 오피스텔, 소형아파트 등 1인 가구에 적합한 주택이 집중적으로 건설되고 있으며, 1인 라이프스타일에 맞게 가전제품, 식료품, 생필품 등의 소비시장에서 제품의 소형화, 소용량, 소포장 상품들이 개발되어 잘 팔리고 있다.

보령 메디앙스(주)가 인구센서스에서 2001년 출산율이 1.3명까지 떨어졌다는 정보에 근거하여 '나노실버젖병'이라는 당시 고가의 젖병을 출시한 것은 외동에게 올인하는 성향의 젊은 부모들을 겨냥한 것이었다. 우리나라의 2010년 출산율은 1.23명이고 평균출산연령은 31.3세의 고령출산으로 이 추세는 향후에도 지속될 것으로 예측된다. 이와 같은 환경에서 유아동용품 시장이 고급화되고 사교육 시장이 확대되고 있다.

우리나라에서 65세 이상의 고령인구는 지속적으로 증가하는 추세이며, 2060년에는 인구의 40%가 고령인구일 것으로 예측된다. 이에 따라 건강식품, 요양병원, 실버타운 등 고령친화산업이 확대될 것이다.

[표 11.2]는 2010년도 광주광역시 5개 구의 인구통계이다. 과거 광주시의 중심지역이었던 동구는 전년대비 인구증가율과 합계출산율이 가장 낮고 고령인구 비율이 가장 높다. 또한 인구 천 명당 사업체수 및 인구 십만 명당 문화 기반 시설수가 가장 많으며, 중대형 아파트 비율도 가장 높다. 이러한 현상은 광역시 이상의 구도심 중심지역에서 일반적인 현상이다. 이 지역은 아파트 등 공동주택이 주 주거지 역할을 하기 전의 시대에 번영했던 지역이라 단독주택의 비율이 상대적으로 높다. 구 도심 지역의 특징으로 65세 이상의 고령인구 비율이 높은데 이들은 구

도심 지역에 토지와 상가를 소유하고 있는 경우가 많다.

과거 논밭이었던 토지가 택지지구로 개발되고 있는 광산구는 인구증가율과 출산율이 가장 높은 반면에 고령인구 비율은 가장 작은 지역이다. 따라서 동구에 비하여 젊고 역동적인 지역임을 알 수 있다. 이 지역은 비교적 최근에 개발되어 가고 있는 지역이므로 단독주택보다는 아파트 등의 공동주택의 비율이 높다. 해당 지역의 인구구조 및 주거형태에 따른 인구통계는 상권분석에 도움이 된다.

광주시 동구와 같은 구도심 지역은 자체 지역민으로는 상권의 배후세대 형성이 불리한 인구구조이며, 도심에 유입되는 유동인구에 따라 상권의 규모가 결정된다. 반면에 광산구의 인구구조는 주거 밀집도가 높고 평수가 소형인 아파트 단지에 거주하면서 10대 연령층을 자녀로 둔 30~40대의 경제활동 연령층이 가장 많다. 이런 지역에서는 40대와 10대에 적합한 업종에 투자를 하는 것이 유리할 것이다. 인구 십만 명당 문화기반 시설의 수와 60세 이상 노인 천 명당 여가복지 시설수를 보면 광산구와 동구가 다른 구에 비해서 상대적으로 적다. 관련 공공시설을 세울 때 이러한 인구통계정보를 지자체에서 참고해야 한다.

[표 11.2] 2010년 광주광역시 인구통계

항목	동구	서구	남구	북구	광산구
인구증가율(%)	−3.16	1.14	1.49	−0.5	6.12
고령인구비율(%)	15.08	8.54	10.97	8.75	6.65
합계출산율(명)	0.874	1.12	1.084	1.176	1.594
주민등록인구(명)	104,449	303,219	216,863	466,866	363,239
순이동인구[29](명)	−5,013	−6	797	−7,690	15,443
인구 천명당 사업체수(개)	141.5	70.25	53.43	68.65	55.77
인구 십만 명당 문화 기반시설수(개)	10.53	2.31	2.77	2.36	1.65
유아(0~4세) 천 명당 보육시설수(개)	13.13	17.2	15.72	15.63	17.88
노인(60세 이상) 천 명당 노인여가복지 시설수(개)	4.64	5.3	6.06	6.19	9.92
아파트 96m^2 이상(%)	23.72	12.97	13.85	11.34	3.58
단독주택[30](%)	50.02	16.41	28.03	19.13	15.55
공동주택[31](%)	48.12	82.93	71.14	79.93	83.74

(출처: 통계청, 국가통계포털)

29) 전입자 수에서 전출자 수를 뺀 수치이다.
30) 한가구가 생활할 수 있도록 건축된 일반 단독주택과 여러 가구가 살 수 있도록 설계된 다가구 단독주택을 말한다.
31) 대지 및 건물의 벽·복도·계단 기타 설비 등의 전부 또는 일부를 공동으로 사용하는 각 세대가 하나의 건축물 안에서 각각 독립된 주거 생활을 영위할 수 있는 구조로 된 주택으로서 아파트, 연립 주택, 다세대 주택, 기숙사 등이 있다.

지리정보시스템(GIS; geographic information system)[32]에 공식통계자료를 결합시켜 만든 통계지리정보시스템(SGIS; statistical GIS)은 통계청에서 제공한다. 즉, 통계지리정보시스템은 인구주택총조사, 사업체조사, 농림어업총조사, 월간 주요 지표 등의 통계자료를 행정구역으로 경계된 우리나라의 지도 위에 표현해준다.

[그림 11.16]은 행정구역별 1인 가구의 비율을, [그림 11.17]은 행정구역별 고령인구 비율을 나타낸다. 울산광역시가 가장 낮은 고령인구 비율을, 그리고 전라남도가 가장 높은 고령인구 비율을 보여 준다. [그림 11.18]은 대전광역시 서구 둔산2동 부근의 총인구를 통계지리정보시스템에 의해 구현하였다. 학교나 연구소가 있는 지역에는 총인구가 0으로 표시되어 있으며 주거지역에는 상대적으로 큰 수치가 표시되어 있음을 알 수 있다.

지금까지 인구통계가 어떻게 활용되는지 몇 가지 예를 들어 보았다. 만약 미래 사회 변화를 미리 알 수 있다면 큰 돈을 벌 수 있을 것이다. 인구통계에 미래의 핵

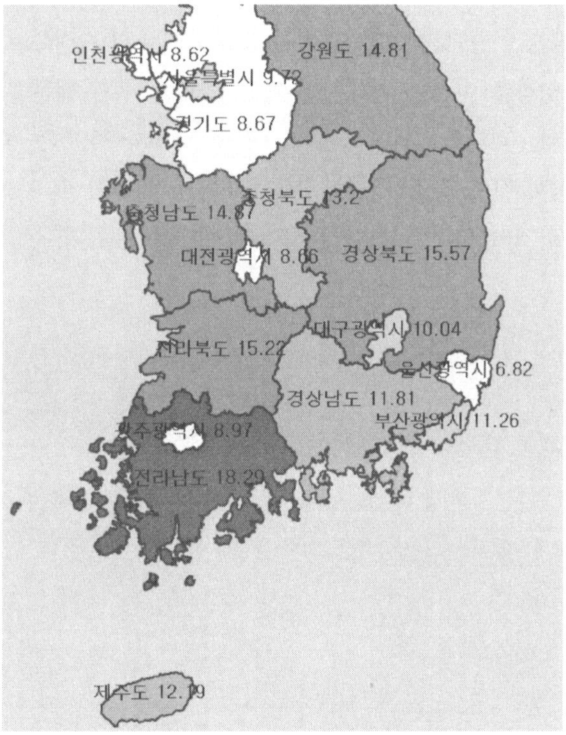

[그림 11.17] 행정구역별 고령인구 비율(2010년) (출처: 통계청, SGIS 통계지리정보서비스)

---

32) 지리정보시스템은 건물, 도로, 하천, 등고선, 행정구역 등과 같이 지형 및 지리와 관련된 지리정보의 수집, 저장, 분석, 출력을 효과적으로 표현할 수 있도록 유기적으로 연계된 컴퓨터의 하드웨어, 소프트웨어 및 인적자원의 총집합체라고 정의한다.

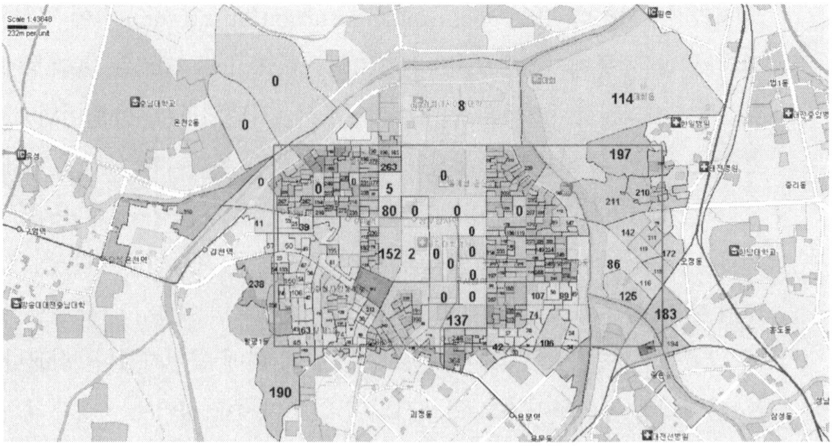

[그림 11.18] 대전광역시 서구 둔산2동 부근의 총인구(2010년) (출처: 통계청, SGIS 통계지리정보서비스)

심 키워드가 담겨 있다. 그것은 인구통계가 수십 년에 걸쳐 느린 속도로 추세가 형성되지만 일단 형성된 인구 구조의 변화는 장기적으로 경제, 사회, 정치 전반에 크게 영향을 미치며 연쇄적인 파급 효과를 주기 때문일 것이다. 경영학의 아버지라 불리는 피터드러커(Peter Drucker, 1909-2005)는 미래의 지표로서 인구통계를 다음과 같이 강조하였다. "나는 미래를 예측할 때 두 가지 자료를 활용한다. 하나는 과거의 역사이고 다른 하나는 인구 통계이다"

연습문제

1 2010년 우리나라 인구센서스인 『2010 인구주택총조사』의 조사대상, 조사항목, 조사방법에 대하여 설명하여라.(참고: http://www.census.go.kr)

2 인구, 인구통계, 인구통계학을 정의하여라.

3 향후 30년 후 우리나라 인구피라미드는 어떻게 될 것인지 예측하고 그 근거를 제시하여라. 또한 예측된 인구피라미드에서 각자의 위치를 파악하고 자신의 미래를 설계하여라.

4 우리나라, 일본, 미국의 베이비붐세대와 에코세대의 인구사회적 특성에 대하여 비교 조사하여라.

5 생명표 작성방법에 대하여 조사하여라.

6 통계청의 국가통계포털(http://kosis/kr/)에서 제공하는 인구추계자료(주제별 통계⇒인구·가구) 중에서 관심 있는 인구통계의 자료분석을 하고 해석하여라.

7 통계청의 국가통계포털(http://kosis/kr/)에서 제공하는 지역통계 자료 중에서 관심 있는 지역에 대한 인구통계의 자료분석을 하고 해석하여라.

8 이혼율에 대한 다양한 정의가 있다. 이혼율의 각 정의에 대하여 문제점을 논의하여라.

9 국제결혼의 추세를 그래프로 그려보고 국제결혼으로 인한 향후 30년 후의 인구구성 변화와 사회에 미치는 영향에 대하여 논의하여라.

10 국내에 유입된 외국인 근로자수의 추세를 그래프로 그려보고 이에 따른 향후 30년 후의 인구구성 변화와 사회에 미치는 영향에 대하여 논의하여라.

참고문헌

1. 구자흥 (2008), 인구통계학의 이론과 실제, 교우사.
2. 김달호, 박병구, 손중권, 송재기, 이경은, 이인석, 조교영, 조길호, 최진갑 (2009), 생활속의 통계, 자유아카데미.
3. 밥 프리리히 (2008), 세계를 무대로 투자지도를 그려라, 김영사.
4. 통계청 (2011), 장래인구추계 2010-2060, 통계청.
5. 홍춘욱 (2009), 인구 변화가 부의 지도를 바꾼다. 원앤원북스.
6. 통계청 국가통계포털: http://kosis.kr
7. 2010 Census 인구주택총조사: http://www.census.go.kr

제 12 장

소비자물가지수와 주가지수

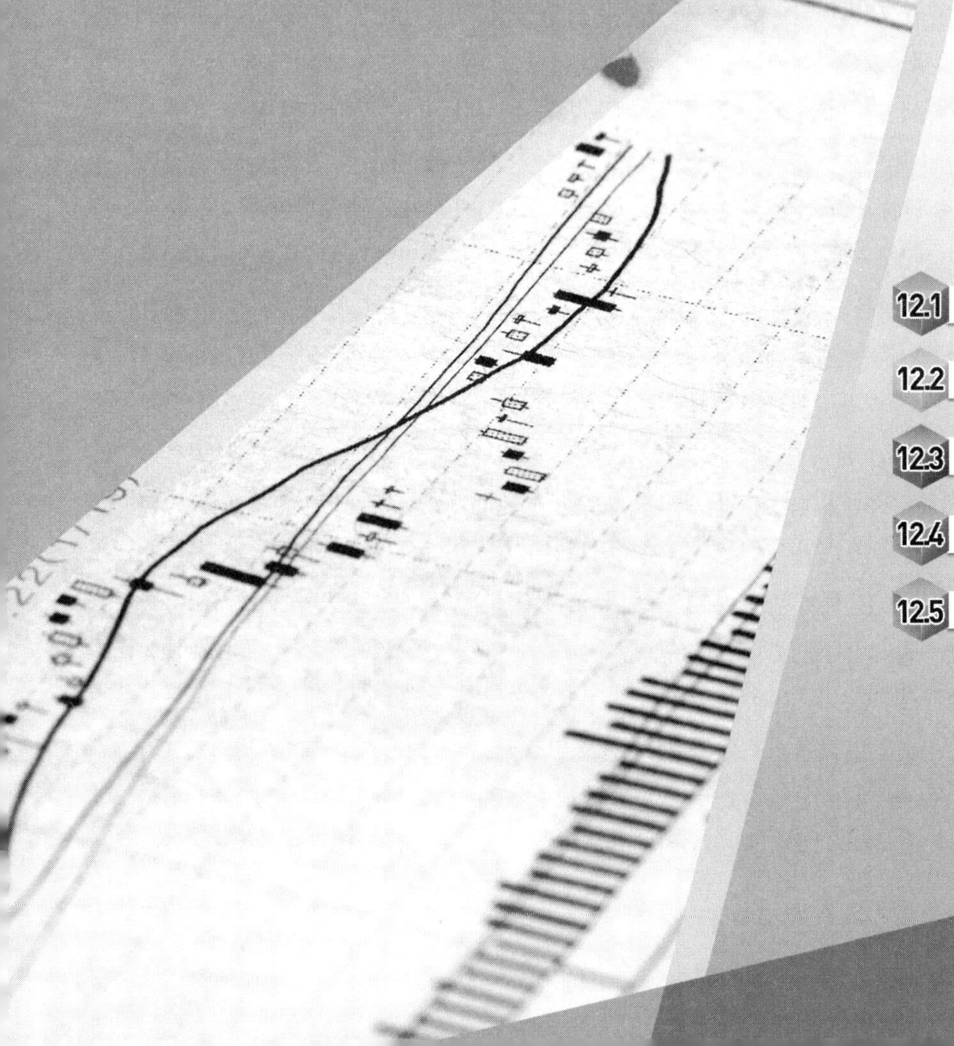

12.1 소비자물가지수

우리는 '물가가 올라도 너무 올라서 생활하기가 매우 힘들다'라는 말을 흔히 하고 듣는다. 매스컴을 통해서 총리나 정치인이 '시장바구니 물가를 잡는 데 노력하겠다'는 말을 듣는다. 정부가 발표하는 물가와 시장바구니 물가, 체감 물가 혹은 서민 물가란 무엇이고 왜 다르게 느끼는가를 이해 하기 위해 우선 물가지수가 어떻게 계산되는지 알아보자.

물가란 여러 종류의 상품과 서비스의 가격을 평균으로 나타낸 것이다. 2개의 시점 사이의 물가수준이 시간적으로 어떻게 변동하였는가를 나타내는 지표가 물가지수이다. 물가지수는 소비자물가지수(Consumer Price Index: CPI), 도매물가지수(Whole Sale Price Index), 소매물가지수(Retail Price Index), 생산자물가지수(Producer Price Index), 수출입물가지수(Export and Import Price Index) 등이 있다. 흔히 신문이나 방송에 보도되는 물가는 도시에 살고 있는 가구가 일상생활을 영위하기 위하여 취득하는 각종 상품과 서비스의 가격변동을 나타내는 소비자물가지수를 의미한다. 소비자물가지수는 일상생활을 위한 소비지출항목에 바탕하므로 주택구입이나, 증권, 저축과 같은 투자를 위한 지출은 포함하지 않는다.

도시 가구는 소비생활을 할 때 물가의 변동에 따라 필요한 비용을 올리고 내리고 한다. 물가지수는 평균적인 물가 정보와 물가 변동에 따른 국민연금, 실업급여 등과 같은 임금을 조정하기 위해 필요하다. 또한 전반적이고 총체적인 물가상승을 조사하여 재정, 통화, 무역 및 환율 등에 관한 정책을 수립하는 데 참고 자료로 사용된다. 통계청은 소비자물가지수를 작성하여 매월 발표하고 있다.

소비자물가지수는 상대적 수치이므로 이의 계산에는 기준년도가 필요하다. 우리나라는 끝자리가 0이나 5로 끝나는 해로 기준년도를 정하였다. 예를 들면 끝자리가 1~4년이면 끝자리가 0년도, 끝자리가 6~9년이면 끝자리가 5인 해로 기준년도를 정했다. 비교년도가 2013년이면 기준년도는 2010년이고 비교년도가 2007년이면 2005년이 기준년도가 된다. 기준이 되는 시점의 물가를 100으로 놓고 비교하려는 시점의 각 품목의 물가를 품목의 중요도에 따라 가중 평균하여 물가지수를 계산한다. [표 12.1]은 2010년을 기준시점으로 계산한 연도별로 몇 가지 품목의 소비자물가지수다. 2000년과 2010년을 비교하면 쌀값은 2000년에 비해 2010년도는 거의 변화가 없었다. 그 외의 품목들도 비교적 많이 상승했으나 특히 돼지고기값이 약 두 배 가까이 상승했다. 1995년과 2010년을 비교하면 전체 지수는 2010년 100을 기준으로 1995년 60.6이고 휘발유는 33.8로 비교적 많이 올랐음을 알 수 있다.

[표 12.1] 연도별 소비자물가지수

연도	총 지수	쌀	돼지고기	자장면	…	휘발유
1995	60.6	76.4	45.5	52.2	…	33.8
2000	73.1	109.7	53.6	67.0	…	71.2
2005	86.1	107.8	86.4	81.6	…	82.6
2009	97.1	109.5	106.4	98.7	…	92.5
2010	100	100	100	100	…	100
2011	102.2	101.8	110.3	103.3	…	106.6

(출처: 통계청 국가통계포털)

12.2 대표상품과 소비자물가지수 지수계산법

소비자물가지수란 모든 소비상품과 서비스들에 대한 기준년도와 비교년도의 백분비이다. 소비자물가지수 계산에 필요한 대표상품의 선정방법, 상품의 가중치, 지수계산방법과 이들 물가지수 작성방법에 필요한 것들을 개략적으로 살펴보기로 하자.

12.2.1 조사품목 및 대표품질

우리가 일상생활에서 사용하는 품목은 너무 많아서 모두를 조사하기는 불가능하다. 그래서 기준년도를 기준으로 도시가구의 월평균 소비 지출액의 1/10,000 이상을 차지하는 481개 상품을 2010년도에 기준품목으로 정하였다.

제품이 개발되거나 제품이나 서비스의 선호도가 달라지면 품목이나 조사 규격, 가중치 등을 변경해야 된다. 예를 들면 2013년도는 소비생활에서 비중은 높지만 주로 노점상 등을 통해 생산, 판매되기 때문에 제외되었던 떡볶이와 삼각김밥 등 서민생활과 밀접한 품목과 애완동물 미용료, 실손 의료보험, 예방접종비, 전문 커피점, 수입자동차, 내비게이션, 디지털 도어록, 정수기, 한복대여료, 스마트폰 이용료, 막걸리, 장신구, 네일아트, 스크린 골프 등이 신규 편입된다. 집계 제외 품목으로는 유선전화기, 전자사전, 캠코더, 금반지, 한복, 청주, 영상매체 대여료(비디오), 공중전화 통화료 등이다. 김밥, 순대 등 서민생활과 밀접한 관련이 있는 품목과 애완동물 병원비, 웹하드 다운로드 비용은 전년도에 비해 가중치가 상향 조정된다.

그러나 냉장고와 같은 경우는 가격과 품질이 다양하므로 모든 종류를 다 조사할 수 없어 대표 품질을 정의할 필요가 있다. 상품의 대표품질은 해당 상품을 대표할 수 있고 시장에서 지속적으로 조사될 수 있는 품질이어야 한다. 예를 들면 콩나물은 대표 품질이 길이 5 cm이고 무게 375 g인 한 봉지 단위로 조사한다. 여러 종류의 상품이 시장에 출하되어 대표상품을 정하기 어려운 경우 2개 이상의 조사품목을 정한다. 예를 들면 국산 쇠고기 경우 등심과 양지는 500 g 단위, 갈비는 1 kg 단위로 조사한다. [표 12.2]에 10년 단위별 추가 및 탈락 품목이 제시되었다. 이는 그 당시의 사회상이나 시대상을 반영하는 것으로 1990년 이전에는 성냥이나 양초 같은 지금은 거의 사용하지 않는 품목이 대표상품에 있었다.

[표 12.2] 추가·탈락품목

1990		2000		2010	
추가	탈락	추가	탈락	추가	탈락
수입쇠고기, 햄버거, 아파트관리비, 이삿짐운송비, 식기건조기, 에어컨, 진공청소기, 퍼스널컴퓨터 등	맞춤코트, 좁쌀, 창호지, 성냥, 양초, 라디오, 도서관비, 기차료(비둘기) 등	자판기 커피, 건강보조식품, 즉석식품, 삼겹살(외식), 맥주(외식), 소주(외식), 전문의약품, 학교 보충학습비, 자격증응시료, PC방 이용료, 택배 수수료 등	녹두, 핫도그, 전기다리미, 주전자, 보온병, 재봉료, 반창고, 무선호출기, 앨범, 가스라이터 등	혼식곡, 막걸리(외식), 오리고기(외식), 밑반찬, 삼각김밥, 디지털도어록, 예방접종비, 구강세정제, 등산복, 뷰티미용료, 바디워시, 문화강습료, 원예용품, 캠핑용품, 게임기, 유모차, 애완동물미용료, 요양시설이용료, 화장장이용료, 스마트폰이용료, 인터넷전화료, 휴대용멀티미디어기기 등	가자미, 생선회, 북어, 청주, 한복, 창틀, 정수기, 세탁비누, 공항이용료, 유선전화기, 공중전화통화료, 캠코더, 전자사전, 영상매체대여료, 쇠갈비(외식), 샐러드, 자판기커피, 약주(외식), 과실주(외식), 금반지, 문화시설입장료

(출처: 통계청 국가통계포털)

12.2.2 소비자물가지수 작성방법

조사 품목인 481개 품목의 가격 변동을 산술평균으로 계산하면 각 상품이 생활에 미치는 가중치가 다름에도 불구하고 모두 같게 계산된다. 상품의 가격이 전체 물가에 미치는 영향을 고려해서 가중 산술평균을 사용해야 한다. 즉, 쌀이 10% 오른 경우가 참외가 10% 오른 경우에 비해서 물가변동에 미치는 영향은 클 것이다. 물가 변동에 다르게 미치는 영향이 가중치이다. 따라서 481개 품목 각각의 가중치가 물가지수에 반영되어야 한다. [표 12.3]에 대분류별 가중치가 정리되었다. 주택, 수도, 전기 및 연료의 가중치가 169.7로 가장 높고, 주류 및 담배는 낮음을 알 수 있다.

12.2.3 소비자물가지수 계산법

소비자물가지수의 계산법은 라스파이레스 방식(Lasperyree' formula)과 파쇄(Passche' formula) 방식이 있다. 우리를 비롯하여 대부분의 나라가 라스파이레스 방식을 사용해서 이 방식을 소개하고자 한다. 이 방식은 기준년도의 구입량을 가중치로 사용한다.

$q_k^{(0)}$와 $p_k^{(0)}$을 각각 기준년도(0)에 구입한 k번째 품목의 양과 가격이라 하고 $q_k^{(t)}$와 $p_k^{(t)}$을 비교년도(t)에 구입한 k번째 품목의 양과 가격이라 하면 라스파이레스 물가지수는 다음과 같이 계산된다.

$$\text{라스파이레스 물가지수} = \frac{\sum_{k=1}^{n} p_k^{(t)} \cdot q_k^{(0)}}{\sum_{k=1}^{n} p_k^{(0)} \cdot q_k^{(0)}} \times 100. \qquad (12.1)$$

[표 12.3] 대분류별 가중치

분류내역	품목수	가중치	분류내역	품목수	가중치
총지수	481	1000			
식료품 및 비주류 음료	134	135.9	교통	32	109.2
주류 및 담배	8	12.4	통신	8	57.8
의류 및 신발	34	62.3	오락 및 문화	64	53.0
주택, 수도, 전기 및 연료	21	169.7	교육	20	114.1
가정용품 및 가사 서비스	49	37.9	음식 및 숙박	42	120.4
보건	28	73.1	기타상품 및 서비스	41	54.2

(출처: 통계청 국가통계포털)

결국 라스파이레스 물가지수는 비교년도에도 기준년도와 같은 상품 양을 구매했을 때 비교년도의 총구매가격을 기준년도의 총구매가격으로 나누어 준 것이다. 라스파이레스식은 가중치가 기준년도의 구매가격으로 고정되어 있어 시간의 흐름에 따라서 비교년도의 구매가격이 변해도 항상 비교가 가능해진다. 그러나 기준년도와 비교년도의 구매량이 동일해야 한다는 비현실적인 가정을 내포하고 있다.

예제 12.1 2010년도와 2012년도의 표준가계의 구입 품목과 가격이 [표 12.4]와 같다고 하자. 이 표를 보고 라스파이레스 물가지수를 구해 보자.

[표 12.4] 라스파이레스 물가지수 계산 예제

품목	가격		구입량		구입액	
년도	2010	2012	2010	2012		
	p_0	p_t	q_0	q_t	$p_0 \cdot q_0$	$p_t \cdot q_0$
쌀	500	520	8	5	4,000	4,160
배추	100	90	3	4	300	270
쇠고기·갈비	300	330	2	5	600	660
계란	40	45	1	2	40	45
계					4,940	5,135

라스파이레스 물가지수 = (5,135/4,940) × 100 = 103.9474.

12.3 도시별 소비자물가지수 작성방법

우리나라의 전 도시 소비자물가지수는 앞 절에서 계산한 라스파이레스 물가지수식을 우리나라의 모든 도시가구에 적용시키면 된다. 그러나 모든 도시 가구를 조사하는 것은 현실적으로 불가능하기 때문에 통계청에서는 서울, 부산, 대구, 광주, 제주 그리고 서귀포 등 주요 37개 도시를 조사하고 있다.

인구수나 경제력의 크기가 월등히 서로 다른 서울과 서귀포의 물가변동이 우리나라 전체의 물가변동에 동일한 영향을 주지 않는다. 도시에 따라 품목의 구입량이 서로 다른 것처럼 소비자의 소비형태도 달라진다. 따라서 소비자물가지수를 계산할 때는 도시의 품목별 가중치를 계산하고 품목별 도시 간 가중치를 계산한 후 전 도시 소비자물가지수를 계산한다.

[표 12.5] 도시별 품목 가중치

	전 도시	서울	부산	대구	…	제주
쌀	6.2	5.6	6.9	9.4	…	9.4
전세	61.3	107.9	37.4	39.3	…	11.9
치과진료비	12.7	11.7	12.4	14.2	…	13.3
.	.	.	.	.	.	.
.	.	.	.	.	.	.
보육시설이용료	10.0	6.9	7.9	7.9	…	22.8
계	1,000	1,000	1,000	1,000		1,000

(출처: 통계청 국가통계포털)

(1) 도시별 품목 간 가중치

각 도시의 품목 가중치는 각 도시별로 품목의 지출액이 차지하는 비중을 1,000분비로 나타낸 것이다. [표 12.5]는 도시별 품목 가중치 표의 일부이다. [표 12.5]에서 두 번째 열은 전 도시 품목별 가중치를 나타낸다. 표에 의하면 전세의 가중치는 서울이 타 도시에 비해 월등히 높고 제주시가 상대적으로 가장 낮다. 반면 보육시설 이용료는 제주시가 타 도시에 비해 월등히 높다.

[표 12.5]에서 전 도시 품목별 가중치란 도시 간 품목 간 가중치로 전 도시의 지출액 총액 중에서 해당 품목이 차지하는 비율을 1,000분비로 나타낸 것이다.

(2) 품목별 도시 가중치

품목의 도시별 가중치란 전 도시의 품목별 지출총액 중에서 해당도시가 차지하는 비율을 1,000분비로 나타낸 것이다. [표 12.6]은 품목별 도시 간 가중치의 일부이다. 표에 의하면 각 품목 중에서 서울이 차지하는 비율이 타 도시에 비해서 크다.

[표 12.6] 품목별 도시 가중치

	전 도시	서울	부산	대구	제주
쌀	1,000	216.5	93.4	55.9	12.1
전세	1,000	422.2	44.5	32.1	1.6
치과진료비	1,000	221.3	71.2	56.2	8.5
.	.	.	.	.	.
.	.	.	.	.	.
보육시설이용료	1,000	165.3	57.7	39.8	18.3

(출처: 통계청 국가통계포털)

(3) 품목별 가중치

전 도시 품목별 가중치란 [표 12.6]에서 도시 간 품목 간 가중치로 전 도시의 지출액 총액 중에서 해당 품목이 차지하는 비율을 1,000분비로 나타낸 것이다.

(4) 소비자물가지수

전 도시 소비자물가지수는 도시별 소비자물가지수를 가중평균해서 구한다. 현재 통계청에서 발표하는 소비자물가지수는 총 37개 도시의 481개 품목의 가중치를 구해서 다음과 같은 식으로 구한다.

$$\text{전 도시 소비자물가지수} = \frac{\displaystyle\sum_{k=1}^{481}\left(\frac{\displaystyle\sum_{j=1}^{37}\frac{p_{kj}^{(t)}}{p_{kj}^{(0)}}\times v_{kj}}{\displaystyle\sum_{j=1}^{37} v_{kj}}\right)\times w_k}{\displaystyle\sum_{k=1}^{481} w_k}\times 100,$$

여기서 $p_{kj}^{(t)}$와 $p_{kj}^{(0)}$는 j번째 도시에서 k번째 품목의 비교연도(t)와 기준연도(0)의 가격이고 v_{kj}는 [표 12.6]의 각 품목별 도시 가중치이고, w_k는 [표 12.5]의 2번째 열의 전 도시 품목별 가중치이다. [그림 12.1]은 기준연도가 2010년인 소비자물가지수 시계열도표이다. 우리나라 소비자물가지수는 상승추세임을 알 수 있다.

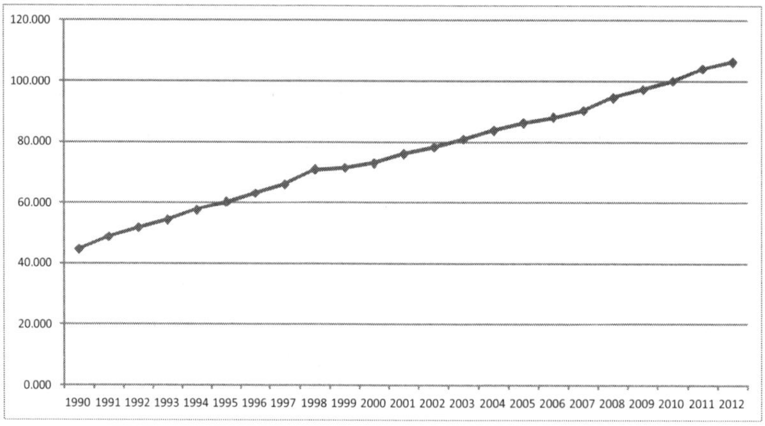

[그림 12.1] 소비자물가지수(1990년~2013년)

(5) 가격조사

전국 주요 37개 도시에서 소비자의 출입이 빈번한 백화점, 대형 마트, 할인점 등을 포함해서 2만 3,500개의 소매점 및 서비스업체를 조사하고 집세는 약 1만 500군데의 임대가구를 조사한다. 즉, 조사주기와 빈도는 농축수산물, 석유류 등은 월 3회로 5, 14, 23일이 포함된 주 중 1일, 공업제품은 매월 2일과 중순, 즉 월 2회 조사하고 전기, 수도, 가스는 2일과 매월 하순으로 월 2회 통계청 물가 담당직원이 직접 방문하여 면접조사한다.

12.4 소비자물가와 장바구니물가

다수의 서민은 정부기관이 발표하는 소비자물가와 본인이 피부로 느끼는 장바구니물가와는 많은 차이를 느끼고 있다. 이는 소득, 사는 도시, 개인 생활 선호도 등에 따라 달라진다. 통계청은 '우리집물가체험기'를 통해 각 가정마다 느끼는 물가와 정부발표 소비자물가가 왜 다른지를 알 수 있도록 국가통계포털(KOSIS: www.kosis.kr)을 통해서 정보를 제공하고 있다.

정부기관이 발표하는 소비자물가와 장바구니물가는 왜 차이가 나는지 알아보자.

① 소비자물가와 장바구니물가의 차이를 피부로 느끼는 계층은 주로 서민층이다. 소비자물가지수는 가계소비지출의 중요도에 따라 481개 품목의 가격을 조사하여 결과를 집계한 것이다. 도시 전체 가구의 소비생활에 영향을 미치는 평균 물가 지표로 특정 가구나 계층 그리고 특정 품목을 대상으로 측정된 물가가 아니기 때문에 개인별, 가구별로 차이가 날 수 있다.

② 소비자는 가격이 상승한 품목은 기억에 남지만 그렇지 못한 품목은 잊어버리기 쉽다. 구입 빈도가 빈번한 채소나 과일, 생선과 같은 필수용품의 가격변동에 더 민감한 심리적 요인이 있다. 예를 들면 명절에는 수요 때문에 생선의 가격이 많이 오른다. 대부분의 사람들은 생선이 쌀 때의 가격을 기억하고 있어서 마치 전체 물가가 두 배 오른 것처럼 생각하기도 한다. 이러한 생각은 주로 저소득층일수록 더 크게 느낀다.

③ 소비자물가와 장바구니물가 사이의 차이를 알 수 있도록 정부는 몇 가지 보조지수를 작성하여 참고하기도 한다. 예를 들면 채소나 과일 등이 포함된 '신선식품지수'는 기상조건이나 계절에 따라 가격 변동이 큰 51개 품목으로 작

[표 12.7] 연도별 소비자물가 등락률(전년 대비)

연도	2008	2009	2010	2011
총지수	4.7	2.8	3.0	4.0
생활물가지수	5.3	2.1	3.4	4.4
신선식품지수	-5.8	7.6	21.3	6.3

성된 지표로 신선식품의 가격동향을 파악하는 데 사용된다. '생활물가지수'는 구입 및 지출 빈도가 높아 가격변동을 민감하게 느끼는 152개 품목으로 작성된 지표이다.

[표 12.7]을 보면 2009년도 신선식품지수는 전년에 비해 떨어졌으나 생활물가지수는 전년도에 비해 비교적 많이 올랐다. 일반 서민은 2008년도에는 채소나 과일을 구매할 때는 물가가 안 올랐다고 생각되나 다른 생활소비재 예를 들면 비누 등을 구입할 때는 물가가 많이 올랐다고 생각할 수 있다. 2010년에는 전체 물가가 다른 년도에 비해 적게 상승했으나 거의 매일 구입하는 채소나 과일이 21.3%나 상승하였다. 일반서민은 신선식품만을 기준으로 생각해서 전체 물가가 많이 올랐다고 생각할 수 있다.

농산물(곡물 제외)과 석유류 등 일시적인 외부 충격에 의해 물가 변동이 심한 품목을 제외한 장기적이고 기조적인 물가를 근원물가라 한다. 일시적인 외부 충격이란 장마나 가뭄과 같은 계절적인 영향이나 석유가격 같이 국내가 아닌 외국의 사정에 의해 변하는 물가를 말한다. 이런 근원물가변동을 나타내는 지표를 근원물가지수라고 한다. [그림 12.2]에서 근원물가 상승률에 비하여 소비자물가 상승률과 생활물가 상승률은 상대적으로 변동 폭이 큰 것을 알 수 있다.

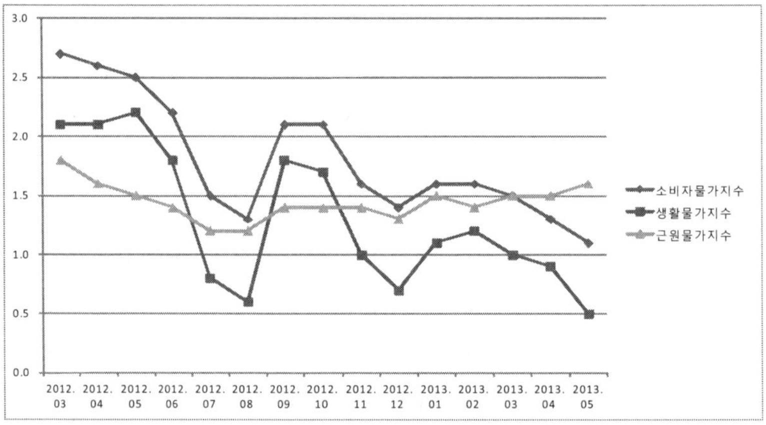

[그림 12.2] 소비자물가, 근원물가, 생활물가 상승률(출처: 통계청)

소비자물가지수에 관한 모든 자료는 통계청 홈페이지를 검색하면 월별, 분기별, 연도별로 쉽게 볼 수 있다.

12.5 주가지수

소규모 기업인 경우는 개인의 자본만으로 운영이 가능하지만 기업 규모가 확대되면 그에 비례하여 자본도 더 필요하게 된다. 이때 기업은 필요한 자금을 일반 대중으로부터 모집하고 얼마만큼 투자했다는 증서를 발행한다. 기업이 필요한 자금을 일반 대중에게 모집하는 것을 기업공개라 하고, 투자액의 금액을 적은 증서를 주식이라 한다.

주식은 매매가 가능하다. 따라서 기업이 경영을 잘해서 많은 이윤을 내면 그 이윤을 주식 소유자들에게 배당하거나 혹은 기업의 자본으로 재투자하게 된다. 이윤을 내면 주식 가격은 올라가고, 적자가 나면 반대로 주식의 가격이 내려간다.

주식을 사고파는 시장을 증권시장이라고 한다. 갑이란 회사가 자본금 5,000,000원이 필요하여 5,000원 짜리 주식을 1,000매 발행하여 증권시장에서 유통시킬 때 을이라는 사람이 100매의 주식을 소유했다면 그는 회사 총자본의 10%를 소유하고 있는 셈이다. 이 회사가 경영을 잘하여 이윤을 500,000원 냈다면 을은 10%인 50,000원을 배당 받을 권리가 있다. 이 권리는 주식의 가격에 반영되어 한 주의 가격은 5,500원이 된다. 뿐만 아니라 앞으로 이 회사가 계속해서 많은 이윤을 낼 것이라는 기대감으로 주식 거래가격은 5,500원보다 훨씬 비싸진다. 물론 반대의 경우도 있으며, 5,000원보다 훨씬 싼 가격으로 거래될 것이다. 만일 회사가 파산하면 을은 투자금 500,000원을 손해 보게 된다.

1980년 후반 우리 경제가 급속도로 성장할 때는 주식시장도 활발하여 주식가격이 많이 올랐다. 1990년 중반 이후 경제가 침체하면서 주식시장도 함께 침체되었다. 이와 같이 증권시장은 국가 경제사정을 반영해 주는 중요한 지표로 쓰인다.

증권시장의 동향을 종합적으로 나타내주는 지표로는 주식의 가격변동을 나타내는 주가지수와 거래가 활발히 이루어지는가를 나타내는 거래량이 있다. 주가지수는 증권시장의 동향을 나타내기 때문에 투자자에게는 합리적인 투자를 위한 정보로, 증권거래소에서는 시장관리 지표로, 정책을 관리하는 당국에서는 정책결정자료로 이용된다. 주가지수를 이해하기 위해서는 주가지수가 가지고 있는 의미와 산출방법 등에 대한 전반적인 이해가 필요하다.

12.5.1 주가지수의 종류

우리나라의 증권시장에서 주로 사용되는 지수는 코스피(KOSPI; Korea Composite Stock Price Index)와 코스닥(KOSDAQ; Korea Securities Dealers Automated Quotation)지수이다.

(1) 코스피지수

주가지수는 증권시장에서 거래되는 모든 상장주식을 대상으로 하여 계산하는 것이 이상적이다. 그러나 증권시장을 대표할 수 있는 표본을 선택해 그의 지수를 산출하는 방법이 있다. 미국의 다우존스 지수(Dow Jones Index)는 뉴욕 증권거래소에 상장된 주식 중 30개의 종목을 대상으로 산출한 것이다. 이 방법은 계산이 쉽고 편하다는 장점이 있으나 표본과 모집단과의 차이가 있다는 단점이 있다. 현대에 이르러 대형컴퓨터로 많은 양의 정보를 처리하고 복잡한 계산을 할 수 있는 상황에서는 계산이 용이한 것이 더 이상 장점이 되지 않는다.

우리나라는 1972년 1월 4일부터 35개 종목을 선택하여 다우존스 방식으로 주가지수를 계산했으나 1983년 1월 4일부터는 상장된 전 종목을 대상으로 한 시가총액식 계산방식으로 개편하여 발표하고 있다. 국내 경제규모가 확대됨에 따라 증권시장도 질적 양적으로 성장을 거듭하면서 종래의 다우존스식 산출방법은 주가 변동이 발생하는 경우 주가의 연속성이 단절되는 약점이 있었기 때문이다. 종래의 방법은 항상 적당한 수로 나누어 주가평균을 조정하는 구조적 문제점을 내포하고 있어 1980년 1월 4일의 주가지수를 100으로 한 시가총액식으로 전환하였다. 이를 한국종합주가지수라 하는데 2005년 10월부터 코스피지수라는 명칭을 공식적으로 썼다.

시가총액식지수는 비교 시점에서 어느 상장사의 주식수와 주가의 곱을 모든 상장사로 확장한 비교 시점의 시가총액을 기준시점의 시가총액으로 나눈 것이다.

$$\text{시가총액식 지수} = \frac{\sum_{i=1}^{n}(p_i^{(t)} \times n_i^{(t)})}{\sum_{i=1}^{m}(p_i^{(0)} \times n_i^{(0)})} \times 100 = \frac{\text{비교시점의 시가총액}}{\text{기준시점의 시가총액}} \times 100,$$

여기서 $p_i^{(t)}$: 비교시점 t에서 i종목의 주가,

$n_i^{(t)}$: 비교시점 t에서 i종목의 상장주식수,

$p_i^{(0)}$: 기준시점 0에서 i종목의 주가,

$n_i^{(0)}$: 기준시점 0에서 i종목의 상장주식수,

n: 비교시점의 상장종목수,

m: 기준시점에서의 상장종목수.

위의 지수계산식으로부터 주가지수의 상승요인으로 기준시점에 비해 비교시점의 주가가 오르거나 상장주식수가 늘어나면 주가지수가 상승함을 알 수 있다.

예제 12.2 계산을 간단히 하기 위해 현재 시장에 A, B 두 종류의 주식만 있다고 가정한다. [표 12.8]에 두 주식의 기준시점과 비교시점에서의 시가총액 등이 있다. 이 표로 계산된 코스피지수는 다음과 같다.

[표 12.8] 주식 A, B의 시가총액

시점	주식 A			주식 B		
	주당가격	총발행주식수	시가총액	주당가격	총발행주식수	시가총액
기준시점	200	50	10,000	400	30	12,000
비교시점	300	50	15,000	800	25	20,000

코스피지수 = (비교시점의 시가총액/기준시점의 시가총액) × 100

= ((15,000 + 20,000)/(10,000 + 12,000)) × 100 = 159.1

시가총액(주식수×주가)식 주가지수는 모든 상장주식수를 가중치로 계산하였다. 때문에 미국 30개 대표 종목 주가를 표본으로 택해 산술평균한 미국증권 시장 동향과 시세를 알려주는 뉴욕 증시의 대표적인 주가지수인 다우존스식보다는 주식시장을 더 잘 대표한다고 할 수 있다. 또한 영국, 일본, 독일 등 대부분의 주요 선진국의 주가지수 산출방식이 시가총액식이기 때문에 이들과의 주가지수 비교가 편리하다.

주가가 오르면 주가지수도 변하지만 시가총액식은 자본 규모가 큰 삼성전자나 현대자동차 등과 같은 대기업 주가의 등락이 주가의 변동을 좌우하여 중소형주의 주가 흐름을 제대로 나타내지 못하는 단점이 있다. 따라서 정확히 분석하기 위해서는 산업별, 자본규모별 등의 지수를 참고해야 한다. 시가총액의 비중이 큰 회사들을 지수관련주라 하고 우리나라를 대표하는 기업이라는 관점에서 우량주 개념 블루칩으로 부르기도 한다. [그림 12.3]에는 2000년 이후 코스피지수의 월별 시계

[그림 12.3] 2000년 이후 코스피지수

열을 보여 준다. [그림 12.3]에서 2008년 후반에 주가가 급락한 것은 신용등급이 낮은 저소득층에게 주택자금을 빌려 준 후 집값 하락으로 저소득층이 원리금을 제때 갚지 못한 이유로 2007년 4월 미국 제2의 서브프라임 모기지론 회사인 뉴 센트리 파이낸셜(New Century Financial)이 파산 신청을 내는 것을 시작으로 야기된 서브프라임 모기지 사태 때문이다.

(2) 코스닥지수

코스닥은 미국의 나스닥을 따라서 주로 벤처기업, 중소기업, 미래유망산업 등의 원활한 자금조달을 위해 만든 주식 거래소이다. 주로 매매를 위한 건물 또는 플로어 없이 컴퓨터통신을 이용하여 주식매매가 이루어지는 것이 코스닥의 특징이다. 코스닥지수는 주가에 등록주식수를 곱한 시가총액 방식을 택하고 있으며 기준지수는 1996년 7월 1일 100으로 시작되었다. 그러나 코스닥지수가 코스피지수에 비해 상대적으로 낮아 시장 움직임의 체감도가 낮고 지수변별력이 떨어지는 것을 개선하고자 2004년 1월 25일부터 코스닥지수의 기본 단위를 10배로 하였다. [그림 12.4]에서 2008년도 주가가 급락한 것은 미국의 서브프라임 모기지 사태의 결과이다.

[그림 12.4] 2004년 이후 코스닥지수

12.5.2 주가지수의 역사

우리나라 증권시장은 1956년 3월에 개설되었으나 시중은행과 한국전력주 등 12개 회사의 주식만이 상장되었고, 주식의 대부분은 정부소유였다. 따라서 주가지수에 대한 인식은 없었다. 1963년 5월 19일부터 1963년 말까지 188일간 17개 종목의 주가평균을 100으로 한 다우존스식 주가지수를 발표하였다. 이것이 국내 주가지수의 효시이다.

1971년 시장 규모가 62개 종목으로 증가해 1972년 1월 4일을 기준으로 35개 종목의 주가평균으로 '종합주가지수'를 발표하기 시작하였다. 증권시장의 규모가 계속 확대됨에 따라 35개 종목으로는 시장 전체의 동향파악이 불가능하여 1979년 1월 4일부터는 채용종목을 확대하고 우량종목으로 교체하는 방법을 사용하는 한편, 기준시점도 1972년에서 1975년 1월 4일로 변경하였다.

1972년 이래 상장회사가 급격히 증가함에 따라 산업별 주가동향 파악도 필요하게 되자 1974년 7월 14일부터 매년 초 기준시점의 산업별 주가지수를 100으로 하여 발표하였다.

주가지수는 증권시장의 전반적인 경기 동향을 반영하는 지표로 주식시장의 동향을 분석·파악하여 시장관리 및 정책수립을 위한 기초자료로 사용할 수 있다. 우리나라도 증권거래소에서 거래된 모든 종목에 대한 자료를 토대로 1964년 1월 4일부터 한국종합주가지수를 작성하여 발표하였다. 코스피지수는 세계 10위권으로 발전한 우리나라의 증권시장을 대표하는 지수로서 현재는 증권거래소 조사부 통계과에서 작성하여 모든 TV와 라디오, 신문에 발표하고 있다.

증권거래소에서 발표하는 코스피지수가 공식적인 주가지수라면 한국경제신문에서 발표하는 한경종합지수는 비공식적인 것이다. 1983년 증권거래소에서 다우존스 방법 대신 시가총액방법의 지수계산을 변경한 지수방법을 한국종합지수라 하고 2005년 10월부터 코스피지수라고 공식적으로 사용하고 있다. 반면 한경종합지수는 종래에 사용했던 다우존스방법에 의한 주가지수를 한국경제신문에서만 발표하고 있다. 한경종합지수는 우량회사주식과 인기주를 합하여 80개 주식을 선택하여 1980년 1월 4일 기준으로 계산하고 있다.

1996년 7월 장외거래 주식을 매매하는 코스닥거래소가 개설되고 2004년 1월 지수를 10배로 개편하였다. 코스닥 주식은 장외거래 대상 종목 중 증권협회에 등록된 기업으로 안정성이 높은 금융기관으로부터 벤처기업까지 약 800여 개 기업들이 있다. KOSPI 200 지수는 1990년 1월 3일 증권거래소에 상장되어 있는 종목 중 대표성 있는 종목 200개를 선정하여 만든 지수이다.

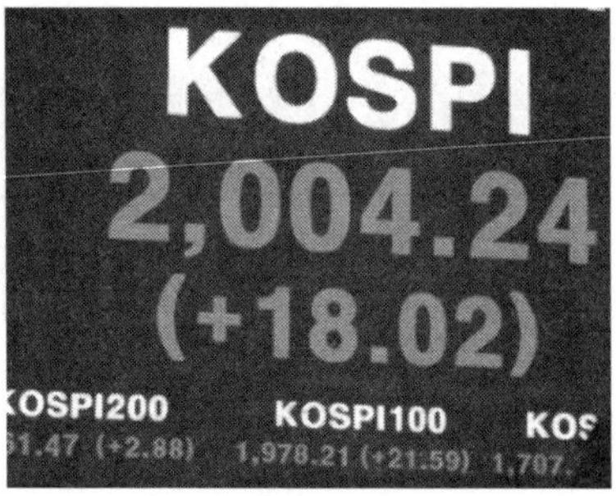

[그림 12.5] 코스피지수 2000 돌파 모습

연습문제

1 소비자물가지수를 산출하는 또 다른 방법은 파쇄식 물가지수이다.

$$\text{파쇄식 물가지수} = \frac{\sum_{k=1}^{481} p_k^{(t)} \cdot q_k^{(t)}}{\sum_{k=1}^{481} p_k^{(0)} \cdot q_k^{(0)}} \times 100$$

식 (12.1)의 라스파이레스식은 물가지수 산출 공식의 분자에서 기준연도 수량($q_k^{(0)}$)을 사용하나 파쇄식은 물가지수 산출 공식 분자에서 비교연도의 수량($q_k^{(t)}$)을 사용한다. 물가지수를 산출하는 두 식의 차이점을 살펴보아라.

2 통계청에서 소비자물가지수 조사 때 상품의 판매 장소를 단순임의추출 하지 않고 조사자의 판단에 의해 표본을 추출하는 유의추출법을 사용하는 이유는 무엇인가?

3 통계청 홈페이지에 접속하여 2008년부터 2013년까지 연도별 소비자물가 등락률을 그래프로 그려보아라.

4 통계청 홈페이지에 접속하여 2012년 1월부터 2013년 12월까지의 월별 소비자물가지수를 구하여라.

5 코스피지수는 파쇄식 물가지수 방식이다. 왜 그런지 설명하여라.

6 세계 증권의 역사를 인터넷에서 찾아 설명하여라.

7 우리나라 증권의 역사를 설명하여라.

참고문헌

1. 김의경 (2009), 지표 지수만 알아도 경제가 보인다, 위너스북.

2. 박영석, 이재현 (2008), 주가지수와 자본시장, 박영사.

3. 홍완표 (2011), 어빙 피셔가 들려주는 물가 이야기, 자음과모음.

4. 통계청 국가통계포털: http://www.kosis.kr

제 13 장

법학과 통계학

13.1 법학과 통계학의 관계

지난 수년 동안 통계적 개념과 방법은 재판사건에 관련된 복잡한 문제를 해결하는데 중요한 역할을 해오고 있다. 대표적인 예로는 친자확인 소송문제, 소수집단에 대한 고용이나 주택수용기회의 차별문제, 환경규칙이나 안전규칙을 정하는 문제, 허위광고로부터 소비자를 보호하는 문제 등이 있다. 이때 위에서 언급한 대부분의 예제들에서 수행된 논쟁들은 주어진 문제에 대한 관련 자료들의 분석과 해석을 기초로 하고 있다. 재판과정에서 판사는 제출한 증거의 신뢰성에 대하여 판단을 내려야 하며 각 사건마다 적절한 보상과 법적 책임을 결정해야 한다. 이런 과정에서 논쟁과 관련된 모든 소송당사자들을 비롯하여 양쪽 변호사 그리고 더 중요하게는 판결을 내리는 판사들 모두가 어느 정도의 통계적 지식을 갖추어야 하며 통계학을 이용할 때 흔히 발생하는 위험에 대해서도 정확한 판단력이 필요하다.

실제적인 문제로서 미국의 테네시주의 녹스빌시에 거주하는 아이슨씨의 사건을 살펴보도록 하자. 이 사건은 녹스빌 경찰학교에 지원한 한 여성이 학교 측에서 실시한 체력시험과 지구력시험에서 여성들을 차별대우했다고 주장한 것이었다. 이에 관한 증거로 아이슨 씨는 그녀 학급의 시험결과를 다음과 같은 [표 13.1]로 작성하여 재판부에 제출하였다.

그녀는 학교가 고용기회균등위원회가 제안한 "80%" 규칙을 위반하였다고 주장하였다. 왜냐하면 여성과 남성의 합격비율의 비가 72.5%(0.666/0.919)이므로 80%보다 훨씬 적다는 이유를 들었다.

그러나 판사는 해당학교에 대하여 전교생에 대한 합격자 현황을 요구하였고 학교는 시험결과를 다음과 같은 [표 13.2]로 작성하여 재판부에 제출하였다. 이 경우에 성별 간에 합격비율의 비는 88.2%(0.842/0.955)으로 80%를 상회하는 것으로 나타났다. 따라서 판사는 이 문제를 고려할 때 시험을 본 모든 사람을 고려해야지 특정한 부분집합을 고려해서는 안 된다고 말함으로써 아주 정당한 판결을 내렸다. 이상의 사건은 이해 당사자가 전체 자료와는 다르게 보이는 자료의 일부분을 택하여 소송을 건 대표적인 사례이다.

[표 13.1] 원고가 속한 학급학생들의 시험통과 비율

성별	합격	불합격	합격비율
여성	6	3	0.666
남성	34	3	0.919
전체	40	6	0.870

[표 13.2] 전교학생의 시험통과 비율

성별	합격	불합격	합격비율
여성	16	3	0.842
남성	64	3	0.955
전체	80	6	0.930

양적증거는 흔히 특정한 측정값이나 의견에 대한 평균이나 비율의 형태로 제출되는데 그것은 모집단의 일부분에 속하는 적은 수의 개인들을 대상으로 작성된다. 그렇다면 이렇게 작성된 수치는 전체적인 모집단의 특별한 성질을 잘 대표한다고 볼 수 있을까? 그것은 조사를 위해 접촉한 사람들이 충분히 많은지 그리고 그 사람들을 선택할 때 치우침이 없었는지에 따라서 달라질 수 있다. 모집단의 특성값을 표본으로부터 추정하여 받아들이려면 조사과정을 신중하게 검토해야 하고, 표본이 대표성을 갖도록 고르게 선택해야 하며 표본의 크기를 적절하게 선택하여 추정치의 정확도를 일정한 수준으로 유지해야 한다.

따라서 판사들이 조사방법론에 대하여 어느 정도 이해를 하고 개별사건들마다 표본 추정치를 채택할 것인지 아니면 기각할 것인지를 판단할 수 있다면 법 집행은 훨씬 더 정확하게 진행될 수 있을 것이다. 이것은 판사가 통계학자로서의 자격을 갖추어야 한다는 것을 의미하는 것은 아니고, 단지 의사결정과 관련된 통계적 추론과 불확실성에 대해 어느 정도 폭넓은 지식을 소유하고 있으면 그들에게 당면한 통계적 논쟁에서 자신의 독자적 견해를 형성하는 데 많은 도움이 된다는 것을 의미한다.

13.2 재판에서 전문가 의견의 채택

재판과정에서 통계적 증거의 제시는 과학적 증거의 한 범주로 간주되며 또한 통계학자들의 의견은 전문가의 한 범주로 간주된다. 이때 미국법원에서 전문가 또는 과학자 의견의 채택에 대하여는 오래전부터 프라이 기준(Frye Standard)이 통용되었으나 1975년에 채택된 "증거에 의한 연방규칙(Federal Rules of Evidence)"에 의하여 1990년대부터 도버트 기준(Daubert Standard)이 적용되기 시작하였다.

먼저 1923년에 세워진 프라이 기준은 법정에서 전문가의 증언이 인정되려면 그 증언이 과학적으로 성립하는 사실이라고 해당 관련분야에서 일반적으로 받아들여

져야 한다는 것이다. 이 기준은 1923년에 있었던 프라이와 미국정부 간의 재판사건으로부터 유래한 것으로 재판과정에서 나타나는 모든 절차, 원리 그리고 기준들에 프라이 기준이 적용되어야 한다는 것이다. 또한 전문가의 증언을 재판에 적용하고자 한다면 주장하는 측이 다수의 전문가로부터 타당한 의견을 얻어내 법정에 제시하여야 한다. 이 점 때문에 프라이 기준은 너무 엄격하여 재판을 어렵게 하며 새로운 과학적 이슈에 대응하기 어렵다는 비판을 받았다. 그러나 아직까지도 이 기준은 앨라배마, 애리조나, 캘리포니아, 플로리다, 일리노이, 캔자스, 메릴랜드 등 미국의 일부 주에서 통용되고 있다.

그 이후로 1975년에 "증거에 의한 연방규칙(Federal Rules of Evidence)"이 미국의회에서 채택되었다. 이 증거에 의한 규칙의 목적은 배심원들이 평결에 도달하는 데 사용할 수 있는 증거를 조절하는 것이다. 역사적으로 증거의 규칙은 배심원들의 두드러진 불신을 반영하므로 "증거에 의한 연방규칙"은 이러한 불신을 제거하기 위해 노력하고 있으며, 또한 비슷한 경우들에 있어서 증거를 인정하도록 권장한다. 이 증거에 의한 연방규칙은 총 67개의 법조항으로 구성되어 있으며 이들은 일반조항, 사법노트, 시민행동과 절차에서 추정 등의 총 11개의 법률사항들로 분할되어 있다. 특히, 이 규칙의 702조에 의하면 법원은 사실의 이해와 판결을 위하여 과학, 기술, 지식, 그리고 그 밖의 전문분야에서 숙련, 경험, 훈련 및 교육에 의한 전문가의 증언을 채택할 수 있다고 규정하고 있다.

다음으로 1993년에 세워진 도버트 기준은 미국의 연방재판에 있어서 전문가의 다양한 의견을 채택하여 재판에 적용하는 규칙이다. 재판관은 이 규칙에 준거해서 전문가의 증언이 과학적으로 타당하고 동시에 본건에 관련성이 있는지를 판단하는 문지기의 역할을 수행한다. 이울러 재판관은 상호검증과 반대증거 제시의 기회를 허용하고 제시된 과학적 증거의 타당성과 신뢰성을 확인한다. 이 규칙은 과학적 일반성을 요구하는 엄격한 프라이 기준을 대체하였다. 재판관이 스스로의 판단에 의하여 전문가 증언의 채택여부를 판단한다는 것을 의미한다. 이 기준은 "증거에 의한 연방규칙"에 근거하여 현재 연방 법정과 절반이 넘는 주 법정에서 채택되고 있다.

또한 1999년 금호 타이어 재판에서 도버트 기준이 과학적 지식에 한정할 것인지 아니면 기술적 지식에도 적용되는가에 대한 논란이 있었다. 논쟁의 결론으로 과학과 기술의 경계가 분명하지 않으므로 기술적 문제에도 똑같은 원칙이 적용된다는 것이었다. 따라서 이후로 도버트 규칙은 더 넓은 일반성을 갖게 되었고, 순수한 과학적 증언에 국한되지 않게 되었다.

결론적으로 법적 판단은 과학자의 의견과 다를 수 있다. 제시된 통계적 증거가 아무리 명확하더라도 재판관이 항상 받아들이지는 않는다. 예컨대 통계적 검증결과 그것이 0.01% 수준에서 유의하다고 해도 재판관을 설득하지 못하면 아무런 소용이 없다. 법조계가 점차적으로 통계적 방법과 자료를 받아들이는 추세에 있기는 하나 그 속도는 매우 느리다. 재판과정에서 통계적 증거를 활용하기 위해서는 뛰어난 과학적 커뮤니케이션 기술이 필요하고, 재판관을 설득할 수 있는 합리적이고 논리적 근거가 있어야 한다.

13.3 재판사례에서 통계학의 응용

13.3.1 프라이 재판의 사례

1923년 제임스 프라이는 2급살인 판정에 불복하여 항소하였다. 그는 한때 범죄를 자백하였으나 후에 이를 번복하였다. 항소심에서 그는 수축기 혈압 기만테스트(거짓말 탐지기의 당시 버전)의 검사결과를 인정받기 위하여 검사기 전문가를 법정에 세우려고 하였다. 그러나 재판부는 이 테스트가 일반적으로 받아지는 방법이 아니라는 이유로 그의 요청을 기각하였다. 그 영향으로 거짓말 탐지기는 상당기간 법정에서 인정받지 못하였다. 왜냐하면 거짓말 탐지기의 정확도는 98% 정도로 상당히 높았지만 전문적 훈련에 의하여 거짓말 탐지기를 속일 수 있다고 생각하였기 때문이다. 그 이후로 1975년에 제정된 "증거에 의한 연방규칙"이 적용되면서 거짓말 탐지기의 검사결과가 법정에서 받아들여지는 경우가 생겼다.

이런 문제를 판결할 때 사용할 수 있는 통계학이론에는 "베이즈 정리"라고 하는 정교한 통계적 기법이 있다. 이 정리의 핵심은 한 개인이 유죄라고 생각하는 판사의 사전확률이 일정 수준의 신뢰도를 갖춘 현재의 증거를 결합하여 새롭게 갱신된다는 것이다. 즉, 주어진 현재의 증거를 조건으로 하여 개인이 유죄일 확률을 새롭게 계산한 것을 사후확률이라고 하는데 이는 의사결정에서 매우 중요한 요소로 작용한다. 이러한 베이즈 정리를 수식으로 나타내면 다음과 같이 표현할 수 있다. 먼저 사건 E를 확보된 증거라고 하자. 이에 대하여 상호 배반적이고 포괄적인 두 개의 원인을 각각 H_1과 H_2로 표기하고, 이들에 대한 사전확률을 $p(H_1)$과 $p(H_2)$이라고 하자. 그러면 증거 E에 대한 조건화된 각각의 원인 H_1과 H_2의 사후확률은 다음과 같이 주어진다.

$$p(H_1|E) = \frac{p(H_1)p(E|H_1)}{p(H_1)p(E|H_1) + p(H_2)p(E|H_2)}$$

$$p(H_2|E) = \frac{p(H_2)p(E|H_2)}{p(H_1)p(E|H_1) + p(H_2)p(E|H_2)}$$

이런 경우에 우리는 베이즈 정리를 이용할 수 있는 간단한 예제를 생각해 보자. 판사가 어떤 피의자가 범죄를 저질렀다고 생각하는 사건을 H_1이라 하고, 이것의 확률을 40%라고 하자. 이때 이 피의자에게 거짓말 탐지기를 적용한 결과 거짓말 탐지기가 양성반응을 보였을 사건을 E라 할 때 실제로 이 피의자가 범죄를 저질렀을 확률은 얼마인가. 여기서 거짓말 탐지기의 정확도는 98% 정도이다. 이 문제에 대하여 베이즈의 정리를 적용하여 이 피의자가 범죄를 저질렀을 사후확률을 계산하면 다음과 같이 새롭게 주어진다.

$$p(H_1|E) = \frac{0.4 \times 0.98}{0.4 \times 0.98 + 0.6 \times 0.02} = 0.97$$

따라서 거짓말 탐지기가 양성반응으로 나타났을 경우에는 이 피의자가 범죄를 저질렀을 확률은 0.97로 매우 높게 주어짐을 알 수 있다.

13.3.2 도버트 재판의 사례

자슨 도버트와 에릭 슬러는 심각한 기형아 상태로 출생하였다. 그들의 어머니가 자식들을 임신했을 때 복용한 머렐도우(Merrel Dow) 제약회사의 벤덱틴(Bendectin)이라는 약의 복용으로 인한 부작용이 출생결함의 원인으로 보고, 그들은 부모와 함께 도우화학(Dow Chemical)의 자회사인 머렐도우 제약회사를 캘리포니아 주법원에 고소하였다. 머렐도우 제약회사는 본 사건을 연방법원으로 옮겼고, 연방법원은 벤덱틴과 출생결함 간의 연관성을 보인 출판된 과학적 연구가 이제까지 없었다는 피고 측 주장을 인정하였다. 그러나 이어진 1심 재판의 심의과정에서 원고 측 전문가는 시험관 및 생체 내 동물실험, 약학적 실험, 그리고 출판된 기존 연구의 재분석을 통하여 벤덱틴이 출생결함의 원인이 되었을 개연성을 주장하였다. 하지만 이런 주장은 과학계의 일반적 지지를 얻지 못하는 것이었다. 따라서 캘리포니아 지방법원과 항소심은 원고패소 판결을 받았다. 그러나 연방 대법원은 프라이 기준이 아니라 "증거에 대한 연방규칙"을 적용해야 한다는 취지로 항소법원에 사건을 환송하였다.

이런 문제를 해결할 때 사용할 수 있는 통계학 이론으로는 메타분석이 있다. 이

[표 13.3] 10건의 코호트 연구결과

	처리그룹(Bendectin)		대조그룹(Control)		통계량		
연구건	출생아수	기형아수	출생아수	기형아수	유의확률	$\log r_i$	SE
Bunde	2,218	11	2,218	21	0.074	−0.654	0.303
Brit. GP	70	1	606	21	0.369	−0.892	0.826
Milkovich	628	14	9,577	343	0.074	−0.478	0.223
Newman	1,192	6	6,741	70	0.083	−0.734	0.343
Smithells	1,622	27	652	8	0.443	0.307	0.332
Heinonen	1,000	45	49,282	2,094	0.697	0.058	0.124
Michaelis	951	20	11,367	175	0.181	0.307	0.195
Fleming	620	8	22,357	445	0.230	−0.431	0.296
Jick	2,255	24	4,582	56	0.567	−0.139	0.202
Gibson	1,685	78	5,771	245	0.496	0.086	0.104
총합	12,241	234	113,153	3,478		−0.037	0.061

분석법은 동일한 주제에 대하여 개별연구결과들을 수집하여 종합적인 결론을 도출해내는 2차적인 연구방법으로 개별연구 하나씩에 나타나는 통계적 증거는 유의하지 않아도 그런 개별연구들이 축적되면 강력한 증거가 될 수 있다는 이론이다. 이러한 방법을 도버트의 기준이 도출된 도버트와 머렐도우 제약회사 간의 재판에 적용해 보자. 피고인 제약사는 법원에 10건의 코호트 연구결과를 다음의 [표 13.3]과 같이 제시하였다.

위의 자료에서 총 10건의 개별연구에서 $\log r_i$ 의 값이 음인 경우가 6개이고, 양인 경우가 4개이다. 그리고 이들을 종합하여 구한 총 로그위험도 $\hat{\psi}$의 값은 −0.037이고 표준오차는 0.061이 된다. 따라서 벤덱틴 약이 출생아들의 기형아에 무관하다는 귀무가설에 대한 벤덱틴 약이 출생아들의 기형아에 상관이 있다는 대립가설의 검정에서 Z-검정 통계량과 유의확률은 다음과 같다.

$$Z = \frac{-0.037}{0.061} = -0.607,\ \text{유의확률} = 0.728.$$

따라서 벤덱틴이 출생아들의 건강에 위험하다는 원고(피해자)의 주장은 설득력이 약하다는 것을 법원이 인정하였다.

13.3.3 재판에서 선택효과의 사례

일반적으로 관측사건 중에서 일부를 선택하여 확률을 산출하는 경우에는 선택편향(selection bias)이 초래된다. 따라서 법정에 확률값이 제시된 경우에는 그것의 기반이 무엇인지를 정확하게 확인할 필요가 있다. 이러한 선택효과가 적용된 사례로 드레퓌스 재판사건을 들 수 있다.

프랑스 육군의 포병 대위였던 유대인 알프레드 드레퓌스는 1894년 소령인 페르디낭 에스테라지라는 간첩이 작성한 문건으로 인하여 반역죄로 유죄판결을 받았다. 그의 혐의는 파리 주재 독일 대사관에 군사기밀 문건을 넘겼다는 것이다. 독일 대사의 휴지통에서 수거된 13개 단어로 된 메모에서 첫 문자와 끝 문자가 특이하게 드레퓌스의 필체와 일치하는 단어가 4개가 있었는데 그것이 유일한 증거였다. 한 저명한 범죄학 전문가는 한 단어에서 우연히 필체가 일치할 확률은 0.2이고 따라서 4개의 단어에서 필체가 일치할 확률은 $0.2^4 = 0.0016$ 라고 증언하였는데 군사재판이 전문가의 증언을 수용하여 드레퓌스에게 유죄판결을 내렸다.

그런데 그로부터 2년 뒤에 조르쥬 피카르 중령이 우연한 기회에 진짜 간첩 에스테라지를 적발하게 되었다. 그는 참모본부 정보부에서 일하면서 또 다른 간첩사건을 조사하는 과정에서 드레퓌스는 무죄이며 진범은 에스테라지라는 것을 알게 되었다. 따라서 그는 참모본부에 이 사실을 알리며 드레퓌스의 무죄를 주장하였다. 하지만 참모본부는 이 사실을 무시하고 진범을 풀어주고 피카르를 군사기밀 누설죄로 오히려 체포하였다.

그 이후로 1899년에 드레퓌스에 대한 재심에서 군사재판은 원심을 확정하려 했지만 끈질긴 재심요구 끝에 1904년에 재심이 다시 청구되었고, 1906년에 무죄가 선고되었다. 이러한 판결에서 필요한 확률은 단순히 "4개의 단어 중에서 4개 단어가 모두 일치할" 확률이 아니라 "13개 단어 중에서 4개 이상의 단어가 일치할" 확률을 말한다. 이러한 확률을 계산해 보면 다음과 같이 주어진다.

$$\sum_{k=4}^{13} {}_{13}C_k (0.2)^k (0.8)^{13-k} = 0.253.$$

따라서 이러한 우여곡절 끝에 드레퓌스는 무죄를 판결 받고 복권되어 육군에 복직하였고, 그 이후로 소령으로 승진함은 물론 레지옹 도뉘르 훈장까지 받게 되었으며 일반 군인으로 생활하다가 1935년에 지병으로 사망하였다.

13.3.4 미국재판에서 배심원의 구성문제

일반적으로 미국 재판에서는 배심원제도를 채택하고 있으며 이때 임의로 선발된 배심원들 중에서 흑인 배심원들의 참여 비율이 항상 논쟁의 대상이 되고 있다. 예를 들어 흑인이 피의자일 때 선출된 배심원들이 대부분 백인들로 구성되어 있다면 피의자인 흑인은 인종에 대한 편견 때문에 불공정한 판결을 받지는 않을까 항상 염려를 하게 된다. 이러한 문제를 통계적 이론을 이용하여 해결할 수 있다.

한 가지 사례로 루이지애나(Lousiana)주의 라파엘 지역의 경우에는 이 지역에 거주하는 21세 이상의 성인 중에서 흑인의 비율이 약 21% 정도이다. 이때 전체 배심원단 선정위원회는 설문지 방식으로 배심원 후보를 선발한다. 임의로 선발된 총 7,374명이 설문지에 응답하였으며 이 중 백인이 6,359명(86%)이였고, 흑인이 1,015명(14%)이었다. 위원회는 이 중에서 400명을 추려 배심원단을 만들었는데 이중에서 흑인은 27명(7%)이었다. 이때 설문지에 응답한 총 7,374명에서 백인이 6,359명이고 흑인이 1,015명 가운데 임의로 400명을 선택했을 때 흑인이 27명 또는 그보다 적게 되는 경우가 일어날 확률은 얼마나 되는가?

이러한 문제에서 배심원들을 임의로 선택하였다는 가정하에서 400명의 배심원단에 포함된 흑인의 수를 확률변수 X라고 하면 이것의 분포는 이산형 확률분포 중에서 초기하분포를 따르는 것으로 알려져 있다. 따라서 구하는 확률은 초기하분포의 확률질량함수를 이용하면 다음과 같이 주어진다.

$$P(X \leq 27) = \sum_{x=0}^{27} \frac{{}_{6,359}C_{400-x} \cdot {}_{1,015}C_x}{{}_{7,374}C_{400}}.$$

그런데 이것은 매우 어려운 계산문제이므로 이것을 간단히 하기 위하여 이항분포의 계산으로 근사시켜서 계산할 수 있다. 이때 확률변량 X는 시행횟수가 $n = 400$이고 성공이 일어날 확률이 $p = 0.138\,(= 1,015/7,374)$인 이항분포를 따르므로 구하는 확률은 다음과 같이 주어진다.

$$P(X \leq 27) = \sum_{x=0}^{27} {}_{400}C_x (0.138)^x (0.862)^{400-x}.$$

그러나 이것도 쉽지 않은 계산문제이고 따라서 최종적으로 통계적 추론에서 가장 핵심적으로 이용되는 중심극한정리를 적용하면 확률변수 X는 평균이 $\mu = 55.2$ $(= 400 \times 0.138)$이고 표준편차가 $\sigma = 6.9\ (= \sqrt{400 \times 0.138 \times 0.862})$인 정규분포로 근사시켜서 구할 수 있다. 즉, 구하는 확률은 다음과 같이 주어진다.

$$P(X \leq 27) = P(Z \leq \frac{27.5 - 55.1}{6.9}) = P(Z \leq -4.0) = 0.00003.$$

따라서 이렇게 확률값이 작게 나오는 것으로부터 우리는 배심원을 선정할 때 무작위로 추출했다고 보기 힘들고, 이 경우에 흑인을 덜 포함시키기 위하여 모종의 어떤 작업을 했던 것으로 의심할 수 있다.

13.3.5 친자확인 재판 사례

미국 뉴저지 주는 교도소 간수가 수감자와 성 관계를 갖는 것을 위법으로 규정하고 있다. 한 여성 수감자가 임신을 하여 출산하였는데 흑인 남성간수 스팬씨가 기소되었다. 이때 인간백혈구항원(HLA) 검사를 한 결과 아기에게서 특이한 유전자 항원이 발견되었는데 전문가의 증언에 의하면 이 유전자는 아버지로부터 온 것이 확실하고 북미 지역 흑인 집단에서 이 항원을 보유할 확률은 1%라는 것이다. 스팬씨를 검사한 결과 그 항원을 가지고 있었다.

이때 아기가 특정 항원을 갖는 사건을 E로 표기하고 스팬씨가 아기의 아버지인 사건을 A라고 할 때 사건 A가 주어졌을 때 사건 E가 일어날 조건부 확률은 $P(E|A)=1$이고, 또한 여사건 A^c가 주어졌을 때 사건 E가 일어날 조건부 확률은 $P(E|A^c)=0.01$이다. 따라서 두 사후확률의 비를 사후 오즈(odds)라고 하는데 이것은 다음과 같이 사전확률의 오즈와 표본정보에 대한 가능도 확률의 오즈의 곱으로부터 얻어진다.

$$\frac{p(A|E)}{p(A^c|E)}=\frac{p(A)}{p(A^c)}\cdot\frac{p(E|A)}{p(E|A^c)}.$$

따라서 검찰 측 전문가는 베이즈 정리를 이용하여 사후확률을 계산하고 이들의 사후 오즈로 다음 값을 제시하였다.

$$\frac{P(A|E)}{P(A^c|E)}=\frac{1}{0.01}=100.$$

이러한 수치는 사전확률의 오즈가 $P(A)/P(A^c)=1$이라는 전제로부터 나온 것인데 이 전제는 옳지 않다. 왜냐하면 HLA 검사 이전에 피의자가 아기의 아버지인지 아닌지를 알 수 없다고 해서 사전 오즈가 1인 것은 아니다. 여성 수감자동에 출입한 남성 간수가 스팬씨 외에 10명이 더 있고 어떤 추가적인 상황 증거가 있지 않다면 사전 오즈를 $1/10$로 놓아야 한다. 그런 경우에 사후확률의 오즈는 10이 된다.

13.3.6 방사선 노출과 백혈병의 관계

1983년에 영국 웨스트 쿰브리아(West Cumbria)의 한 원자력 발전소 부근의 마을에서 거주하는 어린이들에서 백혈병이 집중적으로 발생하였다는 TV 특별보도가 방영되었다. 전국 평균으로는 0.5명이 기대되는 상황에서 5명이 발생한 것이다. 평균이 0.5인 포아송분포를 가정할 때 5 이상의 어린이들에서 백혈병이 나타날 확률은 0.02%에 불과하기 때문에 주목을 받게 되었다.

한 아이의 부모가 원자력 발전소를 제소하였고 재판과정에서 다음의 자료가 수집되었다. 이때 아이의 아버지는 부인의 수태 이전 6개월간 원자력 피폭량이 12mSv 정도였다.

[표 13.4] 어린이들의 백혈병 출현자료

6개월 노출량	백혈병그룹	대조그룹1	대조그룹2
0	38	246	262
1-9	4	27	21
10 이상	4	3	5

위 표에서 6개월 노출량이 0인 행과 10 이상인 행만 쓰기로 한다면 백혈병그룹에 대한 대조그룹1에 대한 오즈 비는 $(4/3)/(38/246)=8.6$이고, 백혈병그룹에 대한 대조그룹2에 대한 오즈 비는 $(4/5)/(38/262)=5.5$로 주어진다. 이때 귀무가설은 방사선에 노출된 집단과 노출되지 않은 집단 간에 백혈병 출현빈도가 같다는 것이고 반면에 대립가설은 방사선에 노출된 집단과 노출되지 않은 집단 간에 백혈병 출현빈도가 같지 않다는 것이다. 따라서 이러한 가설을 검정하기 위한 검정 통계량으로 두 오즈 비에 대한 로그 값은 각각 2.2와 1.7이고 이들에 대한 표준오차는 다음과 같이 구해진다.

$$\sqrt{1/4+1/3+1/38+1/246}=0.78\,,\quad \sqrt{1/4+1/5+1/38+1/262}=0.69.$$

그러므로 표준화 값은 각각 다음과 같다.

$$Z=\frac{2.2}{0.78}=2.75,\quad Z=\frac{1.7}{0.69}=2.47.$$

따라서 표준정규분포로부터 이러한 값이 주어질 확률은 매우 낮기 때문에 아버지들이 방사선에 노출된 가정에서 출산한 아이들의 백혈병 발생비율이 높아졌다는 원고 측의 주장은 설득력을 갖는다.

연습문제

1 법학도들이 왜 통계학을 공부해야 된다고 생각하는지 그 이유를 실제적인 경우를 들어서 설명하여라.

2 증거에 관한 연방규칙(Federal Rules of Evidence)이 무엇인지를 설명하고, 이 규칙의 702조의 내용이 무엇인지를 기술하여라.

3 검사의 오류(prosecutor's fallacy)라는 것이 무엇인지 말해보고, 이것을 적당한 예제를 통하여 통계적으로 설명하여라.

참고문헌

1. 이재창, 송일성 공역, C. R. Rao 저서 (2003), 혼돈과 질서의 만남, 나남.
2. 허명회 (2011), 법과 통계학, 한나래.
3. 허명회, 법과 통계학: 교육, 응용 및 연구, 응용통계연구, 23(4), 725-738, 2010.
4. C. R. Rao, Statistics And Truth, World Scientific.
5. M. O. Finkelstein, and B. Levin, Statistics for Lawyers, Springer, New York.
6. Daubert Standard, Wikipedia, 2009-03-12.
7. Frye Standard, Wikipedia, 2008-08-28.
8. Kumho tire Co. v. Carmichael, Wikipedia, the free encyclopedia, 1999-03-23.

제 14 장

기상통계

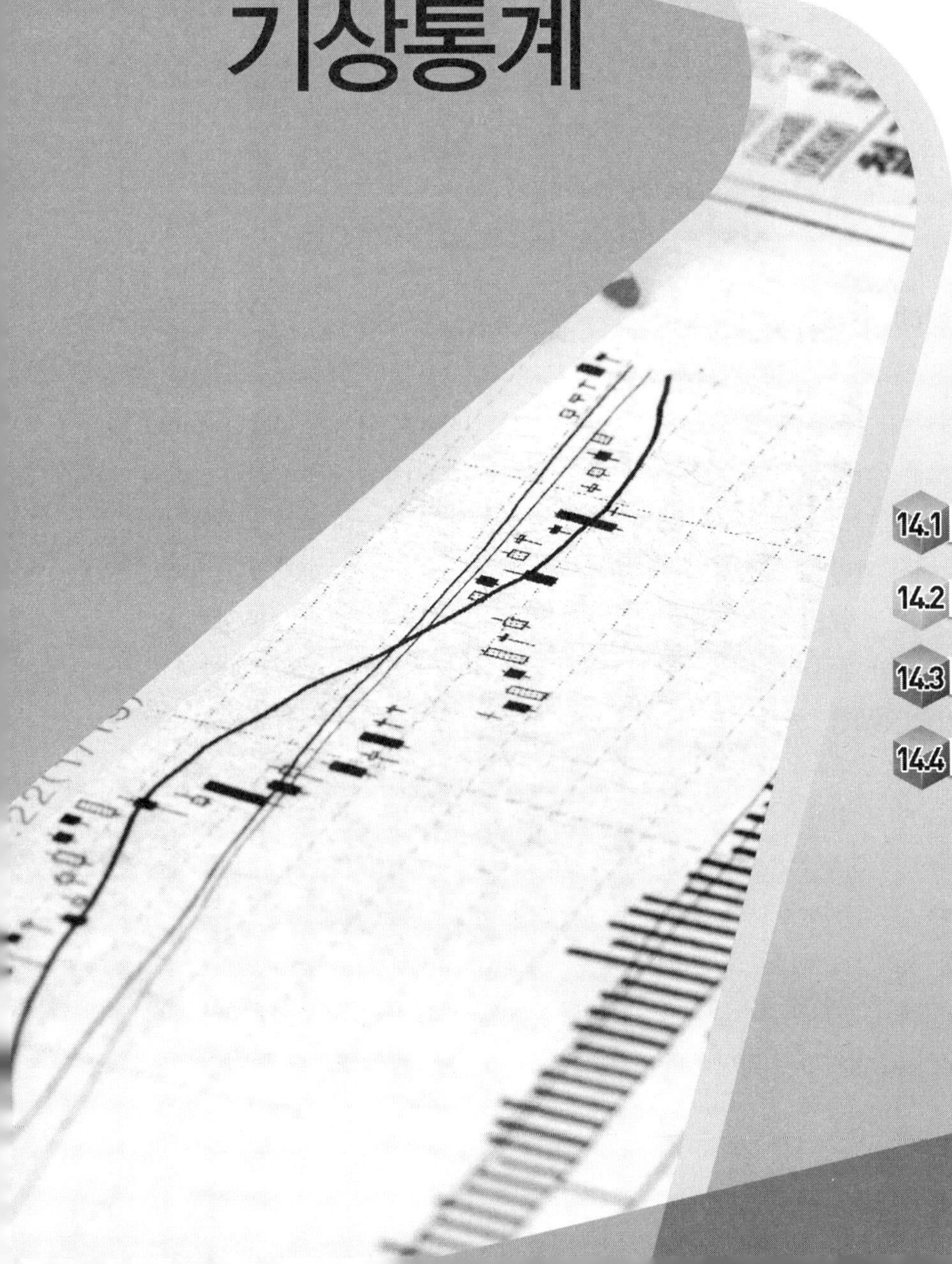

자연과학에서 통계학을 많이 사용하는 분야 중 하나는 대기과학(atmospheric science)이다. 그 이유는 대량의 관측 자료에 대한 통계적 해석이 필요하기 때문이다. 지상 관측망, 고층 관측망, 레이더, 기상 위성 등에서 생산되는 대량의 자료를 읽고 일기 예보 등을 위해 지체 없이 해석하기 때문에 효율적인 통계적 요약과 기술이 일차적으로 필요하다. 나아가 그 자료에 내포된 관측 오차를 고려하면서 가까운 미래를 예측하는 데 통계적 기법을 사용한다. 통계학이 이렇게 필요한 근본적인 이유는 대기의 불확실성과 예측의 어려움 때문이다. 통계학이란 불확실성을 평가하고 정량화하며 그 불확실성이 내포된 상황에서도 추론하고 예측하는 학문임을 상기하면 통계학이 대기과학에 중요하게 사용됨은 당연해 보인다.

대기과학에는 기상학(meteorology)과 기후학(climatology)이 주축을 이룬다. 기상학은 기상에 대한 물리적인 해석을 주로 하므로 물리학이 중요하게 쓰이고 기후학은 과거 관측 자료에 바탕한 통계적 해석과 예측을 주로 하므로 통계학이 중요하게 사용된다. 이제부터 대기과학에 통계학이 어떻게 이용되는지를 구체적으로 알아보자.

14.1 대기과학에서 통계학의 역할

현대 기상학이 발전하기 전부터 기상 관련 연구와 기상청의 업무는 통계학에 바탕하였다고 해도 과언이 아니다. 물리학에 기초한 컴퓨터 시뮬레이션이 핵심적인 역할을 하는 오늘날의 대기과학에서도 통계의 역할은 여전히 중대하다. 기상청에서 공표하는 기상 관련 자료의 대부분은 통계량이기 때문이다. 쉬운 예로 기상청에서 매월 발간하는 『기상월보』의 내용 대부분이 관측 자료에 바탕한 통계값(예: 산술평균)이다. 또한 대기과학 관련 연구 논문 및 보고서에서 통계를 사용하지 않은 경우를 찾기란 어렵다. 특히, 수치해석에 바탕한 컴퓨터 시뮬레이션이 도입되기 전 대부분의 기상 예측 활동은 통계에 의한 객관적 판단을 기반으로 이루어졌다.

통신의 발달로 일기도 작성이 가능해진 19세기와 20세기 중반까지의 폭풍우 예보는 물리적·역학적 이론을 바탕으로 한 것이기보다 경험에 의한 예측이었다. 이 경험적 예측은 약간의 주관적 견해가 들어갔지만 대부분은 통계에 의한 객관적 판단에 의한 것이었다(Wilks, 2006).

『삼국지』에 있는 에피소드를 통하여, 경험적 기상 예측에 들어있는 통계적 개념을 알아보자. 삼국지의 적벽대전 편에서 제갈공명은 주유에게 다음과 같이 3일 동안 세찬 동남풍이 불도록 하겠다고 말한다.

> "이 제갈량이 비록 재주는 없으나 일찍이 이인(異人)을 만나서 기문둔갑천서를 전수받아, 능히 바람을 부르고 비를 내리게 할 수 있습니다. 만일 도독께서 동남풍을 쓰시겠거든 남명산 아래에 단을 세우고, 이름을 칠성단이라 하시오. ..... 〈중략〉 ..... 제가 그 단 위에 올라가 법(法)을 써서 사흘 낮 사흘 밤 동안 세찬 동남풍이 불게 하여 도독을 도우려 하는데, 의향이 어떠하시오?"(나관중 저, 황석영 옮김, 2003)

먼저 제갈공명의 동남풍이 술법적 작용인지 아니면 당시 전천후 이론가인 그의 기상학적 지식에 의한 속임수인지에 대해서는 논외로 한다. 다만 여기서는 '동지섣달에 중국 화남 지방의 탁월풍이 북서풍이지만, 남쪽 지방에서 성장한 제갈공명은 가끔 돌발적인 동남풍이 동지섣달에 분다는 것을 경험적으로 알고 있었다'를 전제로 한다. 물론 삼국지에는 제갈공명의 그러한 경험에 대해서 언급이 없다. '동지섣달에 화남 지방의 탁월풍이 북서풍이지만 가끔 돌발적인 동남풍이 분다'는 제갈공명의 어릴 적 경험과 바람 방향의 변화에 대한 인지가 통계학에서 의미하는 자료의 수집과 분석이다. 또한 동남풍에 대한 제갈공명의 확신이 자료에 대한 분석에 의해 이루어진 예측이다.

통계학의 표본이론으로 설명하면, 동지섣달의 중국 화남 지방 풍향의 변화가 '모수'이고 제갈공명이 어릴 적에 경험했던 풍향의 변화가 '표본 원소' 혹은 관측값이다. 그리고 북서풍에서 동남풍으로 풍향의 변화가 표본을 구성하는 관측값들에 대한 평균 혹은 평년값[33]인 '통계량'이다. 평년값은 미래의 값에 대한 하나의 훌륭한 예측치로서의 가능성을 가진다. 소설이기 때문에 과장된 점이 보이지만, 제갈공명의 동남풍에 대한 약속은 다름 아닌 자료에 바탕한 통계적 예측이었고 그 예측은 아래와 같이 멋지게 맞아 떨어졌다(류상범과 박정수, 2012).

> 어느덧 3경(밤 12시)이 되어갈 무렵, 갑자기 바람소리가 들려왔다. 수하가 아뢴다.
> "바람이 불고 깃대가 움직입니다!"
> 주유는 급히 장막 밖으로 나가보았다. 과연 바람이 불고 있었다. 깃대가 서북쪽 조조 진영 쪽으로 휘어져 깃발이 세차게 나부낀다.
> "과연 동남풍이다!"(나관중 저, 황석영 옮김, 2003)

33) 기후학에서 평년값이란 보통 과거 30년간의 평균값을 말한다. 이를 기후값이라고도 한다.

현대 기상 현업(기상청의 업무) 및 연구 분야에서 통계학의 역할을 기술통계학과 추론통계학으로 구분하여 설명할 수 있다. 오늘날의 기상 현업은 수많은 관측과 다양한 수치 모델의 자료 속에 묻혀 있다고 단정해도 무리가 아니다. 지상 관측망[그림 14.1], 고층 관측망, 레이더, 기상 위성 등에서 생산되는 수많은 관측 자료와 수치 모델에서 생산되는 다양한 결과가 일기예보에 활용되기 위해 수시로 공급되고 있다. 이러한 자료의 홍수 속에서 예보자가 관심 있는 자연 현상에 대한 정보를 추출하기 위해서는 제공된 수많은 원시자료(raw data)를 조직화하고 적당한 표현법으로 요약해야 한다.

기술통계학은 관측 자료의 조직화와 요약화에 사용된다. 그리하여 자연 현상의 수량적 기술을 가능하게 한다. 한편 시공간적으로 변하는 기상 현상을 모두 관측할 수 없기에 일정량의 자료로부터 전체를 추측하거나 미래를 예측하기 위해 추론통계학이 이용된다. 즉 자료를 조직화하고 분석하여 관측 자료가 가진 정보를 전체 상황에도 어느 정도 적용 가능하게끔 하는 기술이 추론통계학이다. 현재 알려져 있는 대기 현상의 물리적 이해 가운데 일부는 관측 자료의 통계적 분석을 통해 추론한 결과이다.

불확실성을 평가하고 정량화하는 기술통계학, 또한 불확실성이 내포되어 있음에도 불구하고 추론하거나 예측하는 추론통계학이 기상 현업 및 연구에서 활발히 이용되고 있는 이유는 대기 활동 자체가 불확실성을 많이 지니기 때문이다. 대기는 불규칙적으로 움직인다. 이러한 대기 과정의 불확실성이 수많은 관측 자료를 필요로 하며 일기예보가 불확실성을 피할 수 없는 이유이다. 일기예보의 불확실성을 정량적으로 처리하기 위해서는 불확실성의 수학적 언어인 '확률'이라는 통계적 도구를 사용하여야 하고 관측자료의 시공간적 한계를 추론통계학을 이용하여 극복하고자 노력하는 것이다(류상범과 박정수, 2012).

대기과학에서 또는 예측의 측면에서, 무작위성(randomness)은 예측 불가능성이나 정보 없음을 의미하지는 않는다. 단지 '정확하게 예측할 수 없음'의 의미를 가진다. 예를 들면, 내일의 강수량은 무작위성을 가지고 있어 오늘 정확하게 내일의 강수량을 알 수 없다. 그렇지만 과거 강수량 자료를 가지고 간단한 통계분석을 하면 내일의 강수량에 대한 확률분포와 같은 정보를 얻을 수 있다. 일기예보의 목적이 무작위한 기상 현상들에 대한 불확실성을 감소시키는 것이다. 더욱이 통계적 방법들은 예측의 정확성에 대한 측도(예: 표준오차)를 제공한다. 이러한 점들을 종합해 볼 때, 통계학이 대기과학에서 많은 역할을 해왔고 앞으로도 중요한 역할을 할 것이라는 점은 자명하다(Wilks, 2010).

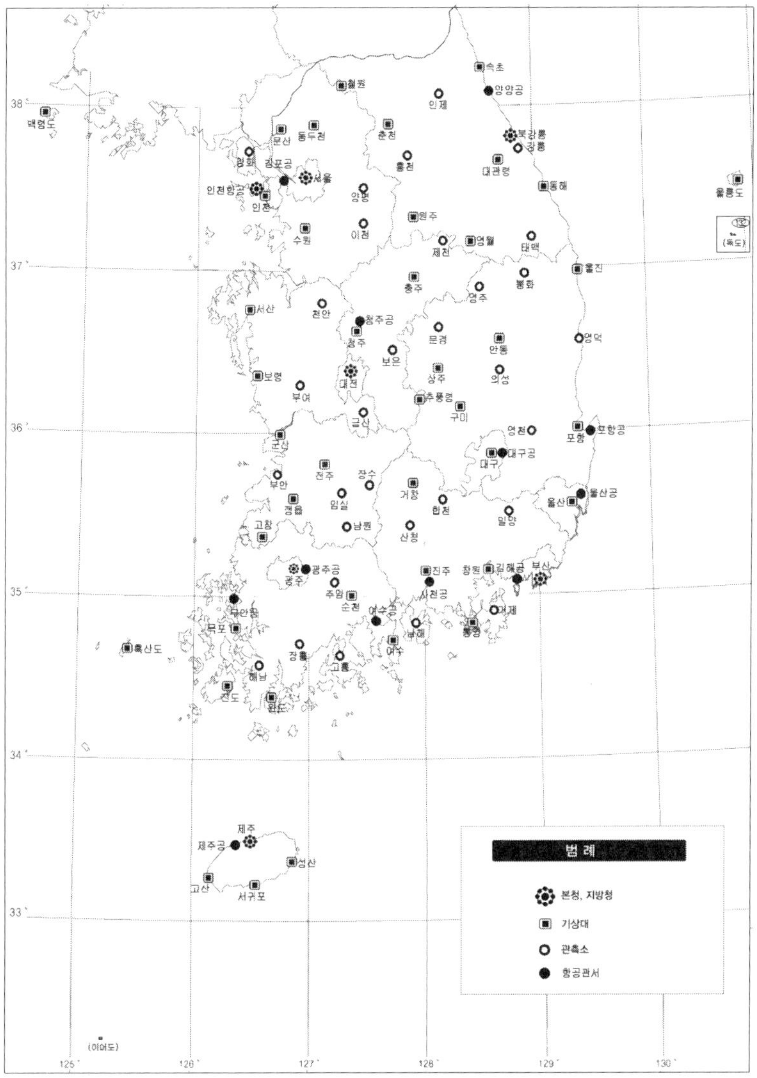

[그림 14.1] 우리나라의 기상 관측망(2009년)(출처: 기상청 홈페이지)

14.2 기상 자료의 그래프 표현

대기 현상을 대중에게 쉽게 알려줘야 하는 일기 예보의 목적과 시공간적으로 변하는 기상 자료의 복잡성 때문에 기상 분야에서는 일목요연하게 상황을 파악하는 그래프가 일찍이 발달되었다. 이 절에서는 그래프를 이용한 기상 자료의 효과적 표현에 대하여 알아보겠다.

[그림 14.2]는 기상 자료의 특성을 잘 보여 준다. 우리나라 어느 한 지역의 과거 30년간 겨울 동안의 일일 최저기온 자료를 12월 1일부터 2월 말까지 여러 개의 상자 그림으로 그린 것이다. 이를 통해 전체적인 패턴과 변동성을 한 눈에 볼 수 있다.

전체적인 경향을 보면 12월 초부터 서서히 기온이 내려가다가 1월 하순과 2월 초순에 최저가 되고 그 이후로 점차 기온이 올라간다. 12월 초순에 비하여 2월 하순의 최저 기온이 일반적으로 더 낮음을 볼 수 있다. 변동성의 측면에서 보면, 극단적 최저값은 12월 초중순보다는 2월 하순에 더 자주 일어남을 알 수 있다. 우리나라 겨울 기온의 특징이라는 삼한사온의 현상이 눈으로 파악되는가? 12월 중순부터 2월 중순까지 상자 그림의 아래쪽 수염을 보면, 불규칙하지만 2~4일 정도 낮았다가 다시 2~4일 정도 올라가는 요요 현상을 볼 수 있다. 이것이 곧 삼한사온으로 연결되는 것은 아니지만 강추위가 일주일 이상 지속되는 경우는 드물 것임을 추측할 수는 있다. 이런 그림을 그리기 위해서는 과거 수십 년 간의 자료가 누적되어야 한다. 이 그래프는 하나의 기상 현상보다는 겨울철 기후를 파악하는 데 유용하다.

[그림 14.3]은 서울의 연평균 기온에 대한 연도별 변화 시계열도이다[34]. 근대적인 기상 관측이 시작된 1900년대 초부터 2010년까지의 관측 결과인데, 전쟁 탓에 1950년부터 3년간 결측이 있다. 지구온난화에 따른 기온 상승의 효과가 보이는 그림이다. 그림 가운데의 수평 막대선은 30년간의 이동평균(moving average) 값이

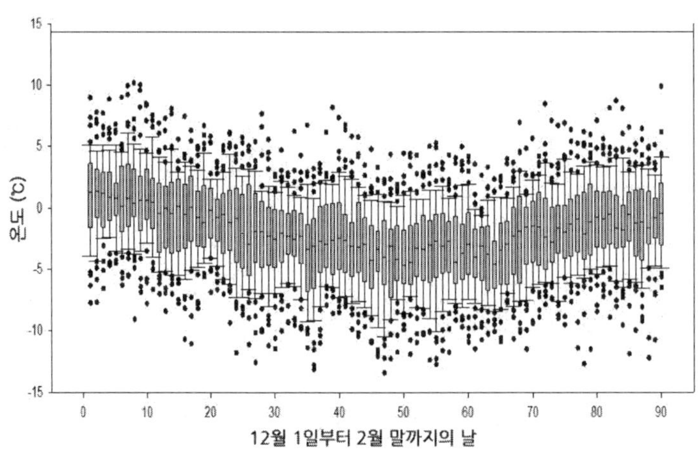

[그림 14.2] 과거 30년간의 자료에 바탕하여 12월 1일부터 2월 말까지 일일 최저기온에 대해 그린 상자 그림의 시계열도(출처: 참고문헌 3)

34) 출처: 기상청 홈페이지 http://www.kma.go.kr/repositary/sfc/climate/cli_vari/img/temp-108.gif

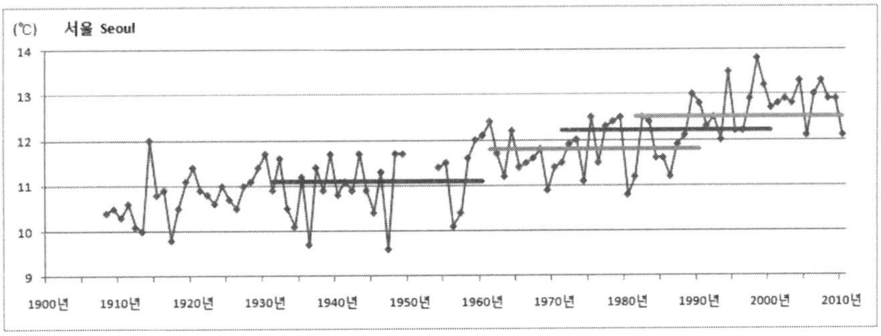

[그림 14.3] 서울의 연평균 기온의 연도별 시계열도(1908~2010)

다. [그림 14.3]에서 1960년대부터 기온 상승이 이뤄지다가 1990년대에 다시 상승하는 양상을 보임을 알 수 있다. 2000년대의 평균 기온은 1940년대에 비해 평균적으로 약 1.5°C 정도 올랐다. 이런 관찰은 보는 사람의 직관에 의한 것이기 때문에 '기온이 상승했다'라고 결론내리기에는 섣부르다. 이 경우 통계적 가설검정을 하여서 객관적인 결론을 내릴 수 있다. 가설검정을 위한 귀무가설은 '서울의 평균 기온에 증가하는 경향이 없다'이고 대립가설은 '서울의 평균 기온에 증가하는 경향이 있다'이다. 검정의 기준은 증가한 온도의 크기가 100여 년간의 온도의 변동성에 비하여 심각하게 큰 것인가이다. 자세한 내용은 생략하지만, 검정통계량은 증가한 온도의 크기를 온도의 변동성으로 나눈 값을 사용한다.

기상 자료(x_i)를 효과적으로 표현하는 데 있어 자주 사용하는 방법이 중심화(centering) 또는 아노말리(anomaly) 변환이라는 것이다. 중심화 또는 아노말리는 원자료에서 자료의 평균값($\bar{x}$)을 뺀 자료($y_i = x_i - \bar{x}$)를 뜻한다. 이런 변환을 하면 아노말리(y_i)의 평균은 0이 되고, 표준편차는 원래의 자료 x_i와 같다. 아노말리와 더불어 자주 쓰이는 변환이 표준화(standardization)인데, 이는 아노말리를 x_i들로부터 계산한 표준편차(s_x)로 나눈 값, 즉 $z_i = (x_i - \bar{x})/s_x$이다. 표준화를 시키면 z_i의 평균은 0이고 표준편차는 1이 된다.

[그림 14.4]는 1958년부터 2000년까지 남한의 겨울철(12월부터 2월까지) 평균 최저기온을 표준화해서 그린 시계열도이다. 전반적으로 대략 1987년을 기점으로 음수에서 양수로 변화했음을 한 눈에 알 수 있다. 이는 지구 온난화에 따른 기온의 상승으로 파악된다.

[그림 14.5]는 1958년부터 2000년까지 남한의 최저 기온에 대해 12개월을 기준으로 평균과 표준편차를 중첩하여 그린 그림이다. 평균은 실선으로 나타내고 왼쪽 좌표를 참조하며 표준편차는 점선으로 그리며 오른쪽 좌표를 보면 된다. 기온의

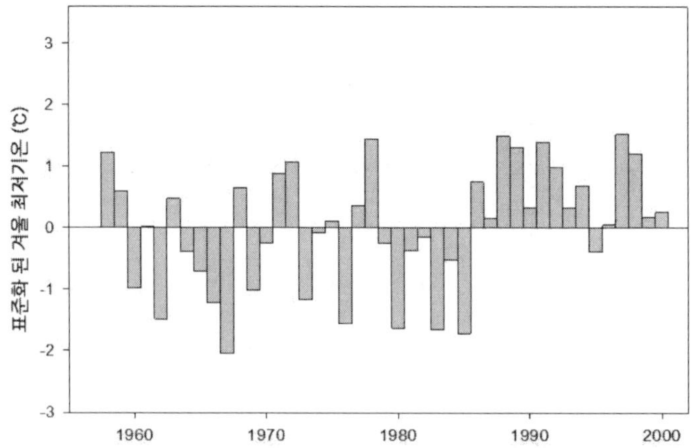

[그림 14.4] 1958년부터 2000년까지 남한의 겨울철 평균 최저기온을 표준화한 후의 시계열도

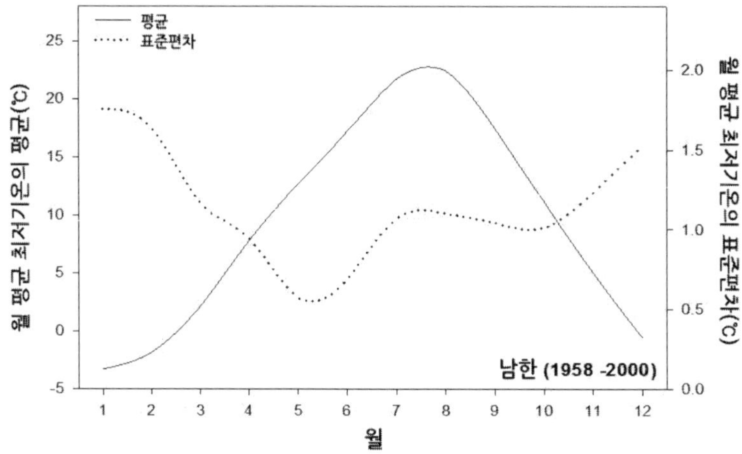

[그림 14.5] 남한의 월평균 최저기온의 월별 평균(실선과 왼쪽 좌표)과 표준편차(점선과 오른쪽 좌표)의 시계열도(출처: 참고문헌 3)

변화는 미세하게나마 8월 정점으로 올라감이 12월로 내려감보다 완만함을 볼 수 있다. 한편 표준편차는 겨울철에 제일 높고 5월과 6월 사이에 가장 낮음에 주목할 만하다(류상범과 박정수, 2012).

기상청에서 발간하는 『기상월보』에 표현되는 통계 그래프를 보자. [그림 14.6]은 『기상월보』에서 어느 지역이나 시기에 무관하게 하나의 범례로서 제시된 시계열도이고, [그림 14.7]은 구체적으로 2009년 8월 광주·전남의 기온과 강수량을 보여 주는 그림이다. 이 그래프에는 한 그림에 몇 개의 시계열을 중첩하고 여러 색으로 평년값과 비교했기 때문에 처음 접하는 사람이 이해하기는 어려워 보인다. 따라서 『기상월보』에 제시된 〈그림 설명〉과 [그림 14.6]을 이해한 후에 [그림

14.7]을 보기 바란다.

> 『기상월보』에 제시된 〈그림 설명〉:
> 가. 기온과 강수량에 대한 일별 변화는 왼쪽, 연도별 변화는 오른쪽에 표현함.
> 나. 그래프의 이해를 돕기 위하여 30년 기후 평년값(1971–2000년)과 비교함.
> 다. 평균기온의 경우, 평년보다 높았던 경우는 붉은색으로, 평년보다 낮았던 경우는 파란색으로 표시함.
> 라. 누적강수량의 경우, 평년보다 많았던 경우는 녹색으로, 평년보다 적었던 경우는 황색으로 표시함.

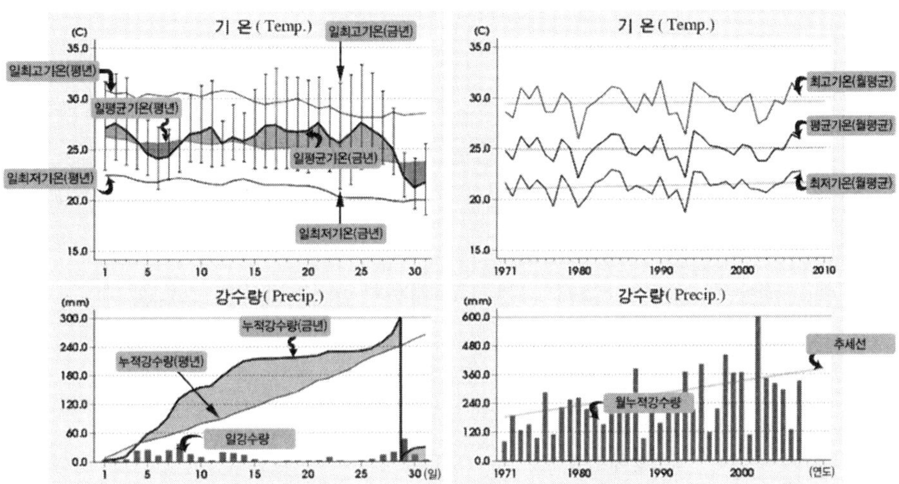

[그림 14.6] 『기상월보』에 제시된 일별, 연도별 기온과 강수량에 대한 시계열도에 대한 설명. 어느 지역이나 시기에 무관하게 하나의 범례로서 제시된 시계열도(출처: 기상청).

[그림 14.6]의 오른쪽 아래를 보면, 강수량의 추세선이 조금씩 증가하는 경향을 보이고 있으며 2000년 이후의 강수량의 변동 폭도 상대적으로 증가해 보인다. 이런 현상의 원인은 지구 온난화 때문이라는 의견이 많다. 여기서 증가 경향이 있다는 판단은 어디까지나 눈으로 본 것이어서 신뢰도가 높은 결론은 아니다. 보는 사람의 직관에 따라 또는 그래프의 척도에 따라 다를 수 있고, 무엇보다도 자료의 변동성의 크기에 따라 확신의 정도가 달라지기 때문이다. 따라서 이런 증가 추세가 통계적으로 유의미한 경향인지에 대해 결론을 내기 위해서는 통계적 가설검정 절차를 거치는 게 바람직하다.

[그림 14.7]은 2009년 8월 및 과거 30년간 8월의 광주·전남 지방의 기온과 강수량에 대한 다양한 그림이다. 왼쪽 위의 그림은 2009년 8월 1일부터 31일까지 일별 기온의 변화와 평년과의 비교를 보여 준다. 오른쪽 위의 그림은 1971년부터

2009년까지의 8월 최저, 평균, 최고 기온의 연도별 시계열도이다. 1980년과 1993년에 이상 저온이 있었음을 알 수 있는데 실제로 벼농사에 냉해를 입었다 한다. [그림 14.7]의 왼쪽 아래의 그림은 2009년 8월 1일부터 31일까지 일별 강수량의 변화와 평년과의 비교를 보여 준다. 오른쪽 아래의 그림은 1971년부터 2009년까지의 8월 누적 강수량의 연도별 시계열도이다.

우리는 2009년 8월에 광주·전남의 평균 기온이 평년에 비해 낮았다가 20일 전후로 4일 정도 더 높았음을 알 수 있다. 기후값이라고도 부르는 평년값이란 보통 과거 30년 자료의 평균을 말하는데, 최근의 경향을 배제하기 위해 기상청에서는 1971년부터 2000년까지의 자료를 사용하여 평균을 구했다. 광주·전남의 강수량은 8월에 총 124 mm 정도를 기록했는데 이는 평년보다 적었다. 8월 말의 누적 강수량으로 보면 2009년이 평년보다 120 mm 정도 적었다.

여기에 보여 준 통계 그림은 기상통계에서 취급하는 그래프의 극히 일부이다. 실제로는 자료의 정보를 일목요연하게 볼 수 있도록 매우 다양한 방법으로 그림을 그려내고 있다. 아울러 기존의 그래프가 아닌 새로운 그림을 개발하여 자료의 정보를 표현하는 것도 매우 독창적인 일이다.

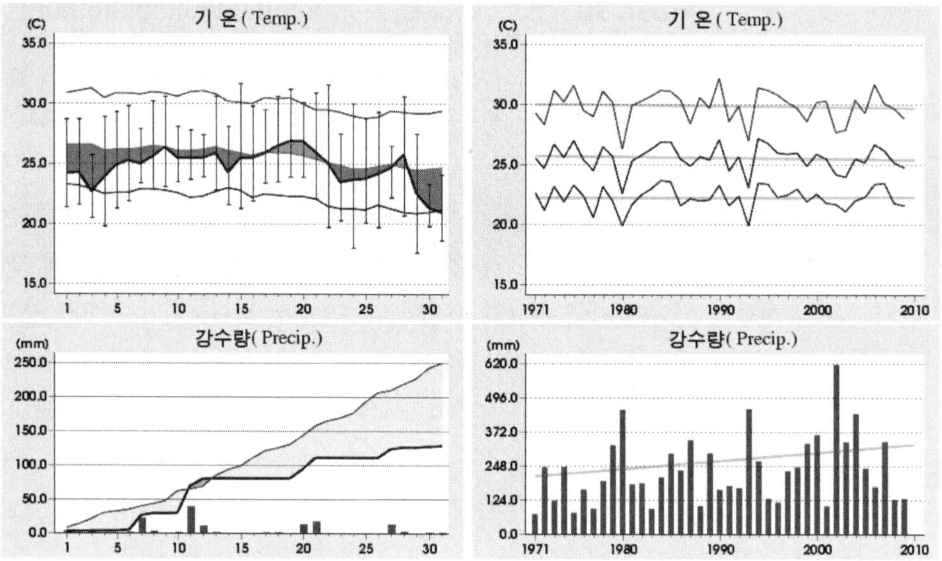

[그림 14.7] 2009년 8월과 30년간 8월의 광주·전남 지방의 기온과 강수량에 대한 통계적 시계열도(출처: 기상청『기상월보』).

14.3 일기예보를 위한 통계적 방법

통계적 일기예보를 논의하기 전에 먼저 수치예보 모델에 대해 알아보자. 수치예보(numerical weather prediction)는 대기과학의 원리를 컴퓨터의 계산 방식으로 풀이하여 현재의 대기 상태를 입체적으로 분석하고 나아가 미래의 기상 상황을 정량적으로 예측하는 일련의 과정으로 정의된다(이우진, 2006). 대부분의 수치예보 모델은 기상 현상에 대한 물리적 해석에 바탕한 많은 수의 대기방정식의 수치적 계산을 포함한다. 수치예보는 오늘과 내일의 날씨는 물론이고 일주일 후, 수개월 후의 기후를 예측하는 데에 중대한 역할을 하고 있다. 또한 태풍의 진로와 강도 예측, 방사능이나 황사 및 오염물질의 추적, 도시와 건물 사이로 흐르는 바람장의 분석 등과 같은 여러 대기 환경 분야에도 응용된다. 이러한 수치예보 덕분에 지난 수십 년 동안 일기예보의 신뢰도는 계속 향상되었다.

서울의 기상청 본사에서는 한국에서 가장 빠른 슈퍼컴퓨터가 수치예보를 해내느라 바쁘게 돌아가고 있다. 1,024개의 첨단 전자 두뇌들이 각자 맡고 있는 지역의 대기방정식(미분방정식을 포함한 다양한 수리적 방정식들)을 쉬지 않고 계산하고 있다. 각 전자 두뇌들은 초당 180억 번의 고속 연산을 해낸다. 이렇게 하여 매일 250종 이상의 수치예보 자료들이 예보부서로 보내져 오늘과 내일의 일기예보는 물론 6개월간의 기후예보를 산출하고 있다(이우진, 2006).

그러나 이 수치모델은 지역에 주어진 초기 조건에 영향을 크게 받는데, 이 초기 조건을 정확히 주는 것이 어렵다. 또한 초기 조건이 잘 주어졌다고 하더라도 대기의 불확실성 때문에 종종 오차를 유발한다. 그래서 강수량이나 강수확률, 최고/최저 기온을 정확히 예측하는 데 한계가 있다. 이런 한계를 극복하기 위해 수치예보의 결과에 과거 관측값(기후 자료)의 특성을 병합하는 통계적 방법이 사용된다. 이를 통계

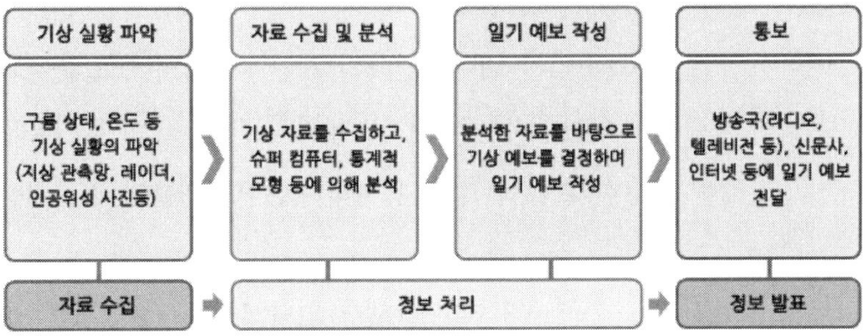

[그림 14.8] 기상청에서 실시하는 일기예보 과정(출처: http://iamking.net/lesson/jeong_11/1_1_05.htm)

예보법(statistical forecasting method)이라 하고, 크게 완전예상법(PPM, perfect prognostic method), 모형산출통계법(MOS, model output statistics), 칼만 필터로 나뉜다. 이에 대해 간략히 알아보자.

예보하고자 하는 요소인 강수확률, 강수량이나 최저/최고 기온을 피예보인자(predictand)라고 하며, 이 예보에 동원되는 요소들을 예보인자(predictor)라고 부른다. 예보인자로는 바람의 속도, 상대습도, 해수 온도, 해면기압, 지상기압, 수증기의 혼합비, 경계층의 두께 등이 있다. 통계 예보모형은 기본적으로 아래 식 (14.1)과 같은 관계식 f를 잘 정의해 줌으로써 만들어진다.

$$\hat{Y} = f(X) \tag{14.1}$$

여기서 X는 모형의 입력 자료이자 독립변수인 예보인자들이고 $\hat{Y}$는 종속변수인 피예보인자의 예보값이다. 이때 관계식 f는 보통 다중 회귀모형이나 판별모형이 이용된다.

완전예상법(PPM)은 먼저 순수히 기후자료로부터 다음 관계식 f_E를 세운다(여기서 첨자 E는 empirical 모형이라는 뜻에서 따온 것이다). f_E는 다중 회귀모형이나 판별모형을 이용하여 구한다.

$$Y_0 = f_E(X_0) \tag{14.2}$$

여기서 Y_0는 시간 $t=0$에서의 피예보인자의 실제 관측값이고 X_0는 시간 $t=0$에서의 예보인자들의 관측값이다. 이때 예보인자 X_0는 수치예보 모형에서도 계산 가능한 자료이어야 한다. 식 (14.2)를 세운 후, 수치예보 자료를 활용할 경우, 최종적으로 예보자료 생산에 사용하는 통계적 예보모형은 다음과 같다.

$$\hat{Y}_t = f_E(\hat{X}_t) \tag{14.3}$$

여기서 $\hat{Y}_t$는 예보하려는 피예보인자의 시간 t에서의 예보값이고 $\hat{X}_t$는 수치예보 모델의 출력물인 예보인자들의 시간 t에서의 값이다. 이때 사용되는 관계식 f_E는 식 (14.2)에서 구한 관계식 f_E와 동일하다. 다만 관측값 X_0 대신 $\hat{X}_t$를 사용한다는 점이 다르다.

여기서 잠깐 강수확률의 예보에 대해 알아보자. 기상청에서 내리는 강수확률의 정확한 정의는 '주어진 지역 내에 속하는 모든 지점에서 0.1 mm 이상의 강수가 12

시간 내에 내릴 평균 확률'이다(최준태와 조주영, 2002). 예를 들어, A 예보지역에 관측지점이 5개 있고 강수확률이 70%로 예보되었다면, 이는 A 지역 내의 어느 지점에서나 강수가 관측될 확률이 70%라는 의미이다. 한 지점에서의 내일의 강수확률 70%는 내일과 같은 기상조건이었던 과거에 100일 중 70일 정도는 비가 왔다는 뜻이다. 이런 의미에서 강수확률은 5장에서 배운 확률의 정의 중 경험적 확률에 해당된다. 여기서 내일의 기상조건($\widehat{X}_t$)은 컴퓨터를 이용한 역학적 수치예보 모델의 예측 결과로 구한 것이다. 따라서 이 확률은 과거의 관찰값으로부터 유도한 통계적 방정식(f_E)과 컴퓨터를 이용한 역학적 수치예보 모델의 예측 결과($\widehat{X}_t$)를 통합한 완전예상법으로부터 얻어진다.

완전예상법이 수치예보 모형의 예보자료를 사용하지만 완벽한 수치예보 모형은 존재하지 않기 때문에 관측 자료에 기반한 Y_0와 X_0 사이의 통계적 관계가 시간 t가 지난 후에 예측된 수치예보 자료에도 성립된다고 보는 것은 무리이다. 이런 문제점을 해결하기 위해 모형산출통계법(MOS, model output statistics)이 개발되었다. 이는 예보인자와 피예보인자 간의 통계적 관계식 f를 구할 때 기후자료 대신 수치예보 자료를 사용하여 수치예보 모형 자체의 특성이 $\widehat{Y}_t$에 반영되도록 하였다. 이를 식으로 쓰면 다음과 같다.

$$\widehat{Y}_t = f_M(\widehat{X}_t) \tag{14.4}$$

여기서 $\widehat{X}_t$는 수치예보 모형에서 계산된 시간 t에서의 예보인자들 값이다. 이는 수치예보 모형에서 나온 과거의 출력물들, 즉 예보인자 값($\widehat{X}_0$)들과 피예보인자 예보값($\widehat{Y}_0$)을 바탕으로 먼저 (다중 회귀모형과 같은) 관계식 f_M을 수립한다. 그리고 새로운 날 t에 대한 예보인자 값 $\widehat{X}_t$가 수치예보 모형으로부터 계산되어 나오면 이를 관계식 f_M에 대입하여 $\widehat{Y}_t$를 구한다(여기서 첨자 M은 model에서 따온 것이다).

모형산출통계법(MOS)은 예보모형 산출에 수치예보 자료를 직접 사용하기 때문에 수치예보 모델의 편차를 반영하는 장점이 있다. 그러나 모형산출통계법을 개발하기 위해서는 수치예보 자료가 통계적 모형 수립이 유의미하게 될 정도로 상당히 긴 기간 동안 충분히 저장되어야 하고 이 자료를 이용하여 예보모형을 만들 때 수치예보 모델에 큰 변화가 없어야 한다는 단점이 있다. 장기간의 수치예보 모델 자료가 축적되면 모형산출통계법이 가장 우수한 성능을 보인다고 한다. 완전예상법은 예보모형을 만들 때, 전적으로 관측된 기후 자료를 사용하기 때문에 오랫동안의 관측자료가 확보되면 안정된 예보모형을 구축할 수 있다. 또한 예보모형이 수치예보 모형의 자료와 독립적으로 개발되기 때문에 수치예보 모델이 교체 또는 개선되어도 예보모형(f_E)을 재개발할 필요가 없다. 현재 우리나라 기상청에서는 최고/최저 기온과 5장에서 다룬 강수 확률을 예측하는 데 완전예상법을 개발하여 사용하고 있다. 이 완전예상법은 기상청 현업부서에 객관예보로 활용되면서 기상예보관의 예보능력 향상에 기여하고 있다(최준태와 조주영, 2002).

칼만 필터(Kalman filter)는 내일의 기상 현상이 오늘까지의 최근의 관측값에 영향을 받는 특성을 활용한 시계열적 예보 방법이다. 이 방법은 최근의 관측값과 수치예보 모델에서 나오는 출력값에 대하여 적절한 가중치를 주는 방식으로 미래 예보값을 산출한다. 이를 식으로 표현하면 다음과 같다(첨자 K는 Kalman에서 따온 것이다).

$$\widehat{Y_t} = f_K(Y_{t-w},\ \widehat{Y_t^m}) \qquad (14.5)$$

여기서 $\widehat{Y_t^m}$는 미래의 시간 t에 대해 수치예보 모델에서 나온 예보 값(예를 들어, 최고 기온)이고, Y_{t-w}는 최근 w일 동안 관측된 값(최고 기온)들을 말한다. 함수 f_K는 이들 간의 최적의 가중합에 바탕한 함수식이다. 이 함수식은 수년간의 과거 자료로부터 구해지지 않고, 최근 w일 동안 관측된 값들(Y_{t-w})과 $\widehat{Y_t^m}$만으로 구해진다. $\widehat{Y_t^m}$에서 위첨자 m은 승수가 아니고 수치예보 model의 값이란 뜻에서 붙인 것이다.

칼만 필터는 단순 평활(smoothing)이 아니고 투사 예측(projection)의 성질을 갖는 통계적 예보기법으로서, 최근의 관측값을 이용하여 모델값과 실제값과의 상관관계를 최적으로 보정한다. 이는 모형출력통계법처럼 역학모델의 예보값을 십분 활용하면서도 완전예상법처럼 수치예보 모델의 예보식을 수정할 필요가 없어서 위의 두 방법의 장점을 모두 취하고 있다(이민영 등, 1999). 그러나 예측인자(X)를 고려하지 않기 때문에, 최근 w일 동안 관측된 값들의 경향이 t 시점에도 유지되지 않으면 정확한 예측이 힘들어지는 단점을 갖는다. [표 14.1]은 위에서 설명한 세 가지 통계예보 방법의 특성을 요약한 것이다.

최근 일기예보가 잘 맞는다는 말을 듣는다. 예를 들어 앞으로 3일 후의 오후부터 밤늦게까지 비가 오겠다는 예보가 실제로 맞는 경우가 흔하다. 이러한 정확한 예보

[표 14.1] 세 가지 통계예보 방법의 단계별 사용 자료와 함수식

방법	통계 모형 수립시 사용 자료	모형 함수식 표현	미래 t 시점 예보시 사용 자료	예보 함수식 표현
완전예상법 (PPM)	과거 관측값 (X_0, Y_0)	$Y_0 = f_E(X_0)$	t 시점 수치예보 자료$(\widehat{X}_t)$	$\widehat{Y}_t = f_E(\widehat{X}_t)$
모형출력통계법(MOS)	과거 수치예보 자료$(\widehat{X}_0, \widehat{Y}_0)$	$\widehat{Y}_0 = f_M(\widehat{X}_0)$	t 시점 수치예보 자료$(\widehat{X}_t)$	$\widehat{Y}_t = f_M(\widehat{X}_t)$
칼만 필터	최근 관측값(Y_{t-w})과 t 시점 수치예보 자료$(\widehat{Y_t^m})$			$\widehat{Y}_t = f_K(Y_{t-w}, \widehat{Y_t^m})$

를 위해 대기과학자와 기상 현업 종사자의 공헌이 제일 크지만 통계모형도 날마다 큰 기여를 하고 있음에 통계학의 중요성과 통계학 전공자로서의 자부심을 느낀다. 다만 일기 예보에서 최저/최고 기온이나 강수 여부에 대한 예보에 비하여 여름철 집중호우시의 강수량, 태풍의 진로, 겨울철에 비가 올지 눈이 올지 여부와 강설량에 대한 예측은 상당히 어렵다고 한다. 가끔 오보가 생기는 이유이다. 미래의 기상 예측이란 그만큼 어렵다는 말이다. 미래를 예측한다는 것은 사실 신의 영역인 데도 불구하고 현대 과학이 이에 과감하게 도전하고 있는 하나의 원대한 과제이다.

14.4 극단 기상 자료에 대한 통계

최근 세계적으로 기상이 거칠어지고 있다고 한다. 그래서 극단적인 기상 현상이 과거보다 더 자주 일어나는 듯하다. 극단 기상 현상은 집중호우나 최고 풍속 또는 연간 일최고 기온 등을 말한다. 이들은 사회적인 영향이 매우 크기 때문에 지대한 관심을 받는다. 대기과학뿐만 아니라 구조물 설계 분야와 위험 평가 분야에서도 관심이 높다. 이러한 연구의 주요 관심사는 예를 들어 서울 지역에 100년 만에 한 번 내릴 수 있는 큰 비의 양은 얼마인가, 또는 서울의 년 최고 온도가 35℃를 초과할 확률은 얼마인가와 같은 질문에 대한 답변이다. 이 극단 자료의 모형화를 위해 보통 일반화 극단분포(generalized extreme-value distribution: GEV 분포)라는 확률분포를 고려한다. 이 분포는 세 개의 모수(parameter)에 의해서 그 모양이 변하는데, 이들은 과거의 극단 기상 자료로부터 추정된다.

이 분포는 모양 모수(shape parameter)인 k 값에 따라서 세 가지 타입으로 나

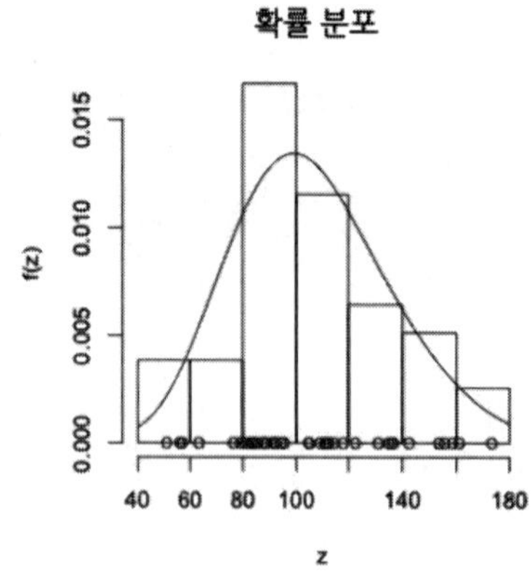

(a) $k>0$인 프레체 분포

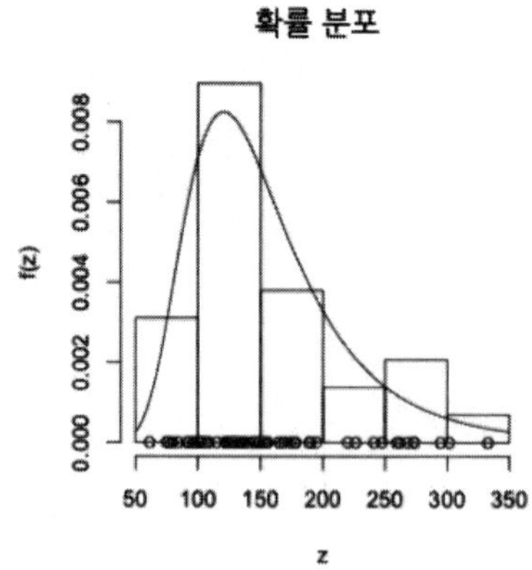

(b) $k<0$인 와이블 분포

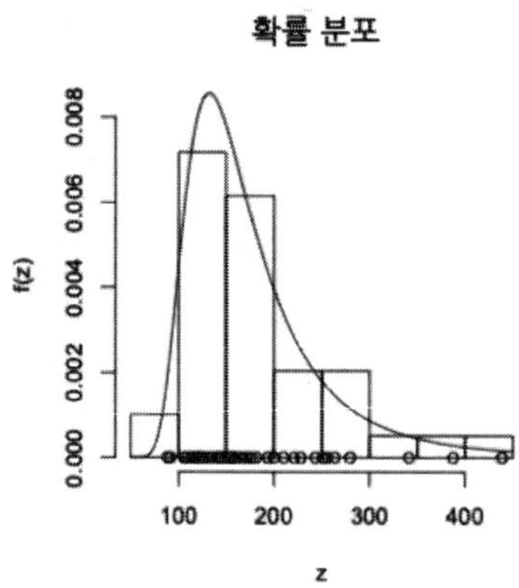

(c) $k=0$인 검블 분포

[그림 14.9] 일반화 극단분포의 다양한 모습으로 모양모수 k값에 따라 달라진다. (a) $k>0$인 프레체 분포, (b) $k<0$인 와이블 분포, (c) $k=0$인 검블 분포의 모양이다.(출처: 참고문헌 3)

뉜다. $k>0$이면 프레체(Frechet) 분포라고 부르고 $k<0$이면 와이블(Weibull) 분포, $k=0$이면 검블(Gumbel) 분포라고 한다. 검블분포는 오른쪽에 긴 꼬리를 갖지만 프레체 분포보다는 덜 두꺼운 꼬리를 갖는다. [그림 14.9]는 위 세 가지 분포의 확률밀도함수 형태를 보여 준다. 프레체 분포는 오른쪽 꼬리가 두꺼운, 즉 매우 큰 극단값들이 비교적 자주 일어나는 경우에 적합하다.

극단 현상에 대한 자료분석은 매우 드물게 일어나는 일에 관심을 둔다. 100년 또는 200년 만에 한 번 정도 일어날 강수량은 얼마인가? 이런 문제는 연 최대 일일 강수량 자료를 사용한다. 만약 자료가 100년간 있을 때는 상위 1%에 해당하는 자료로 100년 만에 한 번 일어나는 강수량을 대략 추정할 수 있을 것이다. 그러나

200년 만에 한 번 일어나는 강수량은 직접 추정할 수 없다. 이런 경우는 일반화 극단 분포의 백분위수(percentile)로부터 합리적인 추정치를 구한다.

평균적으로 100년에 한 번 내리는 큰 비의 양은 연 최대 일일 강수량 자료에 적합된 GEV 분포의 99 백분위수로 추정한다. 이 값을 100년 '귀환 수준' 또는 '재현 수준'(return level)이라고 부른다. 평균적으로 200년에 한 번 내리는 비, 즉 200년 귀환 수준은 일반화 극단 분포의 99.5 백분위수로 구한다. 다시 말해, 평균 T년에 한 번 내리는 강수량이 얼마인지를 알려면 먼저 $T = 1/p$를 만족하는 p를 구한 다음, 일반화 극단 분포의 $100 \times (1-p)$ 백분위수로 계산한다. 예를 들어, $T = 50$년 만에 한 번 내리는 강수량을 알고 싶으면 $T = 1/p$ 공식으로부터 $p = 0.02$이고, 따라서 GEV 분포의 $100 \times (1-0.02) = 98$ 백분위수를 구하면 된다. 이는 일반화 극단 분포의 백분위수 함수(quantile function)로부터 계산된다.

한편, 어느 날 200 mm라는 큰 비가 내렸다고 하자. 우리는 이것이 평균 몇 년 만에 한 번 내리는 큰 비인지 알고 싶다. 그러기 위해서 먼저 이 값이 일반화 극단 분포의 몇 백분위수에 해당되는지를 알아야 하는데, 이는 일반화 극단 분포의 누적분포함수로부터 얻을 수 있다. 200 mm 강수량이 만약 99.63 백분위수에 해당된다면, $100 \times (1-p) = 99.63$로부터 $p = 0.0037$임을 알 수 있다. 그러면 위의 $T = 1/p$ 공식으로부터 $T = 270$이 된다. 즉, 하루 200 mm 강수량은 평균적으로 270년 만에 한 번 정도 내리는 큰 비이다. 이렇게 구한 T를 귀환 기간 또는 재현 주기(return period)이라고 부른다.

[그림 14.10]은 남한의 일일 최대 강수량의 100년 귀환 수준을 추정하여 그린 등고선도이다(Park and Jung, 2002). 장흥과 해남 지역의 집중호우는 1981년에 온 태풍 아그네스의 영향이고(하루에 500 mm 정도 내림), 대구 지역의 적은 비는 지리산과 태백산맥에 의한 푄(Föhn) 현상 때문이라고 한다. 푄 현상이란 비구름이 산을 타고 올라가면서 비를 다 뿌린 후에 산의 정상을 넘어서는 고온 건조한 공기를 내는 현상이다.

귀환 수준과 귀환 기간의 개념은 최대 강수량은 물론이고 강에서의 최고 수위, 최대 풍속, 지진, 최대 적설량, 최고 해수면 또는 해일, 최고/최저 기온 등에도 적용된다. 이러한 극단적 자연 현상은 그 영향력이 매우 크기 때문에 이에 대한 하나의 수치적 표현인 T년 귀환 수준을 정확히 추정하는 문제는 통계학이나 대기과학에서뿐만 아니라 수문학(hydrology)이나 농학 및 공학(건축, 토목, 도시, 환경 공학 등)에서도 중대한 연구과제이다. T년 귀환 수준은 자연 현상에 민감하게 영향을 받는 농업에서, 그리고 건축물이나 토목 시설 등의 설계에서 매우 중요한 요소

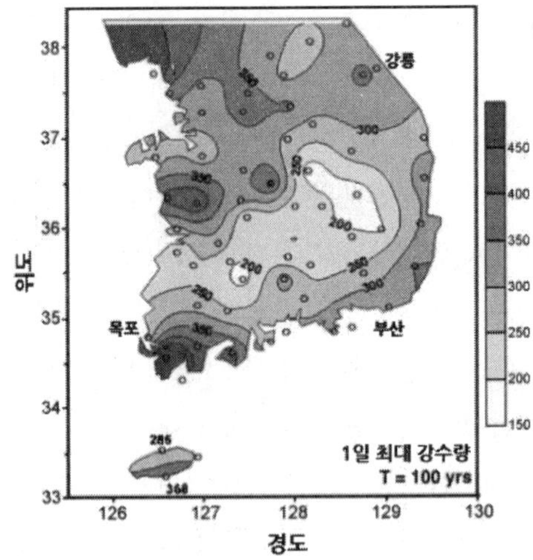

[그림 14.10] 남한의 일일 최대강수량의 100년 귀환 수준의 등고선도(단위: mm)

이다. T년 귀환 수준을 공학에서는 T년 설계값(design value)이라고 부르는 이유이다.

최근 정부에서 4대강 사업을 하면서 강바닥을 준설할 때 그 지역의 200년 강수량 귀환 수준에도 홍수가 나지 않게끔 공사를 했다고 한다. 물론 100년 귀환 수준을 기준으로 하는 것보다 더 튼튼하겠지만 경비가 훨씬 많이 들고 환경 문제 등이 유발되므로 귀환 기간과 귀환 수준을 무작정 높인다고 좋은 것은 아니다.

연습문제

1 기상청 홈페이지나 다른 사이트 등을 방문하여 [그림 14.4]와 같이 연도별로 기온 상승을 관찰할 수 있는 시계열도를 구하여라. 그리고 그 의미를 통계적으로 해석하여라.

2 미디어에 발표되는 강수확률 예보의 정확성을 통계적으로 판단하기 위해 과거 한 달 동안의 관측값과 예보를 비교하여라. 그리고 이를 요약하는 통계적 방법에 대해 생각해 보아라.

3 기상청에서 제공하는 최근의 『기상월보』로부터 자신이 사는 지역의 최근 달에 대하여 [그림 14.7]과 같은 그림을 찾아보고 그것을 해석하여라.

4 해양학이나 지질학 또는 지리학에서 통계가 잘 사용된 사례를 제시하고 해석하여라.

5 지구 전체의 대기 또는 기상과 관련한 통계를 인터넷 사이트로부터 구하여 제시하고 해석하여라.

6 [그림 14.10]을 바탕으로 광주 지역에 평균 100년 만에 한 번 내리는 일일 최대 강수량은 대략 얼마에서 얼마 정도인가?

7 기상통계 자료를 그래프로 보여 주기 위해서는 다양한 그래픽 소프트웨어의 능숙한 사용이 필수적이다. 시계열과 공간적 자료를 잘 그려내는 통계적 그래픽 소프트웨어를 조사하고 장단점을 비교하여라.

8 서울, 부산, 인천, 광주, 대구, 강릉 중 한 곳에 대해 연최고 일일 강수량의 시계열을 구하고 시계열도를 그려라. 이를 통계적으로 해석하여라.

9 이 장에서 다루지 않은 통계 그림을 이용하여 기상 자료를 표현한, 너무 상식적이 아닌 다소 복잡한 통계 그래프를 찾아서 제시하고 그 의미를 해석하여라.

10 지구 온난화에 대한 관심이 고조되고 있다. 이를 잘 보여 주는 통계 그림(가능하면 우리나라와 관련된 것)을 찾아서 제시하고 그 의미를 해석하여라.

참고문헌

1. 기상청, 『기상월보』,
   http://www.kma.go.kr/weather/observation/data_monthly.jsp
2. 기상청 홈페이지, http://www.kma.go.kr/index.jsp
3. 류상범, 박정수 (2012), 기상통계론, 전남대학교 출판부.
4. 이민영, 이동일, 이우진 (1999). 칼만필터를 이용한 최고/최저 기온 예보, 한국기상학회지 35, 283-289.
5. 이우진 (2006), 컴퓨터와 날씨예측, 광교이택스.
6. 최준태, 조주영 (2002), PPM을 이용한 객관적 강수확률 예보법, 한국기상학회지 38(2), 119-127.
7. 황석영 옮김, 나관중 저 (2003), 삼국지, 제5권 49장 적벽대전 편, 창비.
8. Coles, S. (2001). An Introduction to Statistical Modeling of Extreme Values, Springer, London.
9. Park, J.S. and Jung, H.S. (2002), Modelling Korean extreme rainfall using a kappa distribution and maximum likelihood estimate, Theoretical and Applied Climatology, 72, 55-64.
10. Wilks, D.S. (2006). Statistical Methods in the Atmospheric Sciences, Second Edition, Academic Press, Burlington, MA.

제 15 장

품질관리

15.1 품질관리의 개념

많은 사람들은 막연하게나마 품질이란 이런 것이다 라고 생각하지만 이렇다하게 한마디로 대답을 하지는 못한다. 자동차의 품질, 휴대폰의 품질은 어떠하다고 표현하지만, 품질에 대한 인식은 개인에 따라 다를 수 있다. 보통 어떤 제품이나 서비스가 만족스러우면 품질이 좋다고 하고 만족스럽지 못하면 품질이 나쁘다고 한다. 또한 품질의 우수한 정도는 주로 다른 제품이나 서비스와 비교하여 판단하기도 한다.

품질은 제품이나 서비스를 이용하는 사람들의 요구에 얼마만큼 만족을 하는지에 달려있다. 그래서 "품질은 사용의 적합성이다"라고 정의한다. 이는 제품이 소비자의 기대를 얼마나 만족시키는지를 말하며 소비자의 관점을 반영한 정의이다. 제품개발자, 생산관리자, 서비스관리자의 입장에서는 앞의 개념과는 다른 부분이 있다. 회사는 표준화된 규격에 따라 제품을 생산하고 검사하는 사이클이 있고, 이때 품질은 요구조건이나 규격에 대한 일치성을 말한다. 이 정의는 생산자의 관점이 반영된 것이며 품질을 관리하려면 품질을 측정할 수 있어야 한다. 품질의 의미는 두 측면에서 설명되기도 한다. 제조된 제품의 품질과 소비자가 느끼는 품질 둘을 결합하면, 품질이란 가장 좋은 제품을 생산하거나 가장 좋은 서비스를 제공하는 것이라고 말할 수 있겠다.

1980년대 이후부터 일본의 전자제품과 자동차는 세계 최고수준의 품질을 자랑하게 되었다. 수년 전에 미국의 어떤 자동차회사가 미국 공장에서 생산되는 변속기와 일본에서 수입되는 변속기의 비교연구를 했다. A/S 요구와 수리비를 비교해 보니 일본산 수입품의 보증비용이 훨씬 낮은 것으로 나타났는데 대략 미국산 제품의 1/3 수준이었다. 이 원인을 규명하기 위한 연구의 일환으로 그 회사에서는 각 공장에서 변속기의 표본을 추출하여 제품을 분해하고 중요한 품질특성을 측정하여 그들의 제품규격과 비교하였다. [그림 15.1]을 보면, 미국과 일본 제품들이 모두 규격 안에 들어가 있다는 점에서는 동일하나 미국 제품의 산포는 규격범위의 약 75%이고 일본 제품은 약 25%였다. 즉, 주요 품질특성에서 일본산 변속기의 산포는 미국산에 비해 매우 작다.

이 낮은 변동이 보증 비용을 낮추는 결과가 된 것이다. 즉, 일본산 변속기를 장착한 차는 기어가 더 부드럽고 조용해서 소비자는 우수한 차로 인식하게 된 것이다. A/S 요청이 적으면 재작업이 줄어들고 시간과 비용이 그만큼 절약된다. 따라서 제품의 중요한 특성의 변동이 작으면 제품의 품질은 향상된다는 것을 알 수 있

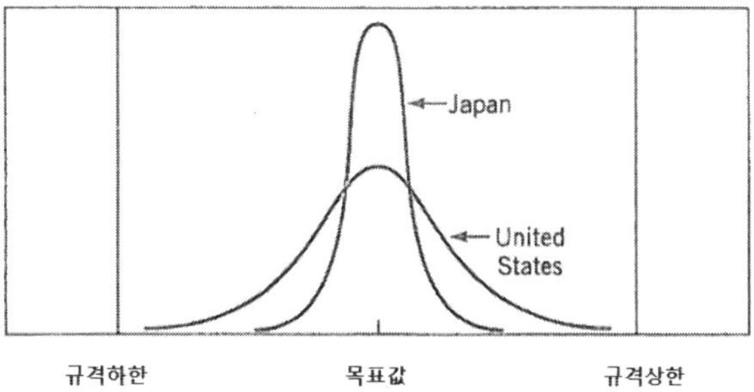

[그림 15.1] 자동차 변속기의 미국산과 일본산 분포 비교

다. 즉, 품질개선은 프로세스와 제품에서 산포를 줄이는 것이다.

제품과 서비스는 사용자가 품질이라고 생각하는 여러 가지 요소로 구성되어 있다. 이를 품질특성이라 부른다. **품질특성**(quality characteristics)이란 물리적, 감각적, 시간적 특성으로 분류할 수 있다. 물리적 특성은 크기, 길이, 넓이, 무게, 강도 등과 같이 물리적으로 측정될 수 있는 것이고, 감각적 특성은 맛, 외관, 색, 냄새 등과 같이 인간의 감각기관으로 지각되는 것이다. 또한, 시간적 특성은 신뢰성, 내구성, 유용성 등과 같이 시간과 관련된 것이다. 그리고 특성을 측정하여 수량으로 표시한 것을 품질특성치라고 한다. 이 품질특성은 앞서 설명된 품질의 여러 면과 직간접적으로 관련시킬 수 있다. 품질특성이 항상 동일한 제품을 만드는 것은 매우 어렵다. 바로 변동 때문이다. 모든 제품에는 어느 정도의 변동이 항상 존재해서 완벽하게 동일한 제품은 존재하지 않는다. 이는 원료의 차이, 제조장비의 성능 차이, 작업자의 차이 등이 제품에 영향을 미치기 때문이다. 여기에서 설명된 품질향상의 정의가 시작됨을 알 수 있다. 변동은 통계적으로 설명되기 때문에 통계적 방법은 품질향상에 중심역할을 하게 된다.

품질관리는 말 그대로 품질을 관리하는 활동을 말한다. 품질관리는 품질과 가격면에서 소비자의 요구에 일치하는 제품이나 서비스를 경제적으로 제공하기 위한 제반 활동을 말한다. 품질의 표준을 설정하고 이에 도달하기 위한 모든 수단의 체계이며, 한국표준협회에서는 품질관리란 소비자의 요구에 맞는 품질의 제품을 경제적으로 만들어내기 위한 모든 수단의 체계로 정의하였다.

한편 데밍(Deming)은 관리의 기능을 제품 설계하는 계획단계를 시작으로, 설계내용의 제조라는 실시단계를 거쳐서, 제품의 검사와 판매라는 검토단계를 거친 후에 최종적으로 소비자에 대한 서비스와 그들의 의견을 알아보는 조사단계로 분류하였다. 조사와 서비스의 결과로 재설계가 이루어지면 제조방법이 변경되고 검토와 판매의 방법이 개선되게 되는데 이와 같은 활동을 조치라고 볼 수 있다. 이런 단계가 계속 돌아가면서 끊임없는 관리활동이 이루어지게 된다. 데밍의 관리의 기능을 줄여서 계획(plan), 실시(do), 검토(check), 조치(action)의 4단계로 부르기도 한다.

15.2 통계적 품질관리의 역사

1924년에 미국의 슈하트(Shewhart)는 벨(Bell) 전화연구소에서 관리도 개념을 도입하였는데 이것이 종종 통계적 품질관리의 시초로 간주된다. 1920년대 후반 전화연구소의 돗지(Dodge)와 로믹(Romig)이 전수검사 대신에 사용할 수 있는 통계적 샘플링검사법을 개발하였다. 1930년대 중반까지 통계적 품질관리방법으로 널리 사용되었으나 통계적품질관리의 가치가 산업계에 널리 인식되지는 않았다. 2차대전 중 제조업에서 통계적품질관리의 개념이 널리 퍼지기 시작하였다. 1946년 미국품질관리학회가 설립되었고 모든 종류의 제품과 서비스에 통계적 기법 사용을 장려하였다. 1950년과 1960년대에는 신뢰성이론이 급속히 발전하였고, 통계적품질관리에 관한 중요한 서적들이 출간되고 품질이 회사 경영의 중요 개념으로 자리잡았다.

1950년대에 제품과 공정 향상을 위해 설계된 실험계획법이 미국에서 처음으로 소개되었다. 이것은 화학산업에 최초로 적용되었고 많이 사용되었다. 그러나 화학산업 외에는 비교적 느리게 퍼져나가 1970년 말이나 1980년 초에서야 널리 사용되기 시작하였다. 그러나 일본의 업체는 이미 1960년대 이래 광범위하게 통계적기법과 실험계획법을 사용하였고 이것이 미국에 자극을 주었다.

미국에서는 1980년 이후 품질향상을 위한 통계적 방법의 사용이 크게 증가하였다. 업체들이 1970년대에 외국 업체와의 경쟁에서 많은 손실을 입은 것이 부분적인 동기가 되었다. 예로, 1980년에 미국의 한 자동차회사가 입은 작업손실은 시간당 거의 백만달러에 이르는 것으로 추정되었다. 통계적기법을 집중적으로 도입한 것이 미국 산업이 다시 경쟁력을 가지는 데 중요한 역할을 하였다. 또한 여러 경영구조가 품질향상을 위한 체계로 나타나게 되었다. 미국 국회는 1987년에 품질관리에 뛰어난 성과를 이룬 조직체에 부여하는 말콤볼드리지상을 제정하였다.

품질관리의 역사에 큰 영향을 미친 전문가 중 데밍(Edwards Deming)은 세계적으로 유명한 통계학자이자 품질 컨설턴트이었다. 그는 품질의 선구자 슈하트(Shewhart)와 만나 품질에 관심을 갖게 되었고 2차 대전 중 미국의 육군성과 국세조사국에서 일하였다. 또한 1950년에 일본의 최고경영자들에게 통계적품질관리 기법과 그 중요성을 전파하였고, 1965년까지 여러 번 일본을 방문하여 강의와 상담을 하였다. 이것은 전쟁 후 일본의 경제에 큰 전환점을 가져왔고 일본은 데밍상(Deming Prize)이라는 국가적 품질상을 설립하였다. 이 상은 세계에서 첫 번째 산업상이다. 그는 미국 품질문제의 약 90%가 경영의 잘못으로 발생한다고 믿었으며 기업의 경영방식을 계속 질책하였다. 그는 미국 경영의 결점을 장기적인 전략보다 단기간의 사고와 분기별 이익추구라고 강조하였다. 부적절한 훈련과 회사에 대한 깊은 지식 부족과 너무 빠른 결과를 원한다는 세 가지를 지적하였다.

쥬란(Joseph Juran)은 통계적품질관리의 또 다른 선구자이다. 그는 1904년에 루마니아에서 태어나 8세 때 가족과 함께 미국에 이민을 갔다. 그는 AT&T의 Bell 연구소에서 슈하트(Shewhart)와 함께 일하였으며 그 후 계속 품질향상의 전문가로서 일해 왔다. 그는 1951년에 저서 『Quality Control Handbook』을 출간하였고 1954년에는 일본의 경영자들에게 품질관리의 중요성을 전파하였다. 그는 품질개선을 위해 통계적방법을 사용하는 방향보다는 주로 품질경영 쪽으로 공헌하였고, 경영활동이 품질 개선에 매우 중요하다는 것을 확신하였다.

품질관리의 중요성이 커지면서 현대의 품질관리는 초기 생산라인 중심의 범위를 벗어나 전사적 경영 차원인 총체적품질관리(Total Quality Control), 총체적품질경영(Total Quality Management), ISO 9000 보증활동 등으로 확대 발전하게 되었다.

15.3 관리도

15.3.1 관리도의 개요

생산 공정에서 설계품질에 적합한 제품을 만들어 내는 일은 매우 중요한 목표 중의 하나이다. 제품 생산 공정에서 품질특성이 항상 균일하게 생산할 수 있다면 품질관리의 측면에서 가장 바람직하다. 그러나 실제로 어떤 생산 공정에서도 이와 같이 완전히 균일한 제품을 생산할 수는 없다. 잘 설계되고 잘 보전되더라도 공정이 가지고 있는 고유하고 자연적인 변동은 존재한다. 이 변동은 작지만 피할 수 없는 여러 가지 원인들의 누적으로 나타난다.

공정이 안정된 상태에 있음에도 변동이 발생되는 원인을 **우연원인**(chance

cause)이라 부르며, 제조공정이 우연원인에 의해서만 지배되는 경우 그 공정은 통계적으로 **관리상태**(in-control)에 있다고 한다. 한편, 부적절하게 교정되거나 관리된 설비, 작동상의 에러, 부적합한 원재료 등에 의한 변동은 우연원인에 의한 잡음에 비교하여 상대적으로 크게 나타나 공정성능으로 받아들일 수 없는 수준이 되기도 한다. 이를 **이상원인**(assignable cause)이라 하며, 이상원인이 존재하는 공정을 **이상상태**(out-of-control)에 있다고 한다.

우연원인의 예를 들면, 작업자 간의 크지 않은 숙련도 차이, 작업환경의 일상적 차이, 원자재 간의 식별되지 않을 정도의 품질 차이, 동일한 생산설비에서의 미세한 성능 차이 등이 있으며, 이 원인들은 만성적으로 존재할 수 있으므로 공정의 능력 수준을 향상시키려면 이 원인에 의한 변동까지도 줄일 수 있는 방안을 모색해야 한다. 이상원인의 예로, 작업자의 부주의나 잘못으로 발생되는 차이, 작업자가 표준대로 작업하지 않아서 발생되는 차이, 불량자재의 사용으로 인한 차이, 생산설비의 이상이나 고장으로 인한 차이 등이 있으며, 이 원인들은 만성적으로 존재하는 것이 아니고, 산발적으로 발생하여 품질변동을 일으키므로 공정의 안정을 위해서는 우선적으로 제거해야 할 대상이라 할 수 있다.

일반적으로 관리도는 생산 공정이 관리상태에 있는지, 아니면 이상상태(out of control)에 있는지를 파악하는 데 도움이 된다. 관리도(control chart)는 통계적 품질관리의 기본적 도구이다. [그림 15.2]는 관리도의 전형적인 모습이다. 이 관리도는 공정으로부터 추출한 표본에서 품질특성치의 측정값 평균을 시간(표본의 수) 변화에 따라 표기한 것이다.

관리도는 중심선(CL: center line), 관리상한선(UCL: upper control limit), 관리하한선(LCL: lower control limit)을 갖고 있다. 중심선은 변동을 가진 특별한 원인이 없을 경우 생산공정 특성치의 평균값으로 표기한다. 관리한계는 여러 가지 통계적인 면을 고려하여 정한다.

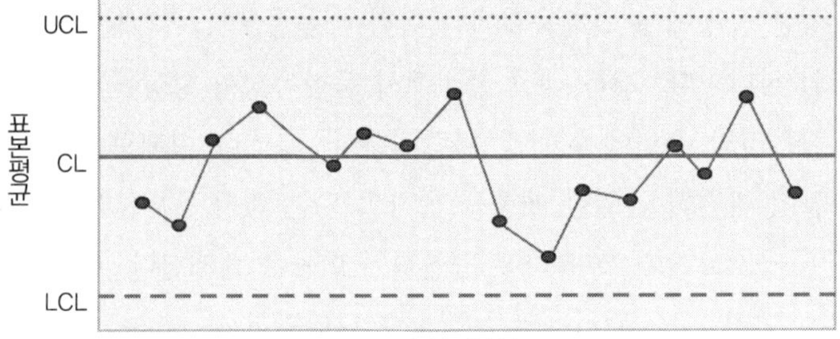

[그림 15.2] 전형적인 관리도 형식

15.3.2 관리도의 해석

기본적으로 관리도에서 공정이 안정상태일 때에는 연속 25점 모두가 관리한계를 벗어나지 않고 안에 있을 때이다. 공정에 이상이 있는 경우는 점의 배열에 이상한 패턴이 나타나는데, 그에 해당하는 경우는 다음과 같다.

- 패턴 1: 긴 런(run)이 나타나거나, 중심선의 한쪽에 점이 많이 나타난다.
- 패턴 2: 상승 또는 하강하는 경향(trend)이 나타난다.
- 패턴 3: 같은 모습이 반복되는 주기성(cycle)이 나타난다.

이 외에 추가적인 기준을 적용하기 위하여 관리도를 각각 1σ 간격으로 6개의 영역으로 나눈다. 중심선에 대하여 대칭적이고 순차적으로 영역 A(2표준편차에서 3표준편차까지의 범위), 영역 B(1표준편차에서 2표준편차까지의 범위), 영역 C(중심선에서 1표준편차 범위)로 나눈다. 관리도에서 점의 움직임 패턴을 해석하기 위하여 사용하는 8가지의 판정 기준은 다음과 같다.

- 기준 1: 1개 점이 중심선에서 3표준편차보다 크다. 즉, 관리한계선을 벗어난다.
- 기준 2: 6개 연속된 점이 모두 상승 또는 하락한다.
- 기준 3: 14개 연속된 점이 교대로 상승 또는 하락한다.
- 기준 4: 9개 연속된 점이 중심선에서 같은 쪽에 있다.
- 기준 5: 3개 점 중에서 2개 점이 중심선으로부터 2표준편차보다 크다.(영역 C에 있다.)
- 기준 6: 5개 점 중에서 4개 점이 중심선으로부터 1표준편차보다 크다.(같은 쪽 영역 B에 있다.)
- 기준 7: 15개 연속된 점이 중심선으로부터 1표준편차 내에 있다.(같은 쪽 영역 A에 있다.)
- 기준 8: 8개 연속된 점이 중심선으로부터 1표준편차보다 크다.(방향에 관계없이 영역 C를 벗어났다.)

또한 판정기준에 대한 여러 가지 관리도의 예들을 [그림 15.3]으로 나타냈다.

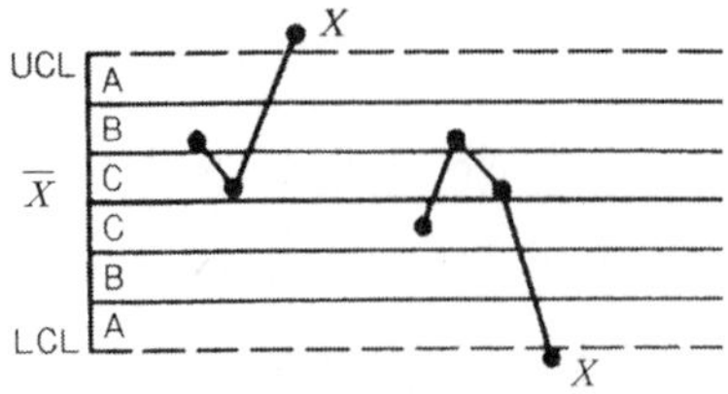

기준 1 : 1점이 영역 A를 넘고 있다.

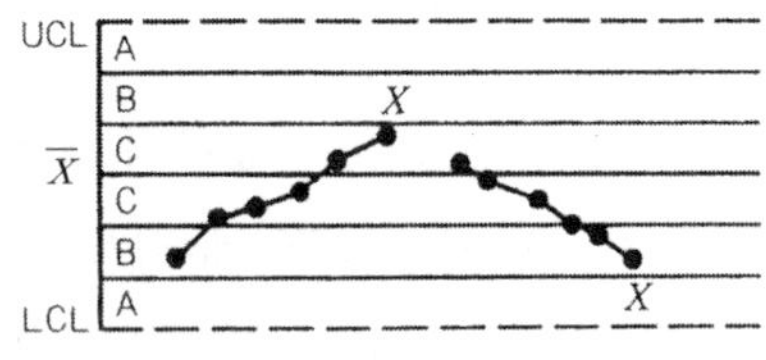

기준 2 : 6점이 꾸준히 증가 또는 감소하고 있다.

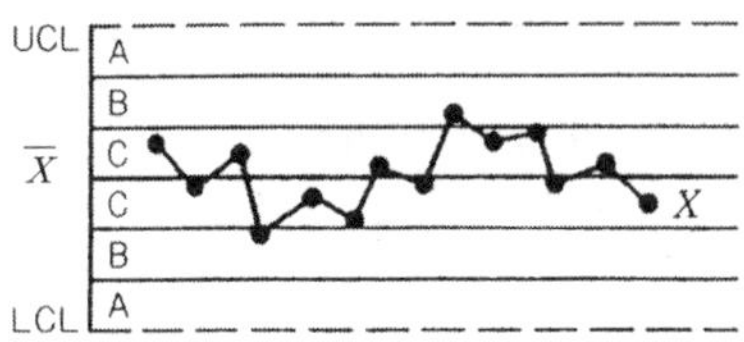

기준 3 : 14점이 교대로 증감하고 있다.

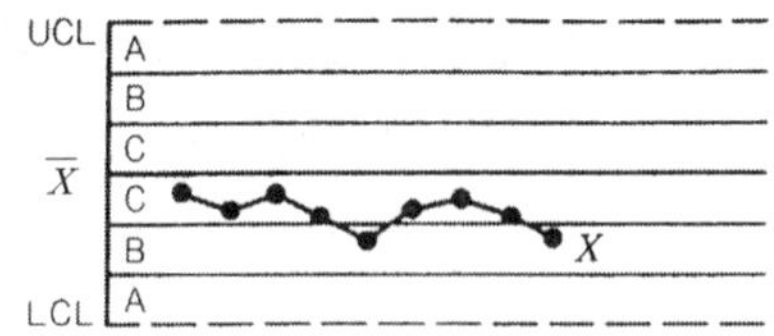

기준 4 : 9점이 영역 C에 있거나 또는 중심선에 대하여 같은 쪽에 있다.

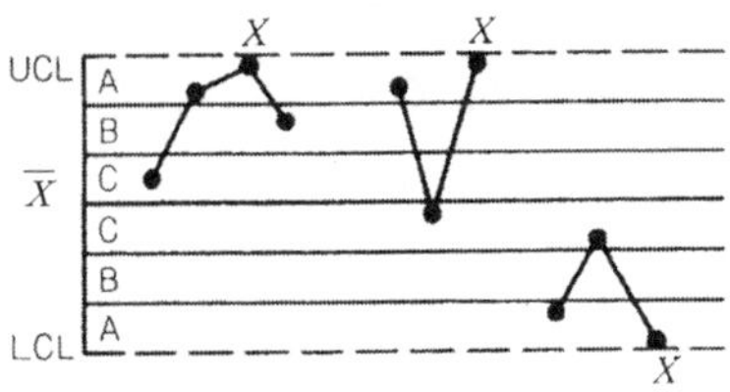

기준 5 : 연속하는 3점 중 2점이 영역 A 또는 그것을 넘은 영역에 있다.

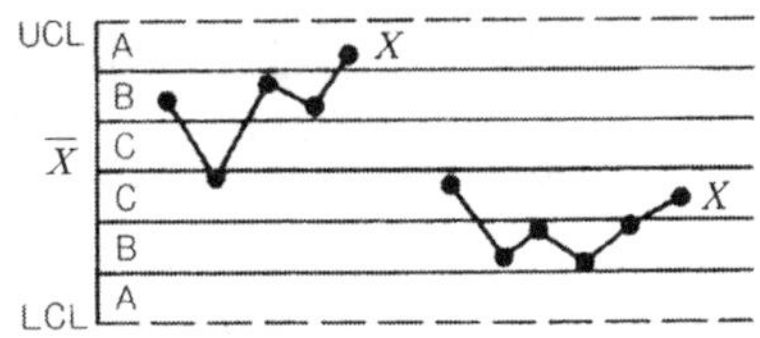

기준 6 : 연속하는 5점 중 4점이 영역 B 또는 그것을 넘은 영역에 있다.

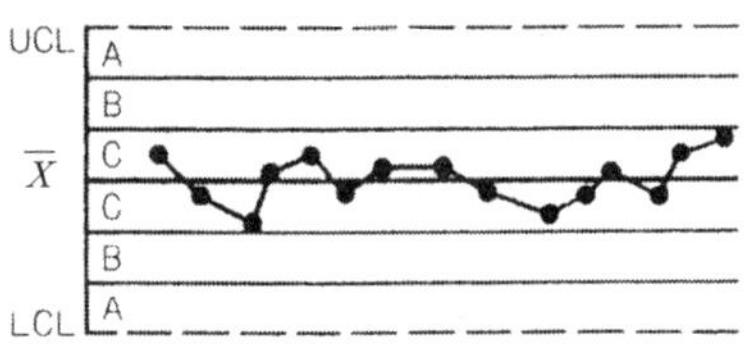

기준 7 : 연속하는 15점이 영역 C에 존재한다.

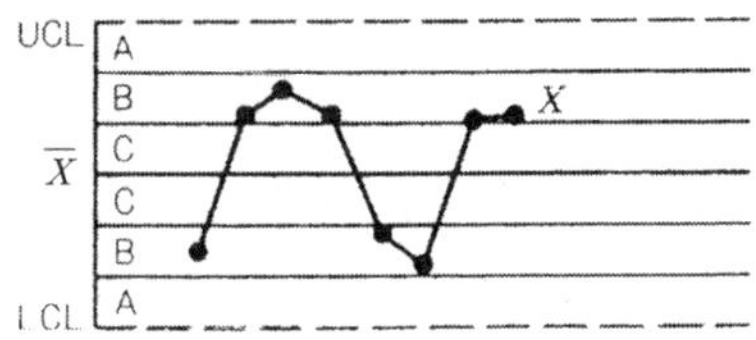

기준 8 : 연속하는 8점이 영역 C를 넘은 영역에 있다.

[그림 15.3] 이상원인에 대한 판정 기준

15.4 샘플링검사

15.4.1 검사의 개요

검사란 제품을 어떠한 방법으로 측정한 결과를 판정기준과 비교하여 제품의 적합·부적합 또는 제품의 모음인 로트(lot)의 합격과 불합격의 판정을 내리는 것이다. 검사는 품질관리활동에서 매우 중요하며, 수입검사, 공정공사, 최종검사, 출하검사 등이 사용된다. 수입검사는 구입검사라고도 하며, 외부에서 구입해온 물품이 제조공정에 유입되기 전 요구 품질을 만족하는가를 확인할 필요가 있는 경우에 한다.

공정검사는 중간검사라고도 하며, 앞의 제조공정이 끝나서 다음 제조 공정으로 이동하는 사이에 행하는 검사이다. 이 검사는 부적합품이 다음 부문 또는 최종검사까지 흘러가는 것을 피하기 위해 하는 검사로서 공정 간 검사방식이다. 제품검사는 만든 물품이 제품으로서의 요구사항을 만족하고 있는가를 판정하기 위해서 실시한다. 이 검사는 제조공정의 최종단계에서 이루어지기 때문에 최종검사 또는 완제품검사라고 한다. 출하검사는 출하품질을 보증하기 위해 제품을 출하할 때 실시하는데 간단한 재검사를 하는 것이기 때문에 제품검사와는 성질이 약간 다르다.

검사의 목적은 제조공정의 관리나 품질특성의 관리 및 조치 등을 위하여 중요한 것으로 고객에게 부적합품이 전달되는 것을 방지하고, 품질에 대한 정보를 제공하고 생산자에게 품질의욕 자극 및 소비자에게 품질에 대한 신뢰감을 주기 위한 것이다.

검사는 개개의 물품을 모두 조사하여 품질을 완전히 보증하는 전수검사와 샘플로 로트 전체의 품질을 확률적으로 보증하는 샘플링검사로 나눌 수 있다. 엄격한 의미에서는 품질을 완전히 보증하는 전수검사가 좋으나, 대량생산 시에는 검사에 소요되는 시간이나 비용, 노력 등을 감안한다면 반드시 바람직하다고 할 수는 없다. 따라서 검사의 비용이나 시간을 단축하는 샘플링검사를 사용하게 된다. 특히, 연속체 또는 대량품인 경우 검사하는 시간이나 비용이 커지기 때문에 현실적으로 전수검사를 적용할 수 없다. 또한 파괴검사의 경우도 전수검사를 적용할 수 없다. 이 경우 샘플링검사가 적용되게 되는데, 일반적으로 샘플링검사가 전수 검사보다 유리한 경우는 다음과 같다. 다수, 다량으로 어느 정도 부적합품이 섞여도 허용되는 경우, 검사 항목이 많을 경우, 불완전한 전수 검사에 비해 높은 신뢰성이 얻어질 때, 검사비용을 적게 하는 편이 이익이 되는 경우, 생산자에게 품질향상의 자극을 주고 싶을 때 등이다.

15.4.2 샘플링검사방식

샘플링검사를 할 때에는 샘플링검사방식을 명확히 정해야 한다. 샘플링검사방식이란 1,000개의 제품으로 되어 있는 로트가 있을 때, 이 중 25개의 샘플을 채취하여 검사를 하여 25개 중에서 부적합품이 2개 이하이면 로트를 합격시키고, 부적합품이 3개 이상이면 로트를 불합격시키는 검사방식이다. 일반적으로 로트의 크기는 N, 샘플의 크기는 n, 합격판정개수는 Ac, 불합격판정개수는 Re로 표시한다. 즉, 크기 N인 로트에서 n개의 시료를 채취하여 검사한 후, 시료 중 부적합품수가 Ac개 이하면 로트를 합격으로 하고, 부적합품수가 Re개 이상이면 로트를 불합격으로 하는 샘플링검사방식을 (N, n, Ac, Re)검사방식이라고 한다.

제품 품질은 부적합품률 또는 100아이템당 부적합수로 표현한다. 이 표현 방법은 서로 호환성은 없으며, 샘플링 방식은 이 중 한 방식만 사용할 수 있다. 샘플링검사에서는 대부분 부적합품률을 많이 사용하며, 부적합품률은 다음 식과 같다.

$$p(\%) = 100p = 100\frac{D}{N},$$

여기서 D는 부적합품수이며, N은 로트의 크기이다. 또한, 100아이템당 부적합수는 다음 식과 같다.

$$p(100\text{아이템당}) = 100p = 100\frac{d}{N},$$

여기서 d는 부적합수이고 N은 로트의 크기이다. 두 식은 분자가 부적합품수와 부적합수라는 차이가 있다.

예제 15.1 500개 부품을 검사하여 480개는 적합품, 20개는 부적합품이다. 그 부적합품 중 15개는 각각 1개씩 부적합이 있고, 4개는 각 2개씩 부적합이 있으며, 나머지 1개는 3개의 부적합이 있다. 이때, 부적합품률과 100아이템당 부적합수를 구하여 보자.

먼저, 부적합품률은

$$p(\%) = 100p = 100\frac{D}{N} = 100 \times \frac{20}{500} = 4\%$$

이고, 100아이템당 부적합수는

$$p(100\text{아이템당}) = 100p = 100\frac{d}{N} = 100(\frac{26}{500}) = 5.2$$

이다. ○

샘플링검사 절차에 대한 일반적 기준은 없으나 편의상 아래와 같이 정할 수 있다. 첫째, 검사할 로트의 구성과 크기 N을 정한다. 로트는 가능한 동일 조건에서 동일시기에 제조된 아이템으로 구성하는 것이 바람직하다. 둘째, 합격품질수준(AQL: Acceptable Quality Level)을 설정한다. AQL은 좋은 로트 즉, 합격시키고

[표 15.1] AQL의 선호값(단위 %)

부적합품률 퍼센트	0.010 0.015 0.025 0.040 0.065 0.10 0.15 0.25 0.40 0.65 1.0 1.5 2.5 4.0 6.5 10
100아이템당 부적합수	0.010 0.015 0.025 0.040 0.065 0.10 0.15 0.25 0.40 0.65 1.0 1.5 2.5 4.0 6.5 10 15 25 40 65 100 150 250 400 650 1000

자 하는 로트의 부적합품률을 의미하는 것이다. 즉 AQL이 1%라는 의미는 부적합품률이 1%보다 작은 프로세스는 합격을 기대하는 품질 수준이다. 보통 AQL은 [표 15.1]에 주어진 값을 사용한다. 이 경우에 해당되는 AQL값을 선호한다. 즉, 부적합품률 샘플링검사인 경우는 0.010%에서 10%까지 16단계의 AQL의 선호값이 있고, 100아이템당 부적합수의 샘플링검사인 경우는 0.010%에서 1,000%까지 26단계의 AQL이 주어진다. 셋째, 검사수준을 정한다. 검사수준의 의미는 로트와 샘플의 크기 관계를 결정하는 것이다. 샘플링 검사에서는 원칙적으로 로트 크기가 클 때 로트 크기가 작을 때보다 샘플크기가 커지게 되어 있다. 샘플링 검사에서는 검사수준을 I, II, III과 특별검사 수준(S-1, S-2, S-3, S-4)으로 나눈다. 보통검사가 적용되는 경우 수준 I, II, III 중에서 하나를 선택하나, 최초 검사 시에는 검사수준 II를 선택한다. 수준 I은 샘플 크기가 수준 II의 1/2보다 작으며, 수준 III은 샘플 크기가 수준 II의 약 1.5배의 정도이다. 특별검사 수준은 파괴검사와 같이 샘플링 검사의 비용이 큰 경우 샘플 크기를 작게 해야 하는 상황에 맞게 설계되었다. 넷째, 검사의 엄격도를 정한다. 검사의 엄격도는 보통검사, 까다로운 검사, 수월한 검사가 있는데, 여기에서는 보통검사를 실시하는 경우만 다룬다. 로트의 크기 N, AQL, 검사수준, 검사의 엄격도가 결정되면, 로트의 크기와 검사수준을 교차시켜 [표 15.2]를 이용하여 샘플크기 문자를 찾는다.

[표 15.2] 샘플크기 문자

로트 크기	특별 검사수준				보통 검사수준		
	S-1	S-2	S-3	S-4	I	II	III
2 ~ 8	A	A	A	A	A	A	B
9 ~ 15	A	A	A	A	A	B	C
16 ~ 25	A	A	B	B	B	C	D
26 ~ 50	A	B	B	C	C	D	E
51 ~ 90	B	B	C	C	C	E	F
91 ~ 150	B	B	C	D	D	F	G
151 ~ 280	B	C	D	E	E	G	H
281 ~ 500	B	C	D	E	F	H	J
501 ~ 1,200	C	C	E	F	G	J	K
1,201 ~ 3,200	C	D	E	G	H	K	L
3,201 ~ 10,000	C	D	F	G	J	L	M
10,001 ~ 35,000	C	D	F	H	K	M	N
35,001 ~ 150,000	D	E	G	J	L	N	P
150,001 ~ 500,000	D	E	G	J	M	P	Q
500,001 이상	D	E	H	K	N	Q	R

예제 15.2 로트크기가 2,500개, 검사수준 II에 대한 샘플크기 문자는 [표 15.2]에서 K가 되고, 로트크기가 1,000개 검사수준 II에 대한 샘플문자는 J가 된다. ○

샘플크기 문자, AQL, 샘플링형식을 이용하여 [표 15.3]을 이용하여 샘플크기 n과 합격판정개수 Ac, 불합격판정개수 Re를 구하여 샘플링검사방식을 결정한다.

[표 15.3] 보통 검사의 1회 샘플링 방식

샘플 문자	샘플 크기	합격 품질 수준, AQL, 부적합품 퍼센트 및 100아이템당 부적합수																									
		0.010	0.015	0.025	0.040	0.065	0.10	0.15	0.25	0.40	0.65	1.0	1.5	2.5	4.0	6.5	10	15	25	40	65	100	150	250	400	650	1000
		Ac Re	Ac Re	Ac Re	Ac Re	Ac Re	Ac Re	Ac Re	Ac Re	Ac Re	Ac Re	Ac Re	Ac Re	Ac Re	Ac Re	Ac Re	Ac Re	Ac Re	Ac Re	Ac Re	Ac Re	Ac Re	Ac Re	Ac Re	Ac Re	Ac Re	Ac Re
A	2	↓	↓	↓	↓	↓	↓	↓	↓	↓	↓	↓	↓	↓	▽	0 1	↓	▽	1 2	2 3	3 4	5 6	7 8	10 11	14 15	21 22	30 31
B	3	↓	↓	↓	↓	↓	↓	↓	↓	↓	↓	↓	↓	↓	0 1	△	↓	1 2	2 3	3 4	5 6	7 8	10 11	14 15	21 22	30 31	44 45
C	5	↓	↓	↓	↓	↓	↓	↓	↓	↓	↓	↓	↓	0 1	△	▽	1 2	2 3	3 4	5 6	7 8	10 11	14 15	21 22	30 31	44 45	↑
D	8	↓	↓	↓	↓	↓	↓	↓	↓	↓	↓	↓	0 1	△	▽	1 2	2 3	3 4	5 6	7 8	10 11	14 15	21 22	30 31	44 45	↑	↑
E	13	↓	↓	↓	↓	↓	↓	↓	↓	↓	↓	0 1	△	▽	1 2	2 3	3 4	5 6	7 8	10 11	14 15	21 22	30 31	44 45	↑	↑	↑
F	20	↓	↓	↓	↓	↓	↓	↓	↓	↓	0 1	△	▽	1 2	2 3	3 4	5 6	7 8	10 11	14 15	21 22	↑	↑	↑	↑	↑	↑
G	32	↓	↓	↓	↓	↓	↓	↓	↓	0 1	△	▽	1 2	2 3	3 4	5 6	7 8	10 11	14 15	21 22	↑	↑	↑	↑	↑	↑	↑
H	50	↓	↓	↓	↓	↓	↓	↓	0 1	△	▽	1 2	2 3	3 4	5 6	7 8	10 11	14 15	21 22	↑	↑	↑	↑	↑	↑	↑	↑
J	80	↓	↓	↓	↓	↓	↓	0 1	△	▽	1 2	2 3	3 4	5 6	7 8	10 11	14 15	21 22	↑	↑	↑	↑	↑	↑	↑	↑	↑
K	125	↓	↓	↓	↓	↓	0 1	△	▽	1 2	2 3	3 4	5 6	7 8	10 11	14 15	21 22	↑	↑	↑	↑	↑	↑	↑	↑	↑	↑
L	200	↓	↓	↓	↓	0 1	△	▽	1 2	2 3	3 4	5 6	7 8	10 11	14 15	21 22	↑	↑	↑	↑	↑	↑	↑	↑	↑	↑	↑
M	315	↓	↓	↓	0 1	△	▽	1 2	2 3	3 4	5 6	7 8	10 11	14 15	21 22	↑	↑	↑	↑	↑	↑	↑	↑	↑	↑	↑	↑
N	500	↓	↓	0 1	△	▽	1 2	2 3	3 4	5 6	7 8	10 11	14 15	21 22	↑	↑	↑	↑	↑	↑	↑	↑	↑	↑	↑	↑	↑
P	800	↓	0 1	△	▽	1 2	2 3	3 4	5 6	7 8	10 11	14 15	21 22	↑	↑	↑	↑	↑	↑	↑	↑	↑	↑	↑	↑	↑	↑
Q	1250	0 1	↑	▽	1 2	2 3	3 4	5 6	7 8	10 11	14 15	21 22	↑	↑	↑	↑	↑	↑	↑	↑	↑	↑	↑	↑	↑	↑	↑
R	2000	△	↑	1 2	2 3	3 4	5 6	7 8	10 11	14 15	21 22	△	↑	↑	↑	↑	↑	↑	↑	↑	↑	↑	↑	↑	↑	↑	↑

비 고 ▽ 화살표 아래의 최초의 샘플링 방식을 사용한다. 만약 샘플 크기가 로트 크기 이상이면 전수 검사한다.
△ 화살표 위의 최초의 샘플링 방식을 사용한다.
Ac 합격 판정 개수
Re 불합격 판정 개수

샘플링검사방식이 결정되면 샘플을 채취한다. 샘플에서 나타난 부적합품수(부적합수)가 Ac와 같거나 작으면 해당 로트를 합격으로 하고, Re와 같거나 크면 해당 로트를 불합격처리한다.

예제 15.3 로트의 크기가 2,000인 로트에서 AQL은 1.0%, 검사 수준 II일 때 보통검사에 대한 샘플링검사방식을 구하여 보자. 로트 크기 2,000과 검사 수준 II인 샘플문자를 [표 15.2]에서 찾으면 샘플문자는 K가 된다. 샘플문자 K와 AQL은 1.0%이면 [표 15.3]로부터 보통검사의 검사 방식은 다음과 같다.

샘플크기	합격 판정 개수(Ac)	불합격 판정 개수(Re)
125	3	4

즉, 로트에서 125개의 시료를 채취하여 그중 부적합품의 수가 3개 이하이면 로트를 합격시키고 부적합품의 수가 4 이상이면 로트를 불합격시킨다.

연습문제

1 다음의 관리도를 보고 특이한 패턴이 있는지를 검토하여라.

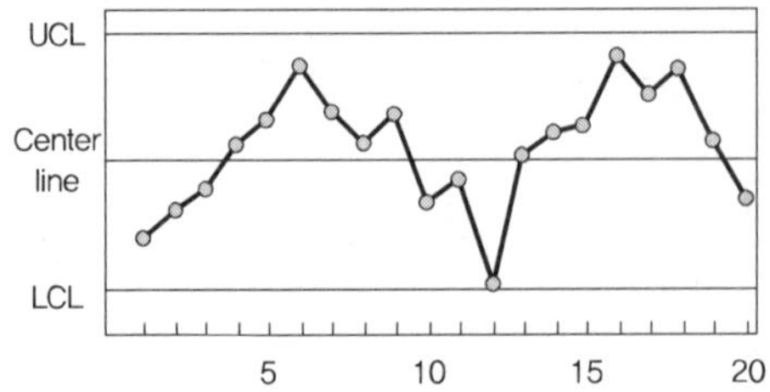

2 다음의 관리도를 보고 특이한 패턴이 있는지를 검토하여라.

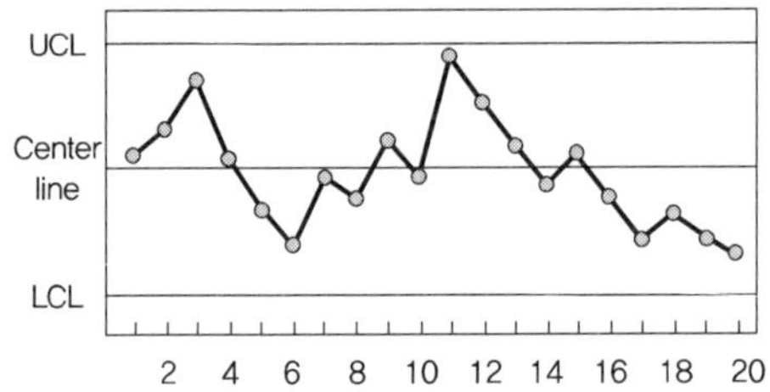

3 로트의 크기가 2,000인 로트에서 AQL은 1.0%, 검사 수준 II일 때 보통검사에 대한 샘플링검사방식을 구하여라.

4 AQL 1.0%(부적합품률), 검사수준 II, 로트의 크기 2,500의 샘플링검사방식을 설계하여라.

5 어떤 제품의 수입검사를 하기 위하여 샘플링검사를 사용하기로 하였다. AQL=1.0%, 로트의 크기 N=1,000, 검사수준 II에 대한 1회 샘플링, 보통검사의 샘플링방식을 구하여라.

참고문헌

1. 김태규, 나명환, 유춘번, 이명주, 전영호 (2012), 최신 국제표준에 따른 SPC·SQC, 민영사.
2. 박성현, 박영현 (1995), 통계적 품질관리, 민영사.
3. 박성현 (1982), 현대실험계획법, 민영사.
4. 배도선 (1992), 최신 통계적 품질관리, 영지문화사.
5. Montgomery (2009), D. C., Statistical Quality Control, 6th edition, Wiley.

제 16 장

생명의학 통계

아파서 병원에 가면 의사에게 증상을 설명하고, 진단에 필요한 검사를 받게 된다. 의사는 임상적 소견과 검사결과를 근거로 진단하고, 치료약을 처방하고, 투약 후의 임상경과를 관찰하여 치료 효과를 판단한다. 이러한 의사결정 과정은 질병에 따른 현상을 관찰하여 원인을 추정하고, 임상시험 등을 통하여 새로운 치료법의 효과를 판단하고, 환자에게 치료법으로 사용할 수 있는 근거를 제시하는 과학적 증명이 있었기에 가능할 수 있겠다. 임상시험과정에서 과학성을 부여하는 중요한 학문적 요소 중 하나로 통계학이 쓰인다.

생명의학 통계는 사람을 대상으로 질병의 원인과 치료 방법을 찾기 위하여 쓰이는 통계를 말한다. 합리적이고 객관적인 결론을 이끌어 내기 위하여 특정 질병을 유발하는 원인적 요인이나 특정 치료법의 치료효과에 대한 판단을 확신할 수 있으려면 관찰 대상 환자가 전체 환자를 대표할 수 있는지, 적절한 비교 군과 함께 관찰한 결과로부터 타당한 결론을 내릴 수 있는지를 잘 살펴보아야 한다.

사람에게 특정 치료법을 적용하려면 반드시 식품의약품안전처의 승인을 사전에 받아야 한다. 승인을 받기 위하여 임상연구[35]를 필요로 한다. 임상연구는 사람을 연구대상으로 하는 점이 다른 연구와 다르며, 사람을 대상으로 하기 때문에 엄격한 윤리적 기준이 적용된다. 또한 연구조건에 적합한 연구대상을 확보하는 일이 어려우며, 연구대상을 장기적으로 추적 관찰하는 일도 어렵고, 각종 생활환경의 차이에 따른 비뚤림(bias)[36]의 영향을 받기 쉬운 점이 있다. 하지만 새로운 치료법이 승인을 받으려면 사람을 대상으로 하는 연구가 반드시 필요하다. 이 장에서는 생명의학 연구에서 널리 쓰이는 통계방법을 중심으로 살펴보기로 한다. 1절에서는 임상연구에서 자주 쓰이는 연구설계를 소개하고, 2절에서는 신약의 승인에 필요한 임상시험을 소개하고, 3절에서는 생존율에 대한 임상시험에 사용되는 생존분석을 살펴보고자 한다.

16.1 임상연구의 소개

임상연구는 다양한 형태가 있다. 환자사례 보고, 환자군 연구, 단면조사 연구 등은 기술적 연구로서 관련성 평가에 주된 관심이 있고, 환자-대조군 연구, 코호트 연

35) 임상연구는 사람을 대상으로 한 질병의 새 치료법에 관한 연구를 말한다.
36) 비뚤림은 연구의 설계, 자료의 수집, 분석, 결과 해석 과정에서 연구 결과나 추론이 참값과 다르게 체계적으로 왜곡시키는 요인을 말한다.

구, 임상시험 등은 분석적 연구로 인과성 평가가 목적이다. 이 연구들은 임상시험을 제외하면 관찰적 연구임에 반해 임상시험은 실험적 연구로서 가장 과학적 설득력이 높은 연구유형이라 하겠다. 환자사례 보고와 환자군 연구는 비교 기준이 없으므로 위험요인에 대한 결론을 내릴 수 없는 한계가 있지만, 분석적 연구를 하기 전 새로운 가설을 도출하기 위한 예비연구로 활용할 수 있다. 단면조사 연구는 위험요인에 노출된 정도와 유병률(prevalence)을 비교하거나, 질병유무에 따른 위험요인 노출정도를 비교하는 연구를 할 수 있는데 둘 사이의 선후관계가 모호하여 인과관계를 밝힐 수 없는 한계가 있다. 그 밖의 다른 연구의 형태에 관해서는 2장을 참조하기 바란다.

예제 16.1 **환자사례 보고(case report)** 환자사례 보고[37]는 환자 개인의 병력, 증상, 검사, 진단, 치료와 추적에 관한 상세한 보고를 말하며 희귀한 질환의 경우 새로운 검사법이나 치료법을 적용한 경우가 많다. 이는 한번 일어나는 사례의 증거로서 다른 연구에 비해 과학성이 떨어지지만 새로운 질병이나 뜻하지 않은 치료 효과를 발견할 수도 있는 가능성이 있고, 의학 교육에 중요한 역할을 할 수 있다. 환자사례 보고의 예로서 흉부외과 의사인 버나드(Christiaan Barnard)가 1953년에 사람의 심장을 다른 사람에게 이식한 첫 번째 사례에 관한 보고가 있다(Lederer, 2008). 또한 정신심리학자인 프로이드(Sigmund Freud)가 쥐인간이라고 별명지은 환자의 강박신경증에 관한 보고와 늑대 인간이라고 별명지은 환자의 유아신경증에 관한 보고도 예로 들 수 있다(Freud, 2008). ○

예제 16.2 **환자군 연구(case series study)** 환자군 연구는 유사한 치료를 받은 알려진 위험요인을 가진 환자들을 추적하거나 환자들의 질병과 발병요인에 관한 의료기록을 조사하여 위험요인과 질병에 관해 평가하고 기술하는 연구이다. 환자군 연구 예로서 2005년 12월 19일 미국 FDA는 타미플루로 인한 43건의 심각한 피부 부작용을 확인하였다. 2005년 12월 21일 FDA는 이 내용을 포함하여 주의사항으로 치료제의 라벨을 갱신하도록 하였다. 환자군 연구는 특정 위험요인을 가질 때 발생하는 질병을 모두 파악할 수 있어서, 특정 약물에 의한 부작용을 찾는 데 도움이 된다. 이 연구 또한 분석적 연구를 수행하기 전, 새로운 가설을 도출하기 위한 예비연구로 활용할 수 있다. ○

37) http://en.wikipedia.org/wiki/Case_report를 참조하면 환자사례보고에 관한 자세한 설명이 있다.

예제 16.3 **단면조사 연구(cross-sectional study)** 단면조사 연구는 특정 시점에서 원인이라고 의심되는 요인과 결과라고 고려되는 질병을 동시에 가지고 있는 집단과 원인이라고 의심되는 요인이나 질병을 별개로 가진 집단 혹은 이 두 개의 조건을 모두 가지고 있지 않은 집단들의 모집단 내 빈도를 비교하는 기술적 연구이다. 빈도가 낮은 질병은 단면연구의 수행에 어려움이 있고, 일정한 시점에서의 조사이기 때문에 원인으로 의심되는 요인과 질병 간의 시간적인 선후관계를 규명하기 어렵다. 단면조사 연구의 예로서 흡연을 한 사람 중 폐암환자의 비율과 비흡연자 중 폐암을 앓고 있는 사람들의 비율을 비교하는 연구를 들 수 있다. ○

임상연구에서는 어떤 치료법이 질병을 치유하는지에 관하여 관심이 많으므로 결과변수가 치유 혹은 치유실패와 같은 이분형의 형태로 주어지는 경우가 많다. 혹은 결과변수가 병의 진행 상태에 따라서 폐암 초기, 중기, 말기와 같은 다분형으로 주어지는 경우도 있다. 이분형의 예를 들어, 5년 동안 천식환자 100명을 대상으로 과거 자녀에게 모유를 수유하였는지 여부를 파악하였는데, 이중 30명이 모유를 수유하였다고 하자. 모유 수유를 하지 않은 것이 천식의 위험요인이라는 가설을 검정하려면 천식 환자들만 대상으로 한 연구에서는 비교 기준이 없으므로 결론을 도출할 수 없다. 따라서 환자군과 유사한 특성을 가진 대조군을 선정하여 과거 모유 수유 여부와 천식 발생간의 관련성을 검정하여야 한다. 즉, 환자-대조군 연구를 실시하여야 한다.

예제 16.4 **환자-대조군 연구(case-control study)** 환자-대조군 연구는 다른 연구에 비해 짧은 기간 내 수행이 가능하고, 시간, 경비, 노력이 절약되는 장점이 있다. 기존자료의 활용이 가능하고, 동시에 의심되는 여러 원인에 관하여 조사할 수 있다. 하지만 과거에 발생한 사실에 관하여 조사대상자의 진술에 의존하는 경우도 있어서 노출요인의 측정 정확도와 신뢰도에 문제가 있으며 원인적 연관성을 확정짓기 어려운 단점이 있다. 환자 대조군 예로서 감기약에 포함된 PPA(Phenylpropanolamine)라는 성분이 뇌졸중 발생 위험을 증가시키는지 조사한 예가 있다. 환자군은 신경과에 내원한 출혈성 뇌졸중 환자들 940명이고, 대조군은 환자군의 연령과 성별을 매칭하여 1,880명을 모집하였다. 그 결과, PPA는 출혈성 뇌졸중 발생위험을 증가시킨다는 결론을 얻었다(Yoon, BW et al, 2007). ○

[표 16.1] 환자-대조군 연구자료 분석

PPA 노출여부	환자군(n, %)	대조군(n, %)
없음	924(98.3)	1,866(99.3)
있음	16(1.7)	14(0.7)
계	940(100)	1880(100)

예제 16.5 **코호트 연구(cohort study)** 코호트 연구는 연구대상이 되는 질병을 갖지 않은 집단을 대상으로 선정하여, 위험요인에 노출된 집단과 노출되지 않은 집단으로 구분하여, 이들을 일정기간 동안 추적 관찰하여 특정 질병의 발생여부를 확인하는 연구를 말한다. 이 연구는 노출요인과 질병의 시간적 선후관계가 명백한 반면 연구모집단의 규모가 매우 크고 비용과 시간이 많이 드는 단점이 있다. 코호트 연구의 예로서 영국에 거주하는 남자 의사 4만 여 명을 대상으로 흡연력과 폐암에 관하여 1951년부터 50여 년간 추적한 연구가 있다(Doll, R 등, 2004). ○

임상연구에서 통계적 유의성과 임상적 유의성은 같지 않을 수 있다. 예를 들어 연구대상수가 충분히 확보되어 있는 임상시험에서 혈압강하제 투여 전후의 수축기 혈압이 차이가 있는지를 비교하고자 한다. 평균 2 mmHg[38)]의 혈압이 감소했다고 할 때, 유의확률이 0.05보다 작아서 유의수준 $\alpha = 5\%$ 에서 통계적으로 유의성이 검증되었다. 따라서 치료효과에 차이가 있다는 통계적 결론을 내릴 수 있지만, 이 경우 임상적인 차이는 최소 10 mmHg의 혈압강하가 있어야 한다면 임상적으로 의미가 있는 치료효과는 인정할 수 없게 된다. 다른 분야에 통계를 응용하는 상황에서도 적용되는 것이기도 하지만, 이와 같이 임상연구에 통계를 응용하는 경우, 해당 연구 분야에서 의미가 있는 통계적 차이를 보여야만 의미 있는 통계적 유의성이라고 할 수 있겠다. 통계적 유의성은 표본크기에 비례하여 커지므로, 연구를 시작하기 전에 적절한 표본크기를 계산하여 지나치게 크거나 작은 표본크기로 인한 문제 가능성을 사전에 점검하는 것이 바람직하다.

16.2 임상시험

세계적으로 신약개발이 활성화되면서 선진국에서는 임상시험 활성화를 위하여 다

38) mmHg(millimeter of mercury) : 혈압의 단위

방면으로 지원하고 인프라구축을 위해 노력하고 있다. 국내에서도 1990년대 이후 국내개발 신약 및 수입 신약의 증가로 임상시험의 수요가 증가하였고 이와 더불어 임상시험 수행 건수도 꾸준히 증가하고 있다. 이미 국제적 기준에 맞는 임상시험 수행을 위하여 의약품 임상시험 관리기준 등 관련 규정이 마련되었다. 임상시험에는 의학, 역학, 약학, 간호학, 통계학 등 다양한 전공분야의 전문가들이 필요하며, 국제적인 수준의 임상시험을 수행할 수 있는 전문성을 갖춘 전문가 양성이 요구되고 있다.

식품의약품안전처[39]에서는 임상시험 결과의 신뢰도와 정밀도를 높이는 임상시험 자료 관리 내용과 방법론을 제공하여 국내 임상시험의 질적 향상을 높이는 데 도움이 되고자 『임상시험에서의 자료관리』[40] 안내서를 작성하였다. 임상시험 자료란 임상시험계획서(protocol)에 따라 임상시험이 수행되는 동안 수집되는 정보를 말한다. 이 자료는 임상시험 결과를 판단하는 근거가 되므로 연구목표에 부합하고 분석에 적합하도록 수집하는 것이 중요하다. 자료 관리란 추후 자료의 추출과 분석을 쉽게 하기 위해 정해진 방법대로 자료를 수집하고 배분하고 정보를 다루는 모든 활동을 말하며, 이는 지면으로 자료를 관리하는 것뿐만 아니라 컴퓨터로 전자화된 자료를 운영하는 것까지 포함한다. 자료관리 과정은 임상시험계획서를 작성하고 증례 기록서 양식(CRF; Case Report Form)을 고안할 때부터 시작해서 임상시험 종료 후 결과를 분석할 때까지 지속된다. 자료입력, 타당성 검토, 확인 과정 등을 포함한 자료 관리의 수준은 통계분석과 보고서 작성 시 질 높은 자료를 제공하기 위한 기초이며 임상시험 전체의 질을 좌우하는 중요한 요소 중의 하나이다.

이 밖에도 임상시험계획서를 작성하는 단계부터 결과보고서를 작성하기까지 임상시험의 수행과정 곳곳에 통계전문가가 필요하다. 임상시험계획서를 작성할 때 연구설계, 무작위배정 및 눈가림법 또는 연구계획 단계에서 연구목적에 따른 연구대상수의 통계적 산출 시 고려할 사항과 연구자료의 통계분석원칙의 제시 등을 그 예로 들 수 있겠다.

다음은 임상시험의 예이다.

예제 16.6 **생물학적 동등성 임상시험** 카피약이라고 하면 보통 '제네릭'이라고도 말하는데 신약으로 개발한 약이 특허기간이 종료되면 여러 제약회사에서 생산하는 동일 성분

39) 2013년 3월 23일식품의약품안전청에서 식품의약품안전처(www.mfds.go.kr)로 승격되었다.
40) 이 안내서는 국가기록원에 식품의약품안전처에서 발행한 간행물로 등록되어 있다.

의 약을 말한다. 신약으로 처음에 개발한 약을 '오리지날'이라고 하며 이를 복사했다는 의미에서 카피약이라고 한다. 카피한 약의 효과가 인체에서 '오리지날' 약의 효과와 동일한지 시험하는 것을 생물학적 동등성 시험이라고 하는데, 이 시험 후 승인되면 판매할 수 있다. 생물학적 동등성 임상시험의 예로서는 화이자(Pfizer) 제약회사에서 개발한 비아그라를 들 수 있다. 이 약은 2012년 특허가 종료됨에 따라 어떤 제약회사라도 비아그라의 주성분을 갖는 복제약품을 만들 수 있게 되었다. 보통의 비교연구에서는 비교 그룹 간 차이가 있다는 것을 증명하는 것이 주된 목적이나 카피약의 경우에는 주된 관심사가 차이가 없다는 것을 증명하는 것이다. ○

예제 16.7 **의료기기 임상시험** 의료기기 임상시험의 예로서 고관절 전치환술 시행전 대퇴관을 준비하는 의료기기인 A 로봇수술기의 안전성 및 유효성 평가를 위한 임상시험이 있다(식품의약안전처, 2010). 고관절 전치환술이 필요한 환자를 대상으로 수동절개를 통한 고관절 전치환 시술 결과와 A 로봇 수술기를 이용한 시술결과를 비교하여 A 로봇 수술기의 안전성 및 유효성을 평가하고자 한다. 기간은 1993년부터 37개월이며, 그룹은 무작위로 그룹당 18세 이상의 성인 60명을 배정하며 눈가림은 하지 않는다. 임상시험은 3개의 대학병원에서 실시한다. 유효성 평가를 위한 주된 변수는 대퇴부줄기 임플란트의 적합성으로 평가하며, 그룹 간 차이는 유의수준 5%에서 우월성 검정으로 평가한다. ○

의약품의 안전성 및 효능 평가를 위한 임상 시험은 [그림 16.1]과 같이 크게 4단계로 나눈다.

① 제1상 임상시험: 신약후보 물질 개발 이후 동물실험을 거쳐 안전성을 확인한 후 소수의 건강한 자원자를 대상으로 인체에서의 약물역동학적 성상과 독성 파악, 안전하게 투여할 수 있는 용량의 범위를 추정한다.

② 제2상 임상시험: 대략 50 ~ 100명 정도의 해당 질환 환자를 대상으로 주로 단기적 안전성 및 유효성을 검토한다.

③ 제3상 임상시험: 시판 허가를 위한 마지막 단계로써 충분한 수의 환자에게 치료군과 대조군으로 무작위 배정한 뒤 유효 약물용량, 치료효과 및 안정성 등을 최종 확인한다. 윤리성과 과학성을 최대한 고려한 수행이어야 한다.

④ 제4상 임상시험: 시판 허가 후 효능과 부작용을 조사하는 연구이다. 장기 투

여 시 발생할 수 있는 희귀부작용을 발견할 수 있다.

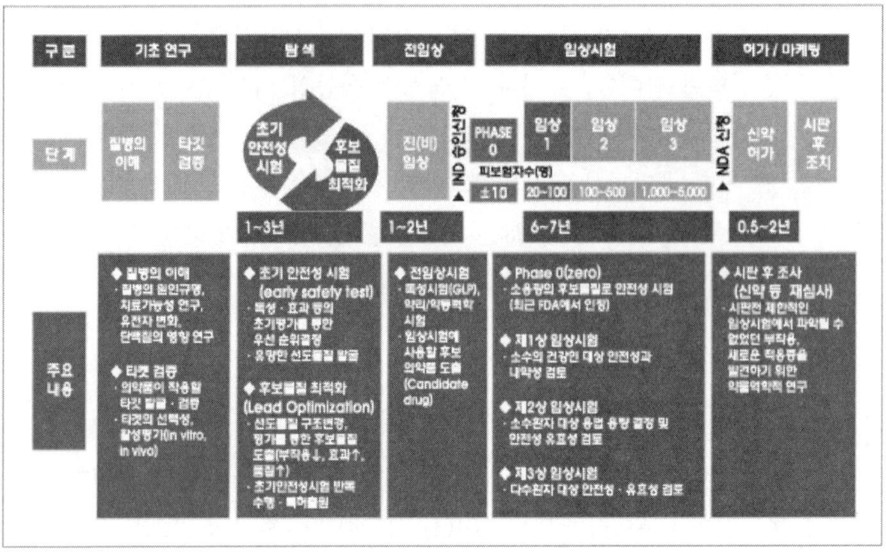

[그림 16.1] 의약품 개발 및 허가과정[41)]

예제 16.8 **항암세포치료제 임상시험** 항암세포치료제 임상시험의 예로서 3기 또는 4기의 흑색종 환자를 대상으로 종양세포 백신을 투여한 후 반응을 평가하기 위한 시험이 있다(식품의약안전처, 2007). 다음은 제1상, 제2상, 제3상의 예이다.

① 제1상: 3기 또는 4기의 흑색종 환자 총 56명을 대상으로 하여 DNP-modified autologous melanoma tumor cell vaccine(자가유래 DNP 이용 흑생종양세포 백신)을 투여한 후 유효성은 면역반응으로 평가한다.

② 제2상: 3기 흑색종 환자 총 425명을 대상으로 하여 수술 후 보조요법으로 DNP-modified autologous melanoma tumor cell vaccine(자가유래 DNP 이용 흑생종양세포 백신)을 투여한 후 인터페론 알파-2b 투여군과 비교하며 유효성은 무재발생율, 전반적인 생존율, 안전성, 내약성으로 평가한다.

③ 제3상 : 유럽, 미국, 이스라엘 등의 25개의 임상병원에서 4기 흑색종 환자 총 387명을 대상으로 하여 DNP-modified autologous tumor cell vaccine(자가유래 DNP 이용 종양세포 백신)을 인터루킨-2와 병용하여 투여한 후 유효성은 전반적인 종양 반응율, 2년 생존율로 평가한다. 무작위배정, 이중맹검, 다기관 임상시험이다. ○

41) 출처: http://www.pharmnews.co.kr/news/news_content.asp?sno=62165&part=%C6%AF%C1%FD/%B1%E2%C8%B9

16.3 생존분석

암환자의 경우 5년 동안 동일한 암이 재발하지 않으면 완치된 것으로 보는 것이 국제적으로 사용되는 통례이므로 '5년 생존율'을 암 완치율의 기준으로 사용하고 있다. '5년 생존율'은 단순히 5년간 생존한 사람들의 수를 암에 걸린 환자들의 수로 나누어 계산한 것이 아니고 생존분석에서 사용하는 생존율 정의에 의한 것이다. 질병의 발생이나 재발 또는 사망이 시간에 따라 변화할 때 이를 시간의 함수로 하여 발생확률을 분석하는 기법을 생존분석(survival analysis)이라 한다. 생존분석은 새로 개발된 약제의 치료 효과를 기존 약제와 비교·분석하기 위한 임상시험(clinical trial)에서 많이 응용된다. 즉, 연구대상 환자를 기존 치료법을 적용하는 대조군과 새 치료법을 적용하는 치료군에 무작위 배정해 치료한 뒤, 일정 기간 동안 추적조사를 하여 연구대상 질병의 재발 또는 사망의 발생을 관찰하여 얻은 자료를 누적 생존율로 비교함으로써 치료 효과의 유의성 여부를 평가하는 연구이다. 임상에서 시행되는 연구계획을 유심히 보면 상당수가 실제로는 이 임상시험에 속하는 것이지만, 연구 자료를 분석하는 과정에서는 시간 변화에 따른 현상을 무시한 채 통상적인 분석론을 적용하여 그릇된 결과를 도출하는 경우를 간혹 보게 된다. 임상시험 못지않게 생존분석이 자주 응용되고 있는 의학연구의 하나는 종양학 분야이다. 종양학 분야에서는 암 진단 혹은 수술 치료를 받은 환자를 계속 추적·관찰하면서 질병의 재발 또는 사망의 발생과 유의하게 관련되는 예후인자(prognostic factors)를 파악하는 형태의 연구가 많다.

생존분석에서 관심 대상은 관찰대상 개개인의 일정시점에서의 생존여부다. 즉, 개인에 대한 관찰이 시작된 때(병원에 찾아와 진단을 받은 시점 혹은 치료를 시작한 시점)로부터 관찰이 종료될 때 사이에 생존여부(survivorship)와 생존시간(survival time)이 관심이다. 결과 변수는 이항적인 사건의 발생여부와 사건발생까지의 시간이 복합된 변수를 분석대상으로 하기 때문에 통계학 분야에서 독자적인 영역으로 방법론이 개발·연구되고 있다.

이 절에서는 생존분석을 다른 통계적 방법과 구별 짓는 중요한 요인인 중도 절단에 관하여 살펴보고, 생존율의 추정과 두 집단의 생존율을 비교해 보고자 한다.

16.3.1 중도절단

생존연구에서 관심을 두는 사건은 연구기간 동안 생존 현상의 발생여부인데, 이는

"관찰의 실패(failure)"이다. 즉, 통계학에서 말하는 생존시간(survival time)은 실패까지 소요되는 시간(failure time)이다. 그런데 과정에서 중도절단(censoring) 현상이 발생하게 된다. 생존여부를 관찰할 때 여러 이유로 완전하게 관찰하지 못하는 현상으로 소식불명 혹은 관찰중단을 들 수 있다. 이러한 중도절단이 생존분석을 어렵게 한다.

생존분석은 사망에만 관심이 있다. 그러나 생존분석에서 관찰대상 개인은 연구가 종료되면 다음 중 한 가지 형태로 생존여부가 귀결되게 된다. 아래 [그림 16.2]의 환자 1과 같은 경우는 연구기간 내에 사망(혹은 재발)해 생존연구에서 관찰하려던 사상, 즉 사망이 완전하게 관찰될 수 있었던 예이다. 반면에 환자 2는 연구 중에 관찰이 시작되었으나 연구기간 만료로 연구가 종료 되었음에도 불구하고 아직 생존하고 있어 더 이상 사망여부를 관찰할 수 없었던 예로, 생존연구에서는 이를 중도절단 사례로 분류한다. 또 환자 3은 관찰이 시작되었으나 완전한 관찰(사망 발생)이 이루어지기 전에 행방이 묘연해져 버린 중도절단으로 환자가 관찰 도중에 이사하여 주소를 확인할 수 없거나 치료 부작용 등의 이유로 치료를 중지하거나 거부한 경우, 치료법을 도중에 변경한 경우 등이 여기에 해당된다. 중도절단의 발생은 아무리 연구계획을 완벽하게 하여 추적조사를 해도 어쩔 수 없이 생기는 현상이다.

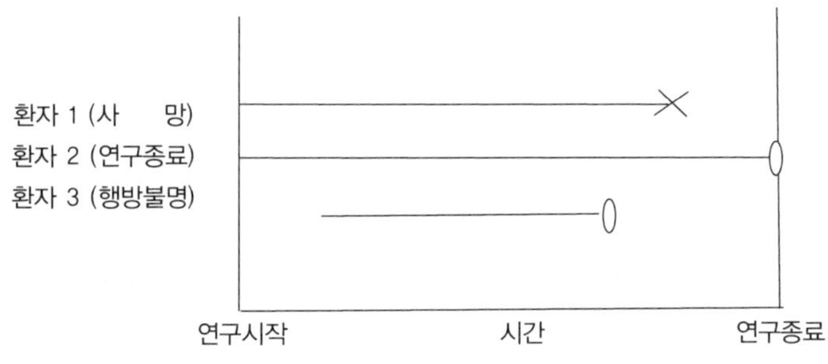

[그림 16.2] 생존시간 유형

만약 위암환자를 추적·관찰을 하고 있는데 교통사고 등 그 질병과 명백히 아무 관계없는 이유로 사망한 경우나 사망원인이 애매한 경우도 생존분석에서는 중도절단과 마찬가지로 간주한다. 즉, 완전한 관찰이란 해당 질환으로 인하여 연구기간 중에 사망한 경우만을 말한다. 생존분석에 응용되는 분석기법들은 중도절단 문제를 어떻게 다루는가에 따라 다른 방법으로 개발되어 왔다.

16.3.2 누적 생존율의 추정 및 비교

누적생존률을 추정하는 것으로 생명표법과 최근에 많이 쓰이는 Kaplan-Meier 방법이 있다.

(1) 생명표법(life table method)에 의한 누적생존율

생명표를 작성하는 방법을 근간으로 하여 Cutler와 Ederer가 1958년에 발표한 방법으로 비모수적 방법 중 가장 보편적으로 이용되고 있다. 추적관찰 기간을 일정 단위로 구분한 뒤 각 구간에서 생존확률을 구하고, 일정 기간까지의 누적치인 누적생존율을 산출한다. 관찰기간은 연, 월, 주 단위로 하는 것이 일반적인데 최소한 10개 이상으로 분류될 때 통계적 효율성이 좋아진다. 일반적으로 한 군의 표본수가 50은 넘어야 적당하다.

(2) Kaplan-Meier에 의한 누적생존율

연구대상 표본의 크기가 50보다 작을 때 유용한 분석방법으로, 관찰기간이 짧은 순으로 연구대상을 나열한 후 사망(혹은 재발)이 발생한 시점에서의 생존율을 곱해 누적생존율을 산출하는 방법이다. 관찰 기간을 일정한 간격으로 구분하지 않으며 사망 혹은 중도절단이 발생할 때 자동적으로 관찰이 정해지며 가장 널리 쓰이는 생존율 추정 방법이다.

(3) 두 집단의 생존율 비교

두 집단간 생존율을 비교하는 것으로 Mantel-Haenszel법(생명표법으로 생존율이 추정된 경우), 우도비(likelihood ratio)법, 생명의학 연구에서 널리 쓰이는 log-rank법(Kaplan-Meier법으로 생존률이 추정된 경우) 등이 있다.

예제 16.9 **Kaplan-Meier에 의한 누적생존율 비교** 21명의 급성백혈병 환자에게 스테로이드 치료제인 6-메르캅토푸린(6MP)을 투여하고, 다른 21명에게는 위약(placebo)을 투여하여 관측한 시간은 아래와 같다(Freireich 등, 1963). '+' 표시는 관측 시간이 사망시간이 아니라 중도절단된 시간임을 말한다.

6MP: 6+, 6, 6, 6, 7, 9+, 10+, 10, 11+, 13, 16, 17+, 19+, 20+, 22, 23, 25+, 32+, 32+, 34+, 35+
위약 그룹: 1, 1, 2, 2, 3, 4, 4, 5, 5, 8, 8, 8, 8, 11, 11, 12, 12, 15, 17, 22, 23

이 자료에 대해 Kaplan-Meier에 의한 누적생존율을 구해 보면 [표 16.2]와 같다. 이 방법에 의하면 중도절단된 시간에서는 생존율의 변화가 없고 사망이 발생한 시점에서만 변화가 있음을 알 수 있다.

[표 16.2] 급성백혈병 환자의 생존시간 비교

사망시간 (t)	t 직전까지의 생존자수	t 에서의 사망자수	t 에서의 생존율	누적생존율
6MP 그룹				
6	21	3	18/21	18/21
7	17	1	16/17	(18/21)*(16/17)
10	15	1	14/15	(18/21)*(16/17)*(14/15)
13	12	1	11/12	(18/21)*(16/17)*(14/15)*(11/12)
16	11	1	10/11	(18/21)*(16/17)*(14/15)*(11/12)*(10/11)
22	7	1	6/7	(18/21)*(16/17)*(14/15)*(11/12)*(10/11) *(6/7)
23	6	1	5/6	(18/21)*(16/17)*(14/15)*(11/12)*(10/11) *(6/7)*(5/6)
위약 그룹				
1	21	2	19/21	(19/21)
2	19	2	17/19	(19/21)*(17/19)
3	17	1	16/17	(19/21)*(17/19)*(16/17)
4	16	2	14/16	(19/21)*(17/19)*(16/17)*(14/16)
5	14	2	12/14	.
8	12	4	8/12	.
11	8	2	6/8	.
12	6	2	4/6	.
15	4	1	3/4	.
17	3	1	2/3	.
22	2	1	1/2	.
23	1	1	0/1	0

위에서 구한 Kaplan-Meier에 의한 누적생존율을 그래프로 그리면 [그림 16.3]와 같다.

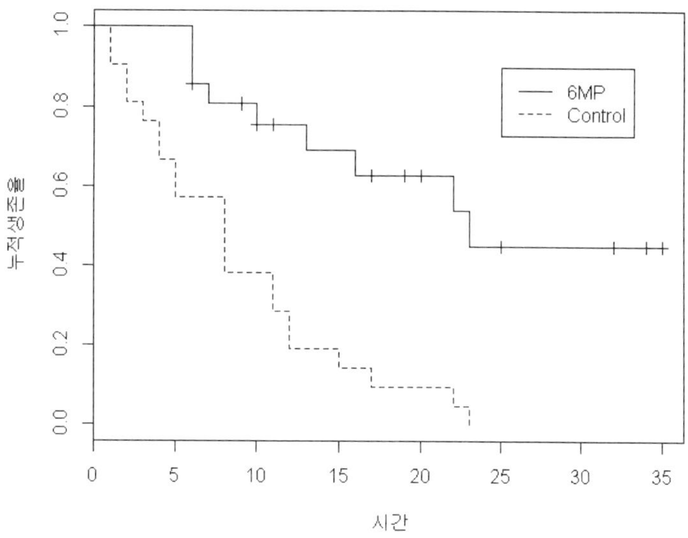

[그림 16.3] Kaplan-Meier에 의한 누적생존율

[그림 16.3]에 의하면 두 그룹 간 병의 차도에 차이가 있어 보인다. 이를 확인하기 위해 log-rank 법에 의한 비교를 해 볼 수 있다.

연습문제

1 환자-대조군 임상연구에서 이분형 위험요인과 이분형 결과변수를 갖는 예를 찾아 제시하여라.

2 환자-대조군 연구와 코호트 연구를 비교하여 장단점을 살펴보아라.

3 임상시험에서 자료 관리의 정확성을 위하여 전자화된 시스템을 설계할 때, 포함해야 할 중요한 요소들을 몇 가지 제시하여라.

4 임상시험에서 눈가림이 차지하는 중요성을 논의하여라.

5 임상시험에서 의료기기와 의약품의 다른 점을 논의하여라.

6 생존시간을 분석대상으로 하는 경우 반드시 생존분석을 이용하여 분석해야 하는 이유를 제시하여라.

참고문헌

1. 식품의약안전처 식품의약품안전청 (2007), 세포치료제의 임상시험 사례분석.
2. 식품의약안전처 의료기기안전국 치료기기과 (2010), 의료기기 임상시험 사례 모음.
3. Cox, D. R. (1972), Regression models and life tables (with discussion), Journal of the Royal Statistical Society B34, 187-20.
4. Cutler, S. J., Ederer, F. (1958), Maximum utilization of the life table method in analyzing survival, Journal of Chronic Diseases 8, 699-712,
5. Doll, R., Peto, R., Boreham, J., Sutherland, I. (2004), Mortality in relation to smoking: 50 years' observation on male British doctors, BMJ 328, 1519-1533.
6. Freireich, E. J., Gehan, E., Frei III, E. et al. (1963), The effect of 6-mercaptopurine on the duration of steroid-induced remissions in acute leukemia: a model for evaluation of other potentially useful therapy, Blood 21, 699-716.
7. Freud, S. (2008), *Three case histories*, Macmillan Publishing Company, New York.
8. Kaplan, E. L., Meier, P. (1958), Nonparametric estimates from incomplete observations, Journal of the American Statistical Association 53, 457-481.
9. Lederer, Susan E. (2008), *Flesh and Blood: Organ Transplantation and Blood Transfusion in Twentieth-Century America*, Oxford University Press. p. 174.
10. Miller, R. G. (1981), *Survival analysis*, John Wiley & Sons, New York.
11. Yoon, B. W., Bae, H. J., Hong, K. S., Lee, S. M., Park, B. J., Yu, K. H., Han, M. K., Lee, Y. S., Chung, D. K., Park, J. M., Jeong, S. W.,

Lee, B. C., Cho, K. H., Kim, J. S., Lee, S. H., Yoo, M. and for the Acute Brain Bleeding Analysis (ABBA) Study Investigators (2007), Phenylpropanolamine contained in cold remedies and risk of hemorrhagic stroke, Neurology 68, 146-149.

찾아보기

| ㅈ |

| 저자 소개 |

배종성
고려대학교 정경대학 통계학과(경제학사)
고려대학교 대학원 통계학과(이학석사)
고려대학교 대학원 통계학과(통계학박사)
현) 전남대학교 통계학과 명예교수

손영숙
전남대학교 자연과학대학 계산통계학과(이학사)
서울대학교 대학원 계산통계학과(이학석사)
서울대학교 대학원 계산통계학과(통계학박사)
현) 전남대학교 통계학과 교수

백장선
연세대학교 상경대학 응용통계학과(경제학사)
연세대학교 대학원 응용통계학과(경제학석사)
미국 Texas A&M 대학교 통계학과(통계학박사)
현) 전남대학교 통계학과 교수

고광이
동국대학교 이과대학 통계학과(이학사)
동국대학교 대학원 수리통계학과(이학석사)
동국대학교 대학원 전산통계학과(통계학박사)
현) 전남대학교 통계학과 산학협력교수

박은식
서울대학교 자연과학대학 계산통계학과(이학사)
서울대학교 대학원 계산통계학과(이학석사)
서울대학교 대학원 계산통계학과(통계학박사)
현) 전남대학교 통계학과 교수

조완현
전남대학교 사범대학 수학교육과(교육학사)
전남대학교 대학원 수학과(이학석사)
고려대학교 대학원 통계학과(통계학박사)
현) 전남대학교 통계학과 교수

박정수
전남대학교 사범대학 수학교육과(교육학사)
서울대학교 대학원 계산통계학과(이학석사)
미국 일리노이 대학교 통계학과(통계학박사)
현) 전남대학교 통계학과 교수

최일수
성균관대학교 경상대학 통계학과(경제학사)
연세대학교 대학원 응용통계학과(통계학석사)
연세대학교 대학원 응용통계학과(통계학박사)
현) 전남대학교 통계학과 교수

나명환
서울대학교 사범대학 수학교육과(교육학사)
서울대학교 대학원 계산통계학과(이학석사)
서울대학교 대학원 계산통계학과(통계학박사)
현) 전남대학교 통계학과 교수

김민수
전남대학교 자연과학대학 전산통계학과(이학사)
전남대학교 대학원 전산통계학과(이학석사)
전남대학교 대학원 통계학과(통계학박사)
현) 전남대학교 통계학과 교수

생활정보와 통계

| 저 자 배종성 · 조완현 · 손영숙 · 박정수 · 백장선
최일수 · 고광이 · 나명환 · 박은식 · 김민수
| 발 행 인 김지영
| 발 행 처 자유아카데미
| 주 소 경기도 파주시 회동길 37-42
파주출판도시
| 전 화 031-955-1321
| 팩 스 031-955-1322
| 홈페이지 www.freeaca.com
| 전자우편 main@freeaca.com(대표)
editor@freeaca.com(편집)
crm@freeaca.com(영업)
| 등 록 제406-2003-017호, 1980. 7. 12
| 제1판1쇄 2014년 3월 2일 발행
| 제1판7쇄 2024년 6월 20일 발행
| 정 가 23,000원

저자와의
협의하에
인지생략

ISBN 978-89-7338-388-7 93310